वाणी प्रकाशन

4695, 21-ए, दरियागंज, नयी दिल्ली 110 002

फ़ोन : +91 11 23273167 फ़ैक्स : +91 11 23275710

शाखाएँ

अशोक राजपथ, पटना 800 004, बिहार

कॉफ़ी हाउस कैम्पस, महात्मा गांधी मार्ग, इलाहाबाद 211 001, उत्तर प्रदेश

महात्मा गांधी अन्तरराष्ट्रीय हिन्दी विश्वविद्यालय, वर्धा 442 001, महाराष्ट्र

www.vaniprakashan.com
marketing@vaniprakashan.in
sales@vaniprakashan.in

Soordas
by Aacharya Ramchandra Shukla

ISBN : 978-81-8143-037-3
Criticism

प्रथम संस्करण 2003
द्वितीय संस्करण 2022

मूल्य : ₹ 395

आर.के. ऑफ़सेट, शाहदरा, दिल्ली-110 032 में मुद्रित

वाणी प्रकाशन का लोगो मक़बूल फ़िदा हुसेन की कूची से

सूरदास

आचार्य रामचन्द्र शुक्ल

वाणी प्रकाशन

वाणी प्रकाशन

नयी दिल्ली-110002

फोन : 23273167, 23275710 ● फैक्स : 23275710

e-mail : vani_prakashan@yahoo.com

vani_prakashan@mantraonline.com

सूरदास

भूमिका

'सूरदास' के प्रथम संस्करण के विद्वान संपादक आचार्य विश्वनाथप्रसाद मिश्र ने 'वक्तव्य' में स्पष्ट कर दिया था कि यह आचार्य रामचंद्र शुक्ल के सूरदास संबंधी विचारों का संकलन है। 'भ्रमरगीत' की भूमिका में आचार्य शुक्ल ने स्वयं लिखा था कि ''यहाँ सूर के संबंध में कुछ विचार संक्षेप में प्रकट किए गए हैं। आशा है विस्तृत आलोचना का अवसर भी कभी मिलेगा।'' वह अवसर उन्हें नहीं मिला। वे 'भक्ति का विकास' और 'वल्लभाचार्य' शीर्षक दो अध्याय ही लिख पाए। वे दोनों संपादक ने इस ग्रंथ में सम्मिलित कर लिए। इसके अलावा सूरदास के जीवन-वृत्त तथा श्रीवल्लभाचार्यजी से संबंधित जो कुछ और बातें उन्हें 'हिंदी साहित्य का इतिहास' से मिलीं, वे भी इस संकलन में यथास्थान जोड़ दी गईं। सूरदास की 'आलोचना' के नाम पर जो अंश प्रस्तुत है वह वही है जो पहले 'नागरीप्रचारिणी' पत्रिका में प्रकाशित हुआ था और बाद में 'भ्रमरगीतसार' की भूमिका के रूप में मुद्रित किया गया था।

दूसरा संस्करण छपने से पहले उनका 'लोकमंगल की साधना' संबंधी निबंध भी संपादक के हाथ लग गया था, जिसे इस संग्रह में शामिल कर लिया गया। इसी संस्करण के वक्तव्य में संपादक ने अत्यंत संक्षेप में उस आलोचना से (शुक्ल जी की) भी निबटने की कोशिश की है जो 'सूरदास' के पहली बार प्रकाशित होने पर किसी समीक्षक ने की थी। आपत्ति 'रस' से शुक्ल जी के तात्पर्य को लेकर उठाई गई थी जो संपादक के अनुसार 'रस-मीमांसा' के प्रकाशन के बाद अपने आप स्पष्ट हो जाने वाली थी, अतः न उन्होंने उस प्रसंग का विस्तार किया और न आज उसकी कोई ज़रूरत है, क्योंकि रस-मीमांसा को प्रकाशित हुए भी अब काफ़ी समय बीत चुका है।

सूर-काव्य की शुक्ल जी द्वारा की गई समीक्षा से पहले संगृहीत निबंधों की उपयोगिता सूरदास के काव्य की पृष्ठभूमि को समझने की दृष्टि से है और 'काव्य में लोकमंगल की साधना' पर आचार्य शुक्ल के लेख का महत्त्व इस दृष्टि से है कि वे आचार्य शुक्ल की आलोचना के प्रतिमानों की समझ में सहायक हैं। वे प्रतिमान जिनके कारण वे सूरदास की तुलना में तुलसी और जायसी जैसे प्रबंध-कवियों को तरजीह देते थे। शायद इसी कारण भक्त कवियों की समीक्षा के क्रम में सूरदास उन दोनों से पीछे

पड़ गए और कबीर पर उन्होंने विस्तृत समीक्षा लिखने की जरूरत ही नहीं समझी।

आचार्य शुक्ल ने साहित्य-समीक्षा की सैद्धांतिकी का जो ढाँचा अपनी व्यावहारिक आलोचना के माध्यम से खड़ा किया था, उसमें उनके आग्रह बहुत स्पष्ट थे। उनके आलोचनात्मक प्रतिमानों का आधार मध्ययुगीन काव्य था। उसमें भी निर्गुण भक्तों की तुलना में वे सगुण भक्ति को और सगुण-भक्तों में तुलसीदास को सर्वोपरि महत्त्व देते थे। उनकी दृष्टि में इन कवियों के बारे में एक महत्त्व-क्रम था। यह क्रम उन्होंने किसी पूर्वाग्रह या हठाग्रह के कारण नहीं पूरी उदारता और तर्क-पद्धति से तय किया था। उनसे मतभेद हो सकता था, पर उनसे न नासमझी की शिकायत हो सकती थी न उनकी नीयत पर संदेह किया जा सकता था।

यही कारण है कि वे आज भी हिंदी आलोचना के शिखर पुरुष माने जाते हैं। उन्होंने जो मूल्यांकन किया वह समयानुकूल और तर्कसम्मत था, भले ही उसमें कुछ खामियों की तरफ उनके समकालीनों और परवर्तियों ने इशारा किया पर उनकी उपेक्षा करके निकल जाना कभी संभव नहीं हुआ। बाद के समीक्षकों के लिए समर्थन और विरोध के अतिरिक्त कोई तीसरा विकल्प जैसे था ही नहीं। उनके अधिकांश निष्कर्ष आज भी वैध समझे जाते हैं।

सगुण भक्तों की जो समीक्षा आचार्य शुक्ल ने की उसका एक बहुत बड़ा आकर्षण प्रतिमानों की विविधता है। उनकी दृष्टि में भले ही एक महत्त्व-क्रम रहा, पर इन तीनों कवियों की समीक्षा करते हुए उन्होंने प्रतिमान का निर्णय उनके अपने काव्य की शक्ति और सीमा के आधार पर किया।

शुक्ल जी की मानसिक बनावट अनेक दृष्टियों से बहुत आधुनिक थी। भक्ति मार्ग में भी वे गुह्यत्व और रहस्यत्व से परहेज़ करते थे। उन्हें भक्ति का लोकग्राह्य रूप ही रुचता था। सूर की भक्ति के इसी रहस्यविमुक्त स्वरूप ने उन्हें आकर्षित किया था। इसे वे भागवत के द्वारा भक्तों को दिखाया गया 'सीधा राजपथ' कहते थे। सूर की गोपियाँ इसी मार्ग का समर्थन करती हैं :

काहे को रोकत मारग सूधौ।
सुनि ऊधो। निर्गुन कंटक ते राजपंथ क्यों रूँधो।

इस मार्ग का सीधा-सादा होना ही इसकी विशेषता है।

कृष्ण भक्तों के काव्य की बहुत बड़ी शक्ति यही है कि उन्होंने भगवान के अवतार-रूप जिस कृष्ण को अपना काव्य-नायक बनाया वे इसी लोक के व्यक्ति हैं। उनकी बाललीला और प्रेमलीला का जो अत्यंत स्वाभाविक और चित्ताकर्षक वर्णन भागवत पुराण में मिलता है वही इन भक्तों के प्रेममग्न होने का कारण है। उनकी निर्दिष्ट लीला ही इन्हें रसविभोर करती है, अज्ञात, अनिर्दिष्ट के प्रति रहस्यभावना नहीं। यह बात अलग है कि इष्ट की इस प्राकृत नरलीला का वर्णन करते हुए वे बीच-बीच में उसकी अव्यक्त, अनादि, अनंत, त्रिगुणातीत तात्विक सत्ता की ओर

भी इशारा कर देते हैं, पर इससे उनकी रागात्मक भक्ति में कोई बाधा नहीं पड़ती।

वे मानते हैं कि वृंदावन, यमुना, वंशीवट, कृष्ण, राधा, अर्थात् लीला के सब घटक अपने तत्त्व-रूप में गोलोक में नित्य-लीला में लीन रहते हैं। पर कृष्ण-भक्तों के राग का आधार तो उनका अवतार रूप, उनकी पार्थिव सत्ता है, जिससे वह भाव संबंध जोड़ता है। इसी के माध्यम से नित्य-लीला सृष्टि में प्रवेश, उसमें भावात्मक भागीदारी उसका परम लक्ष्य होता है।

भागवत के दशम स्कंध के उत्तरार्ध में जहाँ कृष्ण के विवाहों का, द्वारिका में विहार का और जरासंध के वध और राजाओं के उद्धार अर्थात् उनके लोक-रक्षक रूप का वर्णन है, उसमें उनके लोकरंजक उपास्य रूप को आलंबन नहीं बनाया गया है। कृष्णोपासक भक्तों की 'प्रेम लक्षणा भक्ति' तो लोक और वेद दोनों के ऊपर प्रेम की प्रतिष्ठा पर आधारित है। उनके माधुर्य भाव में सूफियों की सी रहस्यभावना नहीं है, क्योंकि वह तो भगवान की नर-लीला का ही एक अंग है। इसके अलावा उसमें माधुर्य-भाव के अतिरिक्त कहीं वात्सल्य भाव से, कहीं सख्य भाव से और कहीं सेव्यसेवक भाव से भी उपासना की गई है। उनके श्रवण, कीर्तन और ध्यान में जो मधुर रस है वह लीला रस है। भक्त के लिए वह अनुभवगम्य है।

भक्ति को आचार्य शुक्ल ने 'धर्म का हृदय' कहा है। भक्त की विशेषता उनके अनुसार यह होती है कि "वह धर्म की ओर लोगों को आकर्षित करता है, लाठी लेकर हाँकता नहीं। वह धर्म-सौंदर्य की छटा दिखाकर मुग्ध करता है, औचित्य-अनौचित्य की बातें कहकर कायल नहीं करता।"

सूरदास वल्लभाचार्य द्वारा प्रतिपादित जिस पुष्टिमार्ग के अनुयायी थे, उसमें 'हृदय' की प्रधानता थी। यूँ तो तत्त्व रूप में यह सारा विश्व व्यापार ही ब्रह्म की विराट लीला है। संपूर्ण जगत्प्रवाह ब्रह्म के रक्षण, पालन और रंजन से चल रहा है पर कृष्णोपासक भक्तों ने उनके 'रंजक' रूप को ही महत्त्व दिया। ये सभी संप्रदाय आचार्य शुक्ल के अनुसार " 'आनंद' की सिद्धावस्था या उपभोग पक्ष को ही लेकर चले। आनंद की साधनावस्था, जिसमें 'असत्' के बीच से 'सत्' अपना प्रकाश करता है, उनमें ली गई है।"

वल्लभ संप्रदाय में स्वीकृत उपासना-पद्धति या सेवापद्धति के बारे में आचार्य शुक्ल का कहना था कि "उसमें भोग राग तथा विलास की प्रभूत सामग्री के प्रदर्शन की लालसा रही" पर साथ ही "उक्त गद्दी के भक्त शिष्यों ने सुंदर सुंदर पदों द्वारा जो मनोहर प्रेमसंगीत धारा बहाई उसने मुरझाते हुए हिंदू जीवन को सरस और प्रफुल्ल किया।"

सूरदास के पदों का प्राण यही सरसता और प्रफुल्लता है। कुछ आरंभिक विनय-पदों को छोड़कर सूरदास ने जिन लीलाओं का वर्णन किया उनमें भले ही मानव-जीवन की सर्वांगता या अनेकरूपता न रही हो, पर बाल-लीला और यौवन-लीला के परिमित क्षेत्र में उन्होंने इस पूर्णता को सिद्ध कर लिया। सूर के पदों का वैशिष्ट्य

इस बात में है कि वे लीला-वर्णन किसी बाहरी पर्यवेक्षक की दृष्टि से नहीं, भीतरी सहभागी की अनुभूति से करते हैं। लीला के भीतर प्रवेश की युक्ति उन्होंने आरंभ में ही निकाल ली है। 'सूरसागर' के दशमस्कंध के आरंभ में श्रीकृष्ण के दर्शन के लिए वह ढाढ़ी के रूप में नंद बाबा के द्वार तक पहुँच जाते हैं। कृष्णजन्म के उपलक्ष्य में नंद के घर आनंदोत्सव हो रहे हैं। उसी बीच एक ढाढ़ी आकर कहता है :

जब तुम मदन मोहन करि टेरौं, यह सुनि के घर जाऊँ।
हौं तो तेरे घर को ढाढ़ी, सूरदास मेरो नाऊँ।।

इस प्रकार कवि अपने इष्ट की लीलाओं का प्रत्यक्षदर्शी साक्षी हो जाता है। इस सहचर भाव ने उनके लीला वर्णन को जो आत्मीय स्वर, जो सहजता दी वह सूर की कविता का बहुत बड़ा आकर्षण है। सूरदास ने भले ही 'तुलसी के समान लोकव्यापी प्रभाव वाले कर्म और लोकव्यापिनी दशाएँ' वर्णन के लिए नहीं ली हों। उनके प्रेमपक्ष में आचार्य शुक्ल ने एकांतिकता लक्ष्य की। क्योंकि 'असुरों के अत्याचार से दुखी पृथ्वी की प्रार्थना पर भगवान का कृष्णावतार हुआ, इस बात को उन्होंने केवल एक ही पद में कह डाला'। पर इन्हीं सूर के प्रेमपक्ष को उन्होंने 'लोक से न्यारा' कहा। इसलिए कि गोपियों के प्रेमभाव की गंभीरता आगे चलकर उद्धव का ज्ञानगर्व मिटाती हुई दिखाई पड़ती है। आगे चलकर गोपियों के प्रेम की गंभीरता क्या करती है यह बाद की बात है। स्वयं गोपियों के लिए यह साहचर्यजन्य प्रेम गोपियों का शील भी है और शक्ति भी। उनके लिए यह 'ठाली बैठे का काम' नहीं है, वह मुक्तिदायिनी शक्ति है जिसके कारण वे सामाजिक, नैतिक, आर्थिक हर तरह के भेद-भाव से मुक्त होने का साहस जुटा पाती हैं। सूरदास के गोपी समाज की बनावट तो ऐसी है जहाँ : 'जाति गोत कुल कानि गनत नहीं, रंग होइ कि रानी।' परंपरा प्रेमी 'सूरसागर' को जिस अतिरिक्त उत्साह के कारण भागवत पुराण का अनुवाद कह देते हैं वे ध्यान दें के ऐसे वर्ग-भेद मुक्त समाज की सत्ता पौराणिक चेतना में कहाँ है? सूर की अपनी काव्य सुलभ प्रतिभा का उत्कर्ष ऐसे ही प्रेम-व्यंजक प्रसंगों में दिखाई पड़ता है, कृष्ण-कथा की दार्शनिक व्याख्याओं और धार्मिक चिंतन में नहीं।

'सूरसागर' में कथा की क्षीण-धारा मिलती अवश्य है पर वह प्रधान नहीं है, प्रधान है प्रेम लीला का सहज वर्णन। सख्य-भाव की भक्ति की एक बड़ी सुविधा यह होती है कि उसमें भक्त का व्यक्तित्व सहभागिता और तटस्थता की विरोधी भूमिकाओं के बीच विकासशील रहता है। दास्य-भाव की भक्ति में आलंबन की ऊँचाई भक्त को दीन बनाती है। वह इष्ट के बड़प्पन और अपने छोटेपन के बोध से बराबर संकुचित रहता है : 'राम सो बड़ो है कौन, मो सो कौन छोटो' की अनुभूति उसे आलंबन के साथ किसी तरह की छूट लेने की इजाजत नहीं देती। उसके लिए उसका इष्ट केवल आदर और संभ्रम का विषय बना रहता है, सहजगम्य नहीं हो पाता।

कृष्ण भक्ति की लोकप्रियता और व्यापक प्रसार का एक बड़ा कारण कृष्णावतार के चरित्र में सहज विकासशीलता की संभावना है। अवतार और भक्त के बीच की अवधारणागत दूरी को लाँघकर इन कवियों का प्रयास असाधारण को साधारण बना लेने की दिशा में होता है। जिस परिवेश और विभावन व्यापार को सूर ने प्रेम भाव की अभिव्यक्ति का माध्यम बनाया है, वह उनका अति परिचित समाज मालूम होता है। इसीलिए पाठक के मन में भी आत्मीय भाव जगाता है। इसकी मूल चेतना है जीवन की सहज स्वीकृति और चयन की स्वतंत्रता। सूर के गोपी समाज में स्त्री को पुरुष-वर्चस्व से मुक्त कर उसे आत्मगौरव और सम्मान दिया गया है। प्रेम में वह बराबरी के दर्जे की हकदार है। उसमें यह साहस है कि वह कृष्ण से मिलना अपनी शर्तों पर स्वीकार करे और उद्धव के द्वारा सुझाए विकल्प को ठुकरा दे। शायद भारतीय साहित्य में नारी-मुक्ति की यह पहली उद्घोषणा है। साथ ही आचरण में 'स्वतंत्रता' की जीवन-मूल्य के रूप में स्वीकृति।

जीवन की सहज स्वीकृति सूरदास के काव्य का बहुत बड़ा आकर्षण है। सूर की काव्य वस्तु की एकांगिकता के बावजूद, आचार्य शुक्ल ने भी उनके प्रेम-वर्णन की इसलिए प्रशंसा की है क्योंकि "इस प्रेम को हम जीवनोत्सव के रूप में पाते हैं, सहसा उठ खड़े हुए तूफान या मानसिक विप्लव के रूप में नहीं, जिसमें अनेक प्रकार के प्रतिबंधों और विघ्नबाधाओं को पार करने की लम्बी-चौड़ी कथा खड़ी होती है। सूर के कृष्ण और गोपियाँ पक्षियों के समान स्वच्छंद हैं।" स्वच्छंद होने के साथ वे सहज हैं। सूर के कृष्ण राधा के बीच प्रेम का आरंभ और विकास बड़ी स्वाभाविक रीति से होता है और परिपाक साहचर्यजन्य रूप में। प्रथम दर्शन में ही रूपाकर्षण से प्रेम का बीज दोनों के हृदय में पड़ जाता है पर मेलजोल तो सहज बातचीत से ही बढ़ता है। इस प्रसंग में सूरदास ने दोनों की अंतर्वृत्तियों का बड़ा मनोहारी वर्णन किया है। कृष्ण राधा के रूप पर तो रीझ ही गए बातों-बातों में उन्होंने उसका परिचय भी पा लिया। नेत्र मिले तो 'ठगोरी' पड़ गई। और देखते ही देखते रसिक शिरोमणि, कृष्ण ने बातों में भोली राधा को भरमाकर उसका चित्त चुरा लिया।

राधा में भी बाल-सुलभ चातुरी कम नहीं है। वह सखियों से उदासीनता का नाटक करती है। घर पहुँचकर माँ से बहाना बनाती है। उसके वाक्-चातुर्य की व्यंजना राधा-यशोदा संवाद में भी हुई है। वह यशोदा के पूछने पर बड़ी चतुराई से अपना परिचय देती है जिसमें एक उलाहना भी शामिल है। यशोदा राधा की प्रेम विवशता और वाक्-चातुरी दोनों पर मुग्ध है।

राधा-कृष्ण का प्रेम गोदोहन और गोचारण की लीलाओं के बीच विकसित होता है। सूर ने इस विकास-प्रक्रिया को जिस रूप में प्रस्तुत किया है, उसमें ध्यान देने की बात यह है कि राधा कहीं अपने को कृष्ण की तुलना में कमतर नहीं समझती। राधा के अनुरोध पर कृष्ण गाय दुहने बैठे तो उन्होंने प्रेम की कलाबाजी दिखाई।

राधा ने बिना सकुचाए उन्हें डपट दिया।

तुम पै कौन दुहावै गैया।

× × ×

इत चितवत, उत धार चलावत, यहै सिखायो मैया?
गुप्त प्रीति तासौं करि मोहन, जो है तैरी दैया।

ऐसी नोक-झोंक के तमाम प्रसंगों के बीच दोनों का प्रेम पुष्ट होता चलता है। दोनों साथ मिलकर गाय चराते हैं। राधा रुष्ट होती है तो उन्हें अपनी गाएँ अलग करने का आदेश देती है। उनके पास इस बराबरी का दावा करने के लिए तर्क है। वे न कृष्ण के बस में हैं, न उनके बाबा के अधीन है। दोनों के बीच स्वामी-सेवक का रिश्ता भी नहीं। जाति भी एक ही है। अंतर बस इतना भर है कि कृष्ण के पास गिनती की दो गाएँ ज्यादा हैं। इतने भर से उन्हें गोपियों से छेड़छाड़ करने का हक नहीं मिल जाता। कृष्ण अंत में हार मानकर सुलह कर लेते। ऐसी तकरारों के बीच प्रेम घटता नहीं उत्तरोत्तर बढ़ता है और अंत में उस स्थिति तक पहुँच जाता है जब राधा को निरंतर कृष्ण की प्रतीक्षा रहने लगती है। सूर-काव्य में राधा-कृष्ण की प्रेमलीला का जिस रूप में क्रमिक विकास दिखाया गया है, वह शेष गोपी कृष्ण लीला से भिन्न है। वे व्यक्ति नहीं समुदाय हैं। उनका प्रेम भी रूप-सौंदर्य के आकर्षण से आरंभ होकर साहचर्य से परवान चढ़ता है। वे भी कृष्ण के रूप पर मुग्ध हैं, और प्रेम-विवश हैं। पर कृष्ण की ओर से ऐसा बानक नहीं बनता जहाँ वे ब्रज की गलियों में सहज भाव से खेलने निकले हों और वहाँ रवि तनया के तट पर :

''औचक ही देखी तहँ राधा, नैन विसाल भाल दिए रोरी।
नील वसन फरिया कटि पहिरे, बेनी पीठि रुलति झकझोरी।''

दोनों के बीच यह प्रथम-दर्शन का प्रेम पारस्परिक है जिसका उदय एक साथ होता है। इसमें कोई आगे-पीछे नहीं। यह उनके बीच 'पुरातन' प्रीति है, पुरातन नेह है—प्रकृति-पुरुष का शाश्वत अनुराग।

उधर गोपियाँ कृष्ण को पाने की अभिलाषा लिए शिव और सूर्य की पूजा करती हैं। मनौतियाँ मनाती हैं। बालकृष्ण के साथ उन्होंने चाहे जितनी ठिठोली की हो, यशोदा को कितने ही उलाहने दिए हों पर रासबिहारी युवा कृष्ण के प्रति उनके मन में झिझक और संकोच है। लोक-लाज भय से भी वे पूर्णतः मुक्त नहीं हो पातीं। चीरहरण लीला की योजना इसी लोकलाज, संकोच, सामाजिक भय से मुक्त कर कृष्णार्पण करने के लिए की गई है। पूर्ण मिलन के लिए इस लज्जा और संकोच का त्याग आवश्यक है। गोपियों की दृष्टि से यह ऐसा मानसिक परिवर्तन है जिससे चीरहरण के बाद गोपियों की मनःस्थिति पश्चाताप या क्षोभ की नहीं बल्कि आनंदातिरेक की होती है।

सूरदास के प्रेम-वर्णन में संयोग की अपेक्षा अनुपात में विरह-वर्णन के चित्र अधिक भी हैं और अपनी मार्मिकता में अनुपम हैं।

संपूर्ण मध्यकाल के काव्य में नारी के विरह-वर्णन की प्रधानता है। इसका एक कारण है वह दार्शनिक विचार परंपरा जो इस काव्य की प्रेरणा है। जिसमें ब्रह्म पुरुष है और नारी माया, प्रकृति या शक्ति है। वह पुरुष के भोग और सृजन का साधन, उसकी कारयित्री क्षमता है। इसलिए समर्पण उसका धर्म है। पुरुष मूलतः स्व रूप में स्थित, अनासक्त और निष्क्रिय है। प्रकृति नारी है, सुकुमार है, उसमें प्रवृत्ति और आसक्ति है। पुरुष में नारी के संसर्ग से ही भाव का संचरण होता है। अतः प्रकृति-रूपा नारी में वियोग-वेदना की अनुभूति सहज है।

कृष्ण भक्ति दर्शन में तो कृष्ण को एकमात्र पुरुष स्वीकार किया गया है। भक्त वहाँ स्त्री-रूप हैं। गोपी-भाव से कृष्ण की उपासना उनका लक्ष्य है। यही मधुरा भक्ति है। गोपी-भाव से अपना सर्वस्व कृष्ण को अर्पित करने से पहले उनसे वियोग की वेदना की तीव्र अनुभूति भक्त के लिए आवश्यक है। इस विरहानुभूति की स्थिति नारी में ही हो इसका एक कारण नारी के बारे में समाज की परंपरागत अवधारणा भी है। नारी को लंबे समय से पुरुष की अपेक्षा अधिक संवेदनशील, अधिक अनुभूति प्रवण, समर्पण में अधिक सक्षम माना जाता रहा है।

समाज में नारी की हैसियत का भी इस मानसिकता से गहरा रिश्ता है। सामाजिक और पारिवारिक जीवन में पुरुष की भूमिका कर्त्ता की और स्त्री की अनुसरता की रही। अपनी अनेक भूमिकाओं में पुरुष की सेवा, उसके प्रति समर्पण ही उसका परम कर्तव्य समझा गया। वह सहधर्मिणी कही और दासी समझी जाती रही। सामंती समाज व्यवस्था में तो इस पराधीन रूप के अतिरिक्त उसकी कोई दूसरी कल्पना ही नहीं की जा सकती थी। प्रार्थना, विनय, समर्पण उसकी सहज अभिव्यक्तियाँ मानी गईं। ऐसे में विरहानुभव और विरह-निवेदन सहज रूप से उसी के हिस्से में आता था।

सूरदास को विप्रलंभ श्रृंगार की जो परंपरा परवर्ती संस्कृत काव्य, श्रीमद्‌भागवत और ब्रह्मवैवर्त आदि पुराणों से प्राप्त हुई उसमें भी नारी की विरह दशा को ही प्रमुखता थी। इसके बावजूद सूरदास के कृष्ण भी पर्याप्त विरह-विकल और पीड़ित दिखाई पड़ते हैं—लगभग सामान्य प्रेमी के रूप में। संस्कृत काव्य में पुरुष की विरह-व्याकुलता के उदाहरण 'मेघदूत' जैसे एकाध अपवाद को छोड़कर प्रायः नहीं मिलते। 'सूरसागर' में प्रधानता तो गोपियों की विरहाकुलता की ही है परंतु कृष्ण के विरह की भी उपेक्षा नहीं की गई है।

'सूरसागर' में काव्यशास्त्र में निरूपित विप्रलंभ-श्रृंगार के भेदों का सायास निर्वाह नहीं किया गया। विरह के शास्त्रीय भेदों में से 'पूर्वानुराग' सामाजिक जीवन-व्यवहार में सहज घटित नहीं होता। प्रिय से मिलन की आकांक्षा से प्रेमी इस अवस्था में मिलन पूर्व की मानसिक विकलता से दुःखी और संतप्त हुआ करते हैं। ऐसे प्रेम का चित्रण जीवनानुभव से अधिक काव्य-रूढ़ि है। जिसका निर्वाह सूरदास ने नहीं किया। उनका प्रेम तो दोनों पक्षों के बीच परिचय के उपरांत सहज-साहचर्य के सहारे क्रमशः परवान

चढ़ता है। बाद में राधा के मान, विरह और सखियों को दूती बनाने की पद्धति पर गीतगोविंद और विद्यापति की पदावली में चली आती काव्य-परंपरा का प्रभाव अवश्य लक्षित किया जा सकता है।

कृष्ण के मथुरा-गमन का प्रसंग भी लगभग अप्रत्याशित रूप में उपस्थित होता है। गोपियाँ हतप्रभ हैं, अवसन्न हैं, वेदना के कारण उनकी स्थिति अत्यंत कारुणिक हो गई। उनसे उस स्थिति में जैसे कुछ करते नहीं बनता। उन्होंने न कृष्ण को मथुरा जाने से रोका, न उनका हृदय इस प्रसंग से विदीर्ण ही हुआ। इसी बात की ग्लानि और पश्चाताप उन्हें और अधिक पीड़ा देता है।

कृष्ण प्रवासी हो गए। लौटने की कोई आशा नहीं है। गोपियों के पास स्मृतियों के अतिरिक्त दूसरा संबल नहीं। चारों ओर का परिवेश और प्रकृति उनकी वेदना में सहभागी है।

उन्हें ज्ञात है कि कृष्ण का मथुरा-गमन भले ही राजकाज से हुआ हो किंतु वहाँ कुब्जा नाम की एक सौत भी है, जिसके आकर्षण से वे बँधे हैं। कुब्जा-प्रसंग गोपियों को व्यथा के साथ व्यंग-विनोद का अवसर भी देता है। कुल मिलाकर, वियोगी मानव-मन की अनेक अंतर्दशाओं के वर्णन के लिए कृष्ण-भक्तों को पर्याप्त अवकाश है। अतीत, वर्तमान और भविष्य में क्रमशः स्मृति, वेदना, और आकांक्षा की न जाने कितनी भावदशाएँ हैं जिनकी सूरदास ने कल्पनात्मक अनुभूति के सहारे अभिव्यक्ति की है। शुक्ल जी के अनुसार वे मन की आँखों से वात्सल्य और प्रेमानुभूति का कोना-कोना झाँक आए थे। पर उनकी प्रतिभा 'भ्रमरगीत' में अपने चरम कलात्मक उत्कर्ष को प्राप्त करती दिखाई पड़ती है।

कोई चाहे तो काव्य शास्त्र में निर्दिष्ट विरह की दस दशाओं को उनके विरह-वर्णन में आसानी से खोज सकता है। पर सूरदास का वैशिष्ट्य शास्त्र का अतिक्रमण करने में है। गोपियों की विरहानुभूति को उसकी तीव्रता और गंभीरता में व्यक्त करने के लिए उन्होंने विरह-वर्णन के अनेक प्रसंगों की उद्भावना की। वही उनकी मौलिकता है। कृष्ण भक्तों के लिए एक-एक अंतर्दशा का अनेक पदों में और अनेक ढंग से वर्णन करना, नित्य लीला-गायन की विधि का पालन करने के कारण अनिवार्य था। स्वयं अपने नेत्रों को विषय बनाकर गोपियों ने न जाने कितने प्रकार से अपने विरह की अभिव्यंजना की है। उनका दैन्य, पीड़ा, विकलता, उपालंभ, सब नेत्रों के माध्यम से व्यक्त हुआ है।

इसी तरह प्रकृति के अनंत रूप उनकी वेदना को तरह-तरह से प्रकट करने का अवसर प्रदान करते हैं। ऋतुएँ, वन-उपवन, सरिता, सरोवर, कोयल, पपीहे और अंततः रस-लोलुप भ्रमर को लक्ष्य कर वे अपनी सारी व्यथा उँड़ेल देना चाहती हैं।

भ्रमर के माध्यम से उपालंभ देने की परंपरा भारतीय काव्य में पुरानी है। कालिदास ने अभिज्ञानशाकुंतलम् में इसका सूत्रपात किया था। भ्रमर अपनी भ्रमणशील रस-लोभी प्रकृति के कारण रस-लोलुप पुरुष का बड़ा सटीक प्रतीक ठहरता है। इसीलिए

गोपियों की मर्मव्यथा की अभिव्यक्ति के लिए कवियों ने उसका सहारा लिया है। इस युक्ति का उपयोग केवल काव्य-परंपरा में ही नहीं, भागवत में भी किया गया है। पर वहाँ इसका मुख्य स्वर दार्शनिक है। कृष्ण, उद्धव, भ्रमर, गोपियों की वेदना, उनका उपालंभ सब वहाँ भी मौजूद है किंतु वहाँ इस प्रसंग का लक्ष्य ज्ञान और योग का सम्यक् प्रतिपादन है। भ्रमर के अलावा भी संस्कृत, प्राकृत, अपभ्रंश काव्यों में दूत-काव्य की एक लम्बी परंपरा है जिनका मूल आशय दूत के माध्यम से प्रिय तक विरह-संदेश भिजवाना होता है। कृष्ण भक्ति काव्य के भ्रमरगीत इसी परंपरा की मध्ययुगीन कड़ी हैं।

सूर का भ्रमरगीत सूरसागर का हिस्सा भी है, और अपने आप में संपूर्ण रचना भी। वह न पुष्टिमार्ग की दार्शनिक-धार्मिक रचना है न केवल काव्य-कृति। दर्शन और धर्म उसका वैचारिक आधार है, लोक उसकी रंगभूमि है, और पात्रों की मानसिकता और भावभूमि उसकी काव्यात्मकता का केंद्र है। धर्म और दर्शन की वैचारिकता उसमें मुखर नहीं होती, फिर भी उसमें धार्मिक संप्रदायों के मतवाद का द्वंद्व समुपस्थित है। उपदेश रूप में नहीं, कवि की अनुभूति का विषय बन कर काव्यात्मक रूप में। गोपियों का प्रेम उन्हें स्वार्थी या आत्मकेंद्रित नहीं बनाता। वह पूरे लोक के बीच, सबकी सहभागिता में, सामाजिक अनुभूति के रूप में उन्हें आत्म-विस्तार की सामर्थ्य देता है। इसी कारण उनका मानस लोक मानस का प्रतिनिधित्व करता है। यही इस काव्य की विशिष्टता है। इसमें अध्यात्म, धर्म, भक्ति सब लोक-संस्कृति के तत्त्वों से समन्वित होकर कलात्मक रूप ग्रहण करते हैं। यही लोक-संपृक्ति गोपियों को एक साथ सरल, विदग्ध, दीन, व्यथित बना देती है। वे शास्त्रार्थ से नहीं लाचारी से उद्धव को कायल करती हैं : 'लरिकाई कौ प्रेम कहो अलि कैसे छूटै' की निस्पृहता के सामने कौन हथियार नहीं डाल देगा। वे तरह-तरह से उद्धव को समझाती हैं। कभी सीधे, कभी भ्रमर के बहाने, कभी प्राकृतिक उपकरणों का सहारा लेकर और कभी बड़े निरीह भाव से। उनके तर्क किसी तर्क-दुर्धर्ष शास्त्रज्ञ विद्वान में नहीं, सीधे-सरल, निष्पकट, गोप समाज की ललनाओं के तर्क होते हैं जिनका स्रोत लोक-व्यवहार और निरीहता होती है, दूसरे को परास्त कर देने की हठधर्मिता नहीं। वैदग्ध्य उनके यहाँ चतुराई और काइयाँपन से नहीं व्यवहार-कुशलता और प्रेम की तीव्रता से पैदा होता है।

भ्रमरगीत की गोपियों की मुखरता के बीच राधा की वेदना की मौन-विवृत्ति का अपना सौंदर्य है। उद्धव-गोपी संवाद में बस राधा हैं, मानो गोपियों के रूप में राधा के विरह का विस्तार हुआ है जिसके बारे में सूर का कहना है कि 'सोरह सहस पीर तनु एकै, राधा जीव सब देह।' उनकी मौन मुखरता ही भक्ति की पराकाष्ठा है। गोपियाँ उद्धव को राधा का जो चित्र देती हैं वह उनकी आत्मा में बैठ जाता है। वही वे मथुरा लौटकर कृष्ण के सामने प्रस्तुत कर देते हैं :

'जब राधा तबहीं मुख माधौ, माधौ रटत रहे।
जब माधौ है, जात सकल तन राधा बिरह दहे।

वैसे ही जैसे विद्यापति की राधा :

अनुखन माधव माधव सुमरइत, सुंदरि भेल मधाई।

कुल मिलाकर, सूरदास की दृष्टि जीवन-संदर्भ में प्रेमानुभूति के विभिन्न रूपों और संदर्भों को अभिव्यक्त करने पर ही टिकी है। उनकी दृष्टि एक ओर लोक और शास्त्र दोनों के बंधनों से मुक्त है, दूसरी ओर उसमें शास्त्रीय दृष्टि से वात्सल्य, शृंगार जैसे रस और भक्तिशास्त्र के अनुसार मधुर रस या 'उज्ज्वल रस' अपने चरमोत्कर्ष में दिखाई पड़ते हैं।

'सूरसागर' की संरचना भी न पूरी तरह शास्त्रानुमोदित ठहरती न उससे पूरी तरह मुक्त। उसका विन्यास कथात्मक है। पुराण शैली में उसे स्कंधों में विभाजित भी किया गया है। साथ ही उसमें प्रगीत की सभी विशेषताएँ अपने अन्यतम रूप में उपलब्ध हैं। उनके पदों में शास्त्रीय और लोक दोनों संगीत परंपराओं का ज्ञान और संवेदन व्याप्त है। वे लीलाओं का वर्णन नहीं करते, उनकी प्रस्तुति करते हैं। रास का चित्रण नृत्य कला की लयात्मकता की समझ के बिना संभव ही नहीं। किसी अभिव्यक्ति में जितनी अधिक कलाओं का उपयोग किया जाएगा, वह पाठक के व्यक्तित्व को उतनी ही समग्रता में प्रभावित करेगी। सूर के पद संगीत, नाट्य और नृत्य तीनों की काव्यात्मक अभिव्यक्ति होने के कारण भक्तों और साहित्य के पाठकों के ही नहीं, संगीतकारों के भी कंठहार हैं। कीर्तन के रूप में गाए जाने पर उनमें श्रोताओं के सामूहिक तन्मयीभवन की अद्भुत सामर्थ्य है।

इस प्रभाव को सिद्ध करने में उनकी काव्यभाषा की विशेष भूमिका है। काव्यभाषा जितनी जीवन-व्यवहार की भाषा के करीब होती है, उतनी ही प्रभावी होती है। सूर की भाषा में लोक-जीवन से यह निकटता भरपूर है। उनकी भाषा जीवन-व्यवहार की अनुभव-समृद्ध भाषा है, क्योंकि उसका स्रोत जीवन का यथार्थ है। साथ ही उसमें बिम्बधर्मिता, प्रतीकात्मकता, रूपकात्मकता, संदर्भ-संपन्नता जैसी तमाम ऐसी विशेषताएँ मौजूद हैं जो व्यवहार की भाषा को काव्य-भाषा बनाती हैं। सूरदास से पहले ब्रजभाषा काव्य की कोई लिखित परंपरा नहीं थी, उन्हें विरासत में लोकगीतों की मौखिक परंपरा ही मिली। मौखिक रचनाओं में भाषा का जीवन-व्यवहार में प्रचलित रूप ही प्रमुख होता है। सूरदास ने इसी जनपदीय रूप को ऐसे साहित्यिक साँचे में ढाला कि उनकी आरंभ की हुई यह परंपरा उनके बाद सदियों तक चलती रही। जहाँ तक उनकी अपनी भाषा की प्रौढ़ता और निखार का सवाल है आचार्य शुक्ल ने सही लक्ष्य किया था कि 'सूरसागर किसी चली आती हुई परंपरा का—चाहे वह मौखिक ही रही हो—पूर्ण विकास-सा जान पड़ता है, आगे चलने वाली परंपरा का मूल रूप नहीं।'

—निर्मला जैन

भक्ति का विकास

श्रीवल्लभाचार्य

जीवनवृत्त

काव्य में लोकमंगल

आलोचना

परिशिष्ट

भक्ति का विकास

विचार करने पर प्रत्येक धर्म के तीन क्षेत्र दिखाई पड़ते हैं–

1. आप्त शब्द–जिसका शासन कर्म तथा थोड़ा-बहुत बुद्धि पर भी पाया जाता है,

2. बुद्धि–जो मार्ग निश्चय करती है,

3. हृदय–जिसकी उमंग में लोग उस मार्ग को जगमगाते हुए आपसे आप चले चलते हैं।

धार्मिकों में से कुछ की दृष्टि तो केवल शब्द या शासनक्षेत्र तक ही पहुँच पाती है जिसमें सुख का लोभ, दुःख का भय साथ लिए दौड़-धूप कराया करता है। यमराज के डंडे के डर से प्रवृत्ति होने पर भी वे बहुत-से ऐसे दुष्कर्मों से हाथ खींचते हैं जिन्हें कानून जुर्म नहीं कहता, स्वर्ग-सुख-भोग के लालच से वे कभी-कभी भीतरी प्रवृत्ति न होने पर भी ऐसे पुण्य कार्यों का अनुष्ठान करते हैं जिन्हें न करना कोई पातक या निंदा की बात नहीं समझी जाती। ये नीची श्रेणी के धार्मिक हैं। गरुड़पुराण और बाबा रघुनाथदास के विश्रामसागर में जो यमपुरी का वर्णन है, वह ऐसे ही लोगों के लिए है। रामचरितमानस के उत्तरकांड का वह प्रकरण जिसमें 'हरि-गुरु-निंदक दादुर होई' इत्यादि है, भावुक भक्तों के लिए नहीं है।

जिस प्रकार पालन के फल का लाभ और उल्लंघन के दंड का भय दिखाकर धर्म का शासनपक्ष आज्ञा करता है कि 'ऐसा करो, ऐसा न करो', उसी प्रकार धर्म का बुद्धिक्षेत्र विवेक को संबोधन करके समझाता है कि 'ऐसा करना चाहिए और ऐसा नहीं करना चाहिए, ऐसा करना उचित है और ऐसा करना अनुचित'। शुष्क धार्मिकों में से कुछ लोग तो शासनक्षेत्र ही तक रह जाते हैं और कुछ लोग थोड़ा और आगे बढ़कर बुद्धिपक्ष का अवलंबन करते हैं। इन दोनों प्रकार के शुष्क धार्मिकों से भक्त धार्मिक श्रेष्ठ होते हैं जो धर्म के रसात्मक स्वरूप का साक्षात्कार करते हैं। शब्दावलंबी शासनपक्ष-दर्शी शुष्क धार्मिक के लिए धर्म राजा है जिसके सामने वह प्रजा की तरह बड़े अदब-कायदे के साथ–नियम और विधि के पूरे

पालन के साथ—डरता-डरता जाता है, बुद्धिपक्ष-दर्शी के लिए धर्मगुरु या आचार्य हैं जिसके सामने वह विनीत शिष्य के रूप में शंका-समाधान करता पाया जाता है। पर भक्त धार्मिक के लिए धर्म प्यार से पुकारनेवाला पिता है। उसके सामने वह भोले-भाले छोटे बच्चे की तरह जाता है। कभी उसके ऊपर लोटता है, कभी सिर पर चढ़ता है, यहाँ तक कि कभी-कभी दाढ़ी भी पकड़ लेता है। वह धर्म को प्यार करता है, धर्म उसे अच्छा लगता है। उसका आनंदलोक भी शुष्क धार्मिकों के स्वर्ग से ऊपर है। वह प्रिय या उपास्य का सामीप्य है।

धर्म के इस अंतिम रसात्मक पक्ष तक मनुष्य का हृदय उपास्य के स्वरूप की उन्नत भावना के उपरांत पहुँचा है। असभ्य दशा में पड़ी हुई जातियों के बीच देवता एक ऐसा शासक था जो पूजा से तुष्ट होकर ही रक्षा और कल्याण करता था और पूजा न पाने पर रुष्ट होकर अनिष्ट करता था। उनकी पूजा भय और लोभ की प्रेरणा से ही की जाती थी। वनदेवता, ग्रामदेवता, कुलदेवता इसी प्रकार के उपास्य थे। जो प्राचीन जातियाँ सभ्य दशा में थीं उन्होंने सूर्य, चंद्र, अग्नि, वायु इत्यादि प्राकृतिक शक्तियों को उपास्य ठहराया था, जो बराबर उपकार ही किया करती थीं, पर रुष्ट होने पर अनिष्ट भी करती थीं। अतः सामान्यतः उपकार में तत्पर ऐसी शक्तियों की पूजा में कृतज्ञता का भाव भी कुछ रहता था जो भय और लोभ से उन्नत भाव था। अतः ऐसे देवताओं की उपासना में धर्म के स्वरूप का आभास मिलता है। उपास्य के इस उपकारी स्वरूप के भीतर अखिल विश्व के पालक और रक्षक भगवान् के व्यापक स्वरूप की भावना का अंकुर छिपा था।

इस भवसागर में बहता हुआ मनुष्य आदिम काल से ही कभी सुख की तरंगों में उछलता और कभी दुःख के भँवर में चक्कर खाता चला आ रहा है। प्रयत्न उसका बराबर से यही रहा है कि सुख की तरंगों में उछले और दुःख के भँवर में पड़ने से बचे। पर कभी तो वह लाख प्रयत्न—शारीरिक और मानसिक दोनों प्रकार के—करने पर भी दुःख के आवर्त में पड़ ही जाता और कभी अनायास अपने को सुख के शिखर पर पाता। इस दशा में इतनी बुद्धि का उदय तो अनिवार्य था कि सुख की प्राप्ति और दुःख की निवृत्तिवाले संयोग सर्वथा अपने प्रयत्न के अधीन नहीं हैं। इसके आगे उसकी समझ के लिए दो रास्ते थे। या तो ऐसे संयोग यों ही हो जाया करते हैं अथवा कुछ परोक्ष शक्तियों के द्वारा उपस्थित किए जाते हैं। पहली बात तो आदिम मनुष्य के मन में न धँसी। दूसरी बात को लेकर ही उसने वनदेवता, ग्रामदेवता, कुलदेवता इत्यादि की पूजा को अपने बाह्य जीवन का एक अंग बनाया। जो आदिम जातियाँ

असभ्य या वन्य दशा में थीं, उनकी परिमित भावना स्थानबद्ध या कुलबद्ध देवी-देवताओं तक ही रहती थी। वे इससे बड़े देवता की व्यापक भावना नहीं रखती थीं। सभ्य जातियों में भी जो ज्ञान की बहुत नीची श्रेणी के लोग हैं वे अपने योगक्षेम के लिए ग्रामदेवता, कुलदेवता आदि का ही अनुग्रह प्राप्त करने का उद्योग करते हैं। जिन जातियों में कुलदेवता में ही पूर्ण ऐश्वर्य का आरोप करके पीछे एकेश्वरवाद चला, उनमें उसका स्वरूप कुछ संकुचित रहा।

'यह्व' पहले प्राचीन यहूदी जाति की एक शाखा का साधारण कुलदेवता था, जिसे इसराईल के वंशवाले बलि चढ़ाया करते थे। उसकी शक्ति और उसका ज्ञान परिमित था। जब मिस्र देश के राजा ने इसराईल वंशवालों को बहुत सताया तब उन्होंने उस कुलदेवता की दुहाई दी। यह्व ने आकाशवाणी द्वारा कहा–'अच्छा आज रात को मैं बहुत मिस्रियों का नाश करूँगा। पर एक काम करना। बलिदान करके पहचान के लिए अपने-अपने दरवाजे पर रक्त का छापा लगा देना जिसमें उन घरों को मैं बचा जाऊँ।' पीछे हजरत मूसा पैगंबर द्वारा उसी 'यह्व' पर सर्वशक्तिमत्ता और सर्वज्ञता का आरोप किया गया और वह जमीन और आसमान का बनानेवाला खुदा हुआ। इस प्रकार प्राचीन काल में लाल समुद्र के आसपास बसनेवाली जातियों में कुलदेवता की भावना 'एकेश्वरवाद' (मोनोथेइज्म) तक पहुँचाई गई।

प्राचीन आर्य जाति ने आरंभ ही से संपूर्ण जगत् में कार्य करनेवाली प्राकृतिक शक्तियों को देवरूप में ग्रहण किया था। अतः आगे चलकर उन सब देवताओं का तत्वदृष्टि से एक में समाहार करके 'ब्रह्मवाद' (मानिज्म) की प्रतिष्ठा हुई। मंत्रकाल में ही अग्नि, वायु, वरुण, इंद्र इत्यादि एक ही ब्रह्म के नाना रूप माने जा चुके थे–

इन्द्रं मित्रं वरुणमग्निमाहुरथो दिब्यिस्स सुपर्णो गरुत्मान्।
एकं सद्विप्रा बहुधा बदन्त्यग्निं, यमं, मातरिश्वानमाहुः।

—ऋग्वेद 1-2, 162-64

उपनिषत्काल में एक ब्रह्म की भावना पूर्णता को पहुँची और 'सर्व खल्विदं ब्रह्म', 'नेह नानास्ति किंचन', 'तत्वमसि' इत्यादि महावाक्यों का पूरा प्रचार हुआ। इस रीति से बाबुल की प्राचीन खाल्दी (चाल्डियंस) जाति के बीच एक ईश्वर की भावना का विकास हुआ था। बाबुल के खंडहरों में मिले ईसा से 2000 वर्ष पूर्व के एक लेख में वहाँ के भिन्न-भिन्न देवता एक ही प्रधान देवता मर्दुक के भिन्न-भिन्न रूप कह गए हैं–

नर्गल युद्ध का मर्दुक है। बेल राजसत्ता का मर्दुक है।
शम्श धर्म का मर्दुक है। अदु वर्षा का मर्दुक है।

मनुष्य जाति में देवभावना के उपयुक्त दो प्राचीन रूप थे। असभ्य दशा से न निकली हुई जातियाँ तो अपने देवताओं की वृत्ति अपनी वृत्ति से ऊँची नहीं समझती थीं। ये यही मानती थीं कि देवता केवल पूजा से प्रसन्न होने पर ही भलाई करते हैं और पूजा न पाने पर घोर अनिष्ट करते हैं। सभ्य जातियाँ उन प्राकृतिक शक्तियों की उपासना करती थीं जिनकी उपकारी प्रवृत्ति से जीवन की रक्षा और निर्वाह होता था, जैसे, सूर्य, इंद्र, अग्नि, वायु, पृथ्वी इत्यादि। वे प्रत्यक्ष अनुभव करती थीं कि इनके द्वारा जगत् में प्रकाश फैलता है, पृथ्वी शीतल और धनधान्यपूर्ण होती है, शीत और पशुभय दूर होता है। अतः दैत्यों और दस्युओं का पराभव भी वे उन्हीं के परोक्ष प्रभाव से समझती थीं। साथ ही अतिवृष्टि, अनावृष्टि, गोधन का क्षय इत्यादि का कारण भी उन्हीं का कोप समझा जाता था। इस प्रकार अत्यंत प्राचीन काल के मनुष्यों में देवता ऐसे शासक के रूप में थे जिनकी प्रसन्नता और अप्रसन्नता का संबंध पूजा के साथ ही था, मनुष्य के शील या आचरण के साथ नहीं। इसी के अनुरूप पूजा का उद्देश्य भी अपना सुख रहता था। पहले तो सुख इसी लोक का सुख या 'अभ्युदय' था, पर आगे चलकर जब परलोक की भावना हुई तब परलोक के सुख या 'निःश्रेयस' की कामना भी होने लगी। इस निःश्रेयस की भावना के साथ ही पूजा का विधान अधिक वृहत् होने लगा और उसमें लोक-हित-साधन का भी कुछ समावेश हुआ। बड़े-बड़े यज्ञ होने लगे जिनमें सैकड़ों गाएँ तथा और बहुत तरह के सामान ब्राह्मणों को दान दिए जाते थे। दान की योजना द्वारा पूजा का स्वरूप कुछ अवश्य परिष्कृत और उन्नत हुआ, उसमें लोकोपकार का अवयव आ गया।

इतना होने पर भी प्राचीन देवपूजा में देवताओं के ये ही दो कार्यलक्षण कहे जा सकते हैं—(1) देवता केवल पूजा पाने पर ही उपकार करते हैं। न पाने पर अनिष्ट करते हैं। (2) देवता यों तो बराबर उपकार किया ही करते हैं, पर पूजा पाने पर विशेष उपकार करते हैं। इस दशा में अत्यंत प्राचीन काल के मनुष्यों में देवता के प्रति तीन भाव हो सकते थे—भय, लोभ और कृतज्ञता। इन तीनों भावों में मन सुख की ओर ही उन्मुख रहता है, देवता की ओर नहीं। कृतज्ञता कुछ उदात्त वृत्ति है, पर उसमें भी ध्यान मुख्यतः 'कृत' या किए हुए उपकार पर ही रहता है, उपकार करनेवाले पर नहीं। कृतज्ञ 'कृत' के स्वरूप में अनुरक्त रहता है; कर्ता के स्वरूप में नहीं। लोभ, भय और कृतज्ञता इन तीनों भावों का प्रकाश विनीत वचन, स्तुति और उत्तम द्रव्यों की भेंट द्वारा पूरी

तरह से हो जाता है। इन तीनों भावों की प्रेरणा 'पूजा' तक ही पहुँचती है। प्राचीन यज्ञ, जिन्हें 'द्रव्ययज्ञ' कहते हैं, इसी पूजा के विधान हैं। इस विधान में मानसपक्ष या हृदयपक्ष का पूज्य के साथ पूरा योग नहीं था। मंत्रकाल या वैदिक काल में सामान्य प्रवृत्ति इसी 'द्रव्ययज्ञ' की थी। यज्ञ की ठीक सामग्री इकट्ठी करके विधि का ठीक-ठीक पालन कर देने से ऐसे यज्ञ संपन्न हुआ करते थे।

'द्रव्ययज्ञ' का सामान्य प्रचार होते हुए भी वैदिक काल में ही विशिष्ट जनों में मननशीलता और भावुकता दोनों की प्रवृत्ति भी अवश्य थी। मनन और चिंतन द्वारा ही मंत्रकाल में सब देवों की उस एकत्वभावना का प्रादुर्भाव हुआ था जो उपनिषत्काल में पूर्णता को पहुँची। जिन देवताओं के निमित्त बड़े-बड़े काम्य और नैमित्तिक यज्ञ किए जाते थे, जिन्हें यज्ञों में भाग मिलता था, उनकी स्तुति के अतिरिक्त बहुत-से मंत्रों में नदियों, उषा इत्यादि के संबंध में सौंदर्य भावना और शुद्ध अनुराग द्वारा प्रेरित रमणीय उक्तियाँ भी हैं जो भावुकता का पता देती हैं। ऋग्वेद के पुरुषसूक्त में ईश्वर की भावना पुरुष के रूप में है। नराकार भावना (ऐंथ्रोपोमारफिक कन्शेप्शन) का यह उदयगीत माना ज़ाता है, इसी से इस सूक्त का पाठ वैष्णव मंदिरों में प्रायः हुआ करता है।[1] शतपथ ब्राह्मण में सहृदयता और भावुकता का कुछ विशेष आभास उपास्य के स्वरूप के साथ-साथ धर्म के स्वरूप में पाया जाता है। उसमें एक स्थल (12 / 3-4) पर कहा गया है कि 'पुरुष नारायण' ने यज्ञ करके वसुओं, रुद्रों और आदित्यों को इधर-उधर सब दिशाओं में भेजा और आप जहाँ के तहाँ स्थिर रहे। इसके आगे एक दूसरे स्थान पर (13 / 6-1) यह भी आता है कि 'पुरुष नारायण' ने ऐश्वर्य और सर्वस्व की प्राप्ति करनेवाले पांचरात्र सत्र (पाँच दिनों का एक यज्ञ) की विधि चलाई। इससे स्पष्ट है कि सगुण परमेश्वर का 'नारायण' (नरसमष्टि का आश्रम) नाम ब्राह्मणकाल में ही प्रसिद्ध हो गया था। नारायण सगुण ब्रह्म का वह रूप है जिसकी अभिव्यक्ति जगत् में नर या मनुष्य के रूप में हुई।

इस 'नारायण' स्वरूप तक उपासना किस ढंग से पहुँची है इसे भी थोड़ा देखना चाहिए। उपनिषद् में हमें मिलता है कि ब्रह्म की उपासना, 'अन्न, प्राण, मन, ज्ञान और आनंद' इन रूपों में करनी चाहिए।[2] अन्नोपासना ब्रह्म को अपनी अंतस्सत्ता के बाहर बाह्य जगत् में देखने का विधान है। मन, ज्ञान आदि के

1. यही भावना लेकर भागवत में कहा गया है—
जगृहे पौरुषं रूपं भगवान्महदादिभिः।।
सम्भूतं षोडशकलामादौ लोक-सिसृक्षया।। (1-3-1)

2. अन्नं ब्रह्मेति व्यजानात्। प्राणी ब्रह्मेति व्यजानात्। मनो ब्रह्मेति व्यजानात्। विज्ञानं ब्रह्मेति व्यजानात्। आनंदो ब्रह्मेति व्यजानात्। —तैत्तिरीयोपनिषद्, भृगुवल्ली।

रूप में उपासना अपनी अंतस्सत्ता के भीतर देखने का विधान है। बाहर और भीतर दोनों ओर ब्रह्म को देखने पर ही पूर्णोपासना हो सकती है। भारतीय भक्तिमार्ग में यही पूर्णोपासना की पद्धति गृहीत हुई है। इस मार्ग के भक्त केवल अपने मन के भीतर ही ब्रह्म को नहीं देखते, बाहर भी देखते हैं। केवल स्वांतःस्थ ब्रह्म की ओर उन्मुख योगमार्गियों की देखादेखी निर्गुणपंथी भक्त अलबत यह कहते पाए जाते हैं कि बाहर वह नहीं मिल सकता, अपने भीतर देखो। इसी बात पर गोस्वामी तुलसीदास जी ने कहा था कि–

> अंतर्जामिहु तें बड़ि बाहरजामी हैं राम जो नाम लिए तें।
> पैज परे प्रहलादहु के प्रकटे प्रभु पाहन तें न हिए तें।।

इसी अन्नोपासना की पद्धति से ब्रह्म की भावना विष्णु रूप में प्रतिष्ठित हुई। जिस प्रकार अन्न शरीर का भरण-पोषण करता है उसी प्रकार विष्णु जगत् का पालन करते हैं। पहले विष्णु के प्रतीक सूर्य रहे जो लोक-पालन और भरण करते प्रत्यक्ष देखे जाते हैं। इसके उपरांत उपास्य के अधिक सान्निध्य की उत्कंठा से, उसे अधिक हृदयाकर्षक रूप में पास लाने की लालसा से, विष्णु की नराकार भावना 'नारायण' (नरसमष्टि का आश्रय) के रूप में हुई। अब प्रश्न यह हो सकता है कि ईश्वर का पालक और रक्षक रूप ही क्यों लिया गया। क्या यह रूप केवल भक्ति के व्यवहार के लिए आरोप मात्र है? नहीं; यह तात्विक रूप है, आरोप मात्र नहीं है। यद्यपि भगवान् की शक्ति क्षय और नाश भी करती है–पर एक बात है। क्षय का परिणाम नाश कभी और कहीं होता है; पर रक्षा के परिणाम पालन का प्रवाह अखंड और नित्य है। विश्व के भीतर असंख्य खंडप्रलय होते रहते हैं–न जाने कितने लोक नष्ट होते रहते हैं–पर समष्टि रूप में विश्व या जगत् बराबर चला चलता है। अतः पालक स्वरूप ही सत्स्वरूप है; नाशक रूप असत्, अनित्य और क्षणिक है। दूसरी बात यह है कि उपास्य के स्वरूप की भावना के अनुरूप ही भक्ति की पुष्ट दशा में उपासक के स्वरूप की परिणति होती है। अतः भक्ति की इसी तत्स्वरूप में परिणति ही कल्याणकारिणी हो सकती है–उसके लिए भी और लोक के लिए भी।

शतपथ ब्राह्मण के उद्धृत वाक्यों से यह साफ दिखाई पड़ता है कि मंत्रकाल में जगत् के बीच अनेक रूपों और व्यापारों द्वारा व्यक्त होनेवाली भिन्न-भिन्न शक्तियों का एक समष्टि शक्ति के रूप में ग्रहण हो जाने के उपरांत उस समष्टि शक्ति के स्वरूप के परिचय की किस प्रकार उत्कंठा हुई और किस प्रकार भावुक ऋषिमंडली हृदयग्राही स्वरूप की ओर बढ़ी। उपास्य के स्वरूप को

जानने के लिए उसकी ओर बुद्धि और कल्पना को दौड़ाना जहाँ से दिखाई पड़े, वहीं से मनोयोग या 'ज्ञानयज्ञ' का आरंभ समझना चाहिए। उपास्य के उदात्त स्वरूप भावना के अनुरूप ही धर्म की परिष्कृत और उत्कृष्ट भावना का आभास भी हमें उक्त शतपथ ब्राह्मण में 'पंचमहायज्ञ' के उल्लेख द्वारा मिलता है। इस पंचमहायज्ञ के भीतर नृयज्ञ (आए-गए का सेवा-सत्कार) और भूतयज्ञ (छोटे-बड़े जीवों को कुछ भोजन का भाग देकर तुष्ट करना) भी है। यद्यपि स्मृतियों ने इन यज्ञों को पंचसूना के प्रायश्चित रूप अर्थात् नैमित्तिक बताकर शासन और शास्त्र पक्ष के भीतर कर लिया है, पर इनके भीतर हृदय साफ झाँक रहा है। अन्य प्राणियों को तुष्ट करने से हृदय की जो तुष्टि होती है, उसे हम बिना ऐसे कर्मों का प्रेरक माने रह नहीं सकते। 'ईष्टापूर्त्त' की चर्चा भी हमें शतपथ ब्राह्मण में मिलती है। ब्राह्मणकाल के पूर्व 'ईष्टापूर्त्त' का चाहे जो अर्थ हो पर उसके अंतर्गत तालाब, कुएँ खुदवाना, रास्ते में पेड़ लगवाना इत्यादि लोकहितकर कर्म बराबर माने जाते रहे हैं।

प्राचीन यहूदी जाति 'द्रव्ययज्ञ' ही तक रही। रूखे-सूखे ढंग से विधियों का पालन करना ही उनकी पूजा का स्वरूप रहा। ईसा मसीह के उपरांत आराधना में हृदय पक्ष का योग हुआ। पर बुद्धि पक्ष या ज्ञान पक्ष का प्रादुर्भाव ईसाई धर्म में बहुत पीछे प्लेटो आदि के यूनानी दर्शनों का सहारा लेकर हुआ। पर भारतवर्ष में, जैसा कि ऊपर दिखा आए हैं, ईसा से हजारों वर्ष पहले ब्राह्मणकाल से ही भावसमन्वित ज्ञानमार्ग का सूत्रपात हुआ जो उपनिषदों के समय पूर्णता को पहुँचा।

उपनिषदकाल के ज्ञानकांड में दो मार्ग दिखाई पड़ते हैं। एक तो हृदयपक्ष को बिल्कुल छोड़कर केवल बुद्धि या विशुद्ध ज्ञान को लेकर चला और दूसरा हृदयपक्ष-समन्वित ज्ञान को लेकर। इस प्रवृत्तिभेद के अनुसार कहीं तो—जैसे बृहदारण्यक, कठोपनिषद् आदि में—प्रतिवर्तन (रिएक्शन) के रूप में यज्ञादि कर्मों से पूरी विरक्ति है और केवल मनन या चिंतन का मार्ग ही स्वीकार किया गया है। यह मार्ग कर्म और ज्ञान में नित्य विरोध मानकर साधना के लिए कर्मों का सर्वथा त्याग, रागों या मनोविकारों का पूर्ण दमन आवश्यक ठहराता है और ब्रह्म की केवल अभ्यस्त और निर्गुण सत्ता लेकर चलता है। दूसरी ओर ईशावास्यादि उपनिषद् ज्ञान के साथ ही साथ कर्म का भी, निष्कर्म का भी, उपदेश देते हैं। इस प्रकार ज्ञान मार्ग की दो शाखाएँ दिखाई पड़ती हैं—निवृत्तिपरक ज्ञानमार्ग और कर्मपरक ज्ञानमार्ग।

इसी कर्मपरक ज्ञानमार्ग से, जिसमें कर्म के साथ बुद्धि और हृदय दोनों का

योग आवश्यक ठहराया गया था, आगे चलकर भक्ति का विकास हुआ। छांदोग्य आदि प्राचीन उपनिषदों में परब्रह्म के ज्ञान के लिए ब्रह्मचिंतन आवश्यक कहा गया है। उपर्युक्त दो प्रवृत्तियों के अनुसार इस ब्रह्म के दो प्रकार के स्वरूप उपनिषदों ही में कथित मिलते हैं। कहीं तो वह 'मनोमय', प्राणशरीर, भारूप, सत्यसंकल्प, आकाशात्मा, सर्वकर्मा, सर्वकाम, सर्वगंध, सर्वरस' (छांदोग्य 3-14-2)[1], सर्वज्ञ, सर्वशक्तिमान् इत्यादि कहा गया है और कहीं 'अशब्द, अस्पर्श, अरूप, अरस और अगंध' (कठ 3-15)।[2] कहीं 'अन्न, प्राण, मन, ज्ञान और आनंद' इन रूपों में ब्रह्म की उपासना बताई गई है और कहीं वही ब्रह्म 'अद्रेश्यं, अग्राह्यम्' (मुंडक 1-1-6)[3] कहा गया है। इस प्रकार ब्रह्म कहीं सगुण और व्यक्त कहा गया है, कहीं निर्गुण और अव्यक्त। इसके अतिरिक्त बहुत जगह ब्रह्म उभयात्मक अर्थात् विरुद्धधर्मयुक्त कहा गया है, जैसे–

द्वेवाव ब्रह्मणे रूपो मूर्त्तञ्चैवामूर्त्तञ्ञ,
मर्त्यंचामृतं च, स्थित च, यच्च, सच्च, त्यच्च।

–बृहदारण्यक॰

तदेजति तन्नैजति, तद्दूरे तद्वदन्तिके।
तदन्तरस्य सर्वस्य तदु सर्वस्यास्य बाह्यतः।

–ईशावास्योपनिषद्

अणोरणीयान् महतो महीयान्,
आत्मा गुहायां निहितोऽस्य जन्तोः।

–श्वेत॰ 3-20

इस उभयात्मक भावना में ब्रह्म मूर्त अमूर्त, व्यक्त अव्यक्त, चल अचल, छोटा बड़ा सब कुछ है अर्थात् सर्वरूप है।

यहाँ पर यह सूचित कर देना आवश्यक है कि भारतीय भक्तिमार्ग ब्रह्म का यह उभयात्मक स्वरूप ग्रहण करके चला। उसके अनुसार न तो यह कहा जा सकता है कि ब्रह्म केवल सगुण और व्यक्त ही है, न यह कहा जा सकता है कि केवल निर्गुण और अव्यक्त है। दोनों रूप नित्य और सत् हैं। व्यक्त और सुगण की नित्यता प्रवाहरूप है; अव्यक्त और निर्णुण की स्थिर। व्यक्त और अव्यक्त, सगुण और निर्गुण का भेद पारमार्थिक या वास्तविक नहीं। जहाँ

1. मनोमयः प्राणशरीरो भारूपः सत्यसंकल्प आकाशात्मा सर्वकर्मा सर्वकामः सर्वगंधः सर्वरसः सर्वमिदमभ्यात्तोऽवाक्यनादरः।
2. अशब्दमस्पर्शमरूपमव्ययं तथाऽरसं नित्यमगंधवच्च यत्।
3. यत्तवद्रेश्यमग्राह्यमगोत्रमवर्णमचक्षुःश्रोत्रं तदपाणिपादम्।

तक ब्रह्म हमारे मन और इंद्रियों के अनुभव में आ सकता है वहाँ तक हम उसे सगुण और व्यक्त कहते हैं। पर वहीं तक उसकी इयत्ता नहीं। उसके आगे भी उसकी अनंत सत्ता है जिसके लिए हम कोई शब्द न पाकर निर्गुण, अव्यक्त आदि निषेधवाचक शब्दों का आश्रय लेते हैं। तात्पर्य यह कि हृदय को सगुण और व्यक्त रूप में अनुरक्त रखते हुए सम्यग्दर्शन के लिए उसकी निर्गुण और अव्यक्त सत्ता को भी लेना पड़ेगा। भक्ति का यही सिद्धांत पक्ष है। इसके अनुसार जिस सगुण और व्यक्त रूप की भक्त उपासना करता है वह असत्, भ्रम या मिथ्या नहीं है।

बृहदारण्यक (2-1) में गार्ग्य बालाकी ने अजातशत्रु को पहले-पहल आदित्य, विद्युत, आकाश, वायु, अग्नि, जल या दिशाओं में रहनेवाले पुरुषों की ब्रह्मरूप में उपासना बतलाई है। परंतु आगे अजातशत्रु ने उससे कहा है कि ब्रह्म इनके भी परे है। उसी उपनिषद् में एक स्थल पर पृथ्वी, जल और अग्नि इन तीनों को ब्रह्म का मूर्त रूप और वायु तथा आकाश को अमूर्त रूप कहा है। फिर अंत में यह कहकर कि इन अमूर्तों के भी रंग बदला करते हैं, ब्रह्म मूर्त और अमूर्त दोनों के परे बतलाया गया है। याज्ञवल्क्य ने तो 'नेति नेति'[1] (यह सब वह नहीं है) कहकर तटस्थ लक्षण द्वारा छुट्टी ली है। यह 'नेति नेति' अव्यक्त और निर्गुण का सूत्र-सा हो गया। निर्गुणवादियों ने इसका यही अर्थ लिया कि जो कुछ व्यक्त और गोचर है, वह सब ब्रह्म नहीं है सब असत् है, मिथ्या है। उभयवादियों ने यह तात्पर्य ग्रहण किया कि यह सब (गोचर और व्यक्त) पूरा ब्रह्म नहीं है; ब्रह्म अवश्य है। उनके अनुसार जिस प्रकार केवल सगुण समझना अधूरा ज्ञान है, उसी प्रकार केवल निर्गुण समझना भी।

ऊपर जिस परत्व भावना का उल्लेख है उसे लेकर कट्टर ज्ञानमार्गियों में दूरारूढ़ता की प्रवृत्ति क्रमशः बढ़ती गई। कहीं-कहीं ब्रह्म चित् अचित्, सत् असत् सबके परे कह दिया गया; पर भक्तिमार्गी बराबर 'नेति नेति' में केवल इयत्ता का निषेध मानते रहे। सत् और चित् से भी परे का अभिप्राय वे यही लेते आए कि जिस रूप में हम सत् या चित् समझते हैं वहीं तक वह नहीं है। इस तात्विक दृष्टि के कारण विशुद्ध भारतीय भक्तिमार्ग में 'उससे भी परे, उससे भी परे' कहकर अपनी पहुँच की दूरी जताने का शौक नहीं पैदा हुआ। परदेशी-विदेशी कई प्रकार के भिन्न-भिन्न अवयवों को अधूरे और कच्चे ढंग से लेकर निर्गुणपंथी भक्तों की जो परंपरा कबीरदास से चली उसके भीतर कट्टर ज्ञानवादियों की उक्त प्रवृत्ति की नकल पूरी-पूरी दिखाई पड़ती है। कबीरदास

1. नेति-नेति होवाच याज्ञवल्क्यः।

चित्-अचित् से परे सत्यलोक तक पहुँचे तो पीछे के कुछ संप्रदायों ने उनसे भी बाजी मारने के लिए उस सत्यलोक से भी चार डंडे ऊपर पहुँचने का दावा किया। पर इस होड़ाहोड़ी का न तो शुद्ध तत्वज्ञान या चिंतन से कोई संबंध है, न भक्ति की साधना में कोई उपयोग।

जैसा कि पहले कहा जा चुका है, सम्यदर्शन या बोध के लिए भी और उपासना के लिए भी देवताओं के एकत्व की भावना उपनिषत्काल में पूर्णता को पहुँचाई गई। पहले इंद्र, वरुण, रुद्र, विष्णु आदि देवताओं की तथा अग्नि, वायु, आकाश आदि व्यक्त प्रतीकों की उपासना अलग-अलग थी। उपनिषदों[1] ने 'रुद्र, विष्णु, अच्युत, नारायण ये सब ब्रह्म ही हैं' (मैत्र्युपनिषद् 7 / 7) कहकर इनकी उपासना पूर्ण व्यापक रूप में अर्थात् ब्रह्मबुद्धि से करने का उपदेश दिया। यद्यपि विशुद्ध तत्वज्ञान के लिए ब्रह्म निर्गुण और अव्यक्त कहा गया पर उपासना के लिए उसका सगुण और व्यक्त रूप ही सामने रखा गया। विभूति, ऐश्वर्य आदि की अभिव्यक्ति के बिना मुनष्य का हृदय जम नहीं सकता। जहाँ ज्ञाता और ज्ञेय का भेद नहीं, उपास्य उपासक का भेद नहीं, वहाँ उपासना कैसे चल सकती है? अतः वह सर्ववाद को लेकर चली। व्यक्त-अव्यक्त सब ब्रह्म ही है अतः किसी एक व्यक्त को उस सर्व का प्रतीक (प्रति = अपनी ओर + इक = झुका हुआ) मानकर उस पर आस्था रखना विधि ठहराई गई। सगुण और व्यक्त रूप माया द्वारा स्फुरित होते हैं, पर माया ब्रह्म ही की है अतः वे रूप भी ब्रह्म ही के हैं—

मायां तु प्रकृतिं विद्यात्, मायिनं तु महेश्वरम्।

—श्वेताश्वतर 4-10

पैगंबरी एकेश्वरवाद की-सी इस प्रकार की स्थूल भावना भी कि ब्रह्म अनेक छोटे-छोटे देवताओं से बहुत बड़ा है, केनोपनिषद् की एक गाथा में पाई जाती है। गाथा इस प्रकार है। देवताओं ने एक बार अपने शत्रु दैत्यों पर विजय पाई। अग्नि, वायु और इंद्र अपनी इस विजय पर अभिमान से फूले हुए एक स्थान पर बैठे थे। इतने में कुछ दूर पर एक यक्ष प्रकट हुआ। पहले अग्निदेवता उसके पास गए। उसने पूछा—'तुम कौन हो और तुम्हारी शक्ति क्या है?' उत्तर मिला—'मैं अग्नि हूँ। चाहूँ तो क्षण-भर में सब लोगों को भस्म कर सकता हूँ।' यक्ष ने एक तिनका दिखाकर कहा—'इसे तो भस्म करो।' अग्नि ने बहुत चेष्टा की

1. (त्वं ब्रह्म त्वं च वै विष्णुस्त्वं रुद्रस्त्वं प्रजापतिः।
त्वमग्निर्वरुणो वायुस्त्वमिन्द्रस्त्वं निशाकरः।।
त्वं मनुस्त्वं यमश्च त्वं पृथिवी त्वमथाच्युतः।
स्वार्थे स्वाभाविकेऽर्थे च बहुधा तिष्ठते दिवि।। —मैत्रायण्युपनिषत् 4 / 12-13

पर वह तिनका न जला। फिर वायु देवता उस यक्ष के पास गए और उसके पूछने पर कहा कि 'मैं वायु हूँ। चाहूँ तो क्षण-भर में सब कुछ उड़ा सकता हूँ।' यक्ष ने वही तिनका दिखाकर कहा—'इसे तो उड़ाओ।' वायु ने बहुत वेग दिखाया पर वह तिनका जगह से न हटा। अंत में इंद्र आप वहाँ गए पर उनके जाते ही यक्ष अंतर्धान हो गया। इतने ही में वहाँ 'उमा हैमवती' प्रकट हुईं। उन्होंने बताया कि वह यक्ष ब्रह्म था, उसी ने असल में दैत्यों को जीता था।

उपनिषत्काल में जिस प्रकार उपास्य की भावना व्यापक की गई उसी प्रकार उपासना की पद्धति में भी परिष्कार हुआ। आदिम वैदिक काल में भिन्न-भिन्न देवताओं की केवल 'पूजा' थी जो 'द्रव्ययज्ञ' द्वारा ही संपन्न हो जाती थी। ऊपर कह आए हैं कि देवताओं के प्रति सबसे पहले भय, लोभ या कृतज्ञता के भाव ही थे। इन तीनों भावों की प्रेरणा यहीं तक जा सकती थी कि अनुग्रह के लिए स्तुति की जाय और उपभोग की वस्तुएँ भेंट की जायँ। इस 'पूजा' में उपास्य के स्वरूप का परिचय या दर्शन नहीं था। आगे चलकर उपनिषदों के ज्ञानकांड द्वारा ब्रह्म के स्वरूप का बोध या दर्शन हुआ। इस बात की ओर भागवत में उस स्थल पर बड़ा मधुर संकेत है जहाँ श्रीकृष्ण के विरह में व्याकुल गोपियाँ उनके दर्शन से आह्लादित हो जाती हैं—

तद्दर्शनाह्लादविधूतहृदजो, मनोरथान्तं श्रुतयो यथा ययुः।

उपनिषदों ने 'पूजा' से आगे बढ़कर 'उपासना' का प्रवर्तन किया जिसमें अखिल, व्यापक परोक्ष शक्ति के स्वरूप का अधिक परिचय कराकर मनुष्य का हृदय उसके कुछ और पास पहुँचाया गया। इसी अधिक परिचय के अनुरूप उपासना में अभिव्यक्त का और हृदय का योग भी कुछ अधिक हुआ। पूज्य के लिए जहाँ पहले केवल अर्जित द्रव्यों का, जो व्यक्ति की सत्ता से बाहरी वस्तुएँ थीं, अर्पण ही अपेक्षित होता था वहाँ इस उपासना में व्यक्ति की भीतरी वृत्ति को, उसके जीवन के कुछ अंश को, लगाना आवश्यक हुआ। छांदोग्य उपनिषद् (3 / 16 / 17) में साफ कहा गया कि मनुष्य का जीवन भी एक प्रकार का यज्ञ ही है। यह यज्ञ, 'ज्ञानयज्ञ' कहा गया।

'ज्ञानयज्ञ' का अभिप्राय बुद्धि और हृदय, बोधवृत्ति और रागात्मिका वृत्ति, दोनों को ब्रह्म या परमात्मा में लगाना है। यह 'ज्ञानयज्ञ' 'द्रव्ययज्ञ' से श्रेष्ठ माना गया। छांदोग्य के अनुसार यह यज्ञविद्या घोर आंगिरस ऋषि ने देवकीपुत्र कृष्ण को बताई थी। ये कृष्ण वृष्णिवंशी यादव कृष्ण न सही, कोई ऋषि ही सही, जैसा कि बहुत-से विद्वान् कहते हैं, पर इतना तो ध्रुव है कि इस यज्ञविद्या का प्रकाश उपनिषदों में ही हुआ। आगे चलकर श्रीकृष्ण भगवान् ने भी ज्ञानयज्ञ को

द्रव्ययज्ञ से श्रेष्ठ कहा–

श्रेयान्द्रव्यमयाद्यज्ञाज्ज्ञानयज्ञः, परंतप! –गीता 4-33

इस 'ज्ञानयज्ञ' के संबंध में यह समझ रखना चाहिए कि इसमें ज्ञान और कर्म दोनों का समन्वय है। कृष्ण भगवान् ने इस यज्ञ का स्वरूप खोलते हुए कहा है कि 'हवन करने का व्यापार और हवन करने का द्रव्य दोनों ब्रह्माग्नि में ब्रह्म ने हवन किया है। जिसकी बुद्धि में कर्म ब्रह्ममय है वह ब्रह्म को प्राप्त होता है।'[1]

उपनिषदकाल में कर्म के साथ मन का जो योग किया गया उसमें मन की बोधवृत्ति और रागात्मिका वृत्ति दोनों सम्मिलित थीं। अर्थात् ज्ञान और उपासना, बुद्धितत्व और हृदयतत्व दोनों का मेल था। जहाँ से कर्म में हृदयतत्व को कुछ अधिक स्थान देने की प्रवृत्ति हुई वहीं से भक्तिमार्ग का आरंभ मानना चाहिए। यही वह समय है जब इष्ट (अपने सुख के लिए) यज्ञों के साथ-साथ पूर्त (दूसरों के उपकार के लिए) यज्ञों का महत्व स्वीकार किया गया और लोक के मंगल के लिए तालाब-कुएँ खुदवाना, पेड़ लगवाना, अतिथिशाला बनवाना धर्म के श्रेष्ठ कर्म माने गए। भक्तिमार्ग के प्रवर्तन की परंपरा का उल्लेख महाभारत शांतिपर्व के अंतर्गत नारायणीयोपाख्यान में मिलता है जिसमें वासुदेव की उपासना और भागवत धर्म लोक में कैसे चला, यह बताया गया है। उक्त आख्यान के अनुसार इस कल्प के पहले ही इस धर्म का उपदेश भगवान् ने नारद को किया था। एक बार नारद बदरिकाश्रम गए जहाँ नर और नारायण, जो परमात्मा के अवतार थे, तप कर रहे थे। नारद ने नारायण से पूछा कि आप तो स्वयं परमेश्वर हैं, आप किसकी उपासना कर रहे हैं। नारायण ने कहा–मैं अपनी प्रकृति की उपासना कर रहा हूँ। नारद वहाँ से मेरु पर्वत पर पहुँचे जहाँ उन्हें विचित्र आकार के श्वेत वर्ण के मनुष्य मिले जो भगवान् की भक्ति में लीन थे।

उन लोगों का परिचय कराते हुए महाभारतकार ने फिर भीष्म के मुख से कहलाया है कि इस भागवतधर्म के आदि प्रवर्तक चित्रशिखंडीगण (मरीचि, अत्रि, अंगिरा, पुलस्त्य, पुलह, क्रतु और वसिष्ठ) तथा स्वायंभुव मनु थे। फिर क्रमशः यह विद्या बृहस्पति को प्राप्त हुई जिसने इसका उपदेश वसु उपरिचर नामक एक धर्मात्मा भक्त राजा को दिया। राजा में पूर्ण भक्ति का आविर्भाव हुआ। एक बार उक्त राजा ने आरण्यकों के अनुसार एक अहिंसात्मक अश्वमेध यज्ञ किया जिसमें

---

1. ब्रह्मार्पणं ब्रह्महविर्ब्रह्माग्नौ ब्रह्मणा हुतम्।
ब्रह्मैव तेन गंतव्यं ब्रह्मकर्मसमाधिना।। –गीता 4-24

कोई पशु नहीं मारा गया। इस यज्ञ में स्वयं यज्ञपुरुष भगवान् या हरि ने आकर अपना भाग लिया। पर वे वसु उपरिचर के अतिरिक्त और किसी को न दिखाई पड़े। इस पर बृहस्पति बहुत अप्रसन्न हुए पर प्रजापति के पुत्रों ने उन्हें समझाया कि बिना पूर्ण भक्ति के भगवान् का दर्शन नहीं हो सकता।

इस आख्यान के उपरांत फिर नारद की कथा है। वे मेरु से श्वेत द्वीप गए जहाँ भगवान् ने उन्हें एकांती (अनन्य भक्त) देखकर दर्शन दिया और वासुदेवोपासना या भागवत धर्म का उपदेश दिया।

यह तो स्पष्ट है कि वर्तमान कल्प के पूर्व भी भक्तिमार्ग का अस्तित्व सूचित करने के लिए आख्यान रचा गया है। पर इसके द्वारा कई तत्व उपलब्ध होते हैं। पहले नर-नारायण ऋषियों की ओर ध्यान जाता है जो परमात्मा के अवतार कहे गए हैं। नारायण को तो नारद ने परमेश्वर ही कहा है, इससे नारायण तो नरप्रकृतिस्थ सगुण ब्रह्म या ईश्वर जान पड़ते हैं। नर भी उसी ब्रह्म का सगुण रूप है पर नीची श्रेणी का। खुदा और आदम की-सी बात समझिए। आदम को भी खुदा ने अपने ही अनुरूप अपने अंश से उत्पन्न किया था। इस दृष्टि से आदम भी खुदा का एक अवतार ही कहा जा सकता है, जिसे इसलाम की कथा के अनुसार सिजदा करने के लिए खुदा ने फरिश्तों को हुक्म दिया था। दूसरी बात जो उपर्युक्त आख्यान में वसु उपरिचर के अश्वमेध यज्ञ से प्रकट होती है वह यह है कि इस भागवत धर्म में हृदयतत्व को उससे अधिक स्थान मिला जो उपनिषदों की उपासना में था और अहिंसा या दया इस वासुदेवोपासना का एक बड़ा भारी लक्षण हुआ।

वर्तमान कल्प में नारायणीयोपाख्यान के अनुसार, इस धर्म का रहस्य विवस्वान् (सूर्य) ने मनु को बताया। मनु ने लोक के भरण या पालन के लिए यह धर्म अपने पुत्र इक्ष्वाकु को बताया। गीता के चौथे अध्याय में भी यही परंपरा बताकर इतना और कहा गया है कि बहुत काल बीतने पर जब यह योग इस लोक से लुप्त हो गया तब भगवान् ने अपने भक्त अर्जुन को फिर से यह धर्म बताया।[1] इस धर्म का मूल स्वरूप पूरा-पूरा क्या था, इसका विचार करने के लिए नारायणीयोपाख्यान की यह बात कि 'मनु ने लोक के भरण या पालन के लिए

---

1. इमं विवस्वते योगं प्रोक्तवानहमव्ययम्।
विवस्वान् मनवे प्राह मनुरिक्ष्वाकवेऽब्रवीत्।।
एवं परंपराप्राप्तमिमं राजर्षयो विदुः।
स कालेनेह महता योगो नष्टः परंतपः।।
स एवायं मया तेऽद्य योगः प्रोक्तः पुरातनः।
भक्तोऽसि मे सखा चेति रहस्यं ह्येतदुत्तमम्।। —गीता 4 / 1-3

इस धर्म को अपने पुत्र इक्ष्वाकु को बताया' ध्यान देने योग्य है। उक्त आख्यान में एक स्थान पर और आया है कि 'प्रवृत्तिलक्षणश्चैव धर्म नारायणात्मकः'। इन सब बातों के साथ जब हम गीता में उपदिष्ट निष्काम कर्म तथा कर्म, ज्ञान और उपासना के समन्वय को लेते हैं तब इन तथ्यों तक पहुँचते हैं—

(1) सर्वसाधारण में प्रचलित वैदिक देवपूजा कृतज्ञता के भाव तक ही पहुँची थी जिसमें ध्यान मुख्यतः फल पर ही रहता था। यद्यपि वैदिक यज्ञकर्मों का लक्ष्य लोकहित और लोकरंजन ही रहता था पर पीछे लोग उनमें स्वार्थबुद्धि से ही, अपने व्यक्तिगत कल्याण के लिए ही प्रवृत्त होने लगे थे। प्रचलित यज्ञों के साथ व्यक्तिगत फलेच्छा के संबद्ध हो जाने के कारण ही नृयज्ञ, भूतयज्ञ और पूर्तयज्ञ की श्रेष्ठता प्रतिपादित की गई थी। कृष्ण भगवान् ने कर्मक्षेत्र से इस प्रकार की फलासक्ति को बाहर निकालने पर बहुत जोर दिया है। निष्काम कर्म की श्रेष्ठता से उनका अभिप्राय यही है कि उच्च श्रेणी के कर्म वे ही हैं जो खास अपने लिए किसी फल की प्राप्ति के उद्देश्य से नहीं बल्कि लोक की रक्षा, पालन और रंजन की दृष्टि से किए जायँ। ऐसे ही कर्म भगवान् के अर्पित माने गए हैं। अतः इसमें किसी प्रकार का संदेह नहीं कि भागवत् धर्म का मार्ग लोक-कल्याण पक्ष को लेकर चला हुआ प्रवृत्तिमार्ग था। गीता का उपदेश अर्जुन को ऐसे कर्म में प्रवृत्त करने के लिए ही दिया गया था जिसके द्वारा लोक में धर्मशक्ति की प्रतिष्ठा हो।

(2) लोक-कल्याण-पक्ष को लेकर चलने के कारण इस मार्ग में उपासना के लिए ब्रह्म का वह सगुण रूप लिया गया जिसकी अभिव्यक्ति रक्षा, पालन और रंजन करनेवाले के रूप में होती है। अतः उपास्य नारायण या वासुदेव हुए। उपास्य का अनुकरण होना चाहिए। अतः जिस प्रकार अनंत विश्व की रक्षा और पालन-रंजन में भगवान् लगे रहते हैं उसी प्रकार अपने छोटे-से संसार के बीच उनके उपासक को भी लगा रहना चाहिए। श्रद्धा या आस्था के प्रभाव से उपास्य भगवान् के तदाकार बनने की प्रवृत्ति सदैव उपासक में आप से आप होनी चाहिए। अतः अहिंसा भागवत धर्म का प्रधान लक्षण हुआ।

(3) जिस सर्ववाद को लेकर ब्रह्म के उक्त सगुण स्वरूप की उपासना प्रवर्तित की गई उसमें सगुण-निर्गुण, व्यक्त-अव्यक्त, मूर्त-अमूर्त सब अंतर्भूत थे। अतः उपासना में इस अभिमान को रोकने के लिए मैंने ब्रह्म का जो ज्ञेय सगुण स्वरूप ग्रहण किया है वह उसका सर्व या पूर्ण स्वरूप है, और मैंने ब्रह्म को पूर्ण रूप में जान लिया। गीता में निर्गुण, अव्यक्त और अज्ञेय पक्ष की ओर ध्यान दिलाया गया है। इसी उद्देश्य से गीता में भगवान् को अपना सगुण विराट्

रूप दिखाने के उपरांत अर्जुन से कहना पड़ा कि 'तू मेरे जिस रूप को देख रहा है वह सत्य नहीं, मेरी माया का किया हुआ है'। यह भी कहा गया कि 'नासमझ लोग ही ऐसा समझते हैं कि मैं पूर्णतया व्यक्त हूँ'। इस प्रकार भागवत धर्म के उपासकों और भक्तों के लिए सर्वसाधारण के बीच वह पाषंड खड़ा करने का मार्ग सदा के लिए रोक दिया गया कि हमने ब्रह्म को पूर्ण रूप से जान लिया, जहाँ सुर-नर-मुनि कोई नहीं पहुँच सका, वहाँ तक हम पहुँचे हुए हैं। इसी से इस भारतीय भक्तिमार्ग की परंपरा में आगे चलकर भी ज्ञानमार्ग की सुनी-सुनाई बातों को लेकर पहेली गढ़ने की चाल नहीं चली।

(4) फल पर से आस्था हटाकर 'सर्वकर्म' स्वरूप भगवान् की ओर लाई गई। यहीं तक नहीं, गीता के विभूतियोग में भगवान् की अनंत दीप्ति, शक्ति, सौंदर्य, ऐश्वर्य, माधुर्य इत्यादि सामने करके मनुष्य का हृदय उनकी ओर आकर्षित किया गया। ईश्वर के स्वरूप पर मन का आकर्षित होना या लुभाना ही भगवत्प्रेम है जिसे भक्ति कहते हैं। सच्चे प्रेम का कोई हेतु नहीं होता, मन को भाना या अच्छा लगना ही उसका कारण नहीं होता है। अतः भक्ति का सच्चा स्वरूप गीता में प्रकट करके तब भगवान् ने कहा है कि जो भक्ति से मेरा भजन करते हैं, वे मुझमें हैं और मैं उनमें हूँ।

(5) नारायणोपाख्यान में क्षीरसमुद्र के बीच श्वेतद्वीप के वर्णन में यह कहा गया है कि वहाँ के निवासी वासुदेव भगवान् की एकांत उपासना में तत्पर एकांती थे। उस एकांत उपासना का भाव एकेश्वरवाद से मिलता-जुलता है पर पैगंबरी मतों के एकेश्वरवाद के भाव से भिन्न है। भागवत धर्म का एकांतवाद या अनन्यतावाद सिद्धांत रूप में सर्ववाद को लेकर चला था जिसमें अनेक सगुण रूप एक ही ब्रह्म के नाना रूप कहे गए थे। उपासना के व्यवहार के लिए यह उपदेश उपनिषदों में किया गया कि इन अनेक सगुण रूपों में से कोई एक रूप चुन लिया जाय और उसमें ब्रह्मभाव रखकर उपासना की जाय। इस अवस्था में किसी एक रूप को लेकर उपासना करनेवाले के लिए किसी दूसरे रूप को लेकर उपासना करनेवाले से झगड़ा करने की कोई जगह नहीं रखी गई। इसी प्रकार एक सगुण सर्वेश्वर का निराकार रूप लेकर चलनेवाले को भी साकार रूप में उपासना करनेवालों को भला-बुरा कहने या समझने का कोई हक नहीं दिया गया, मूर्त और अमूर्त दोनों ब्रह्म के रूप बतला दिए गए।

(6) महाभारत के समय तक नारायण या नराकृति भगवान् की गूढ़ भक्ति गुह्य या रहस्य के रूप में[1] एक विशेष समुदाय के बीच में परंपरा द्वारा चली आ रही थी। भगवान् का जो स्वरूप नर-नारायण के रूप में पूर्वकल्प में व्यक्त

1. सात्वत संहिता में इस भक्तितत्व को 'रहस्याम्नाय' और उपासना को 'क्रियामार्ग' कहा है।

हुआ था वही अर्जुन और वासुदेव कृष्ण के रूप में इस कल्प में प्रकट हुआ, पांचरात्र या नारायणीय धर्म के इस पक्ष का प्रवर्तन सात्वतों (यादव क्षत्रियों के एक वर्ग) के बीच में हुआ, इसी से इसे सात्वतधर्म भी कहते हैं। कृष्णोपासक वैष्णव संप्रदाय का विकास इसी से समझना चाहिए। प्राचीन पांचरात्र या नारायणीय धर्म (जिसके मूल का उल्लेख शतपथ ब्राह्मण में है) के और भी पक्ष थे जो 'नारायण' रूप में उपासना करते रहे अथवा किसी और अवतार (जैसे नृसिंह, वामन, दाशरथि राम) की एकांत उपासना लेकर चले।

वासुदेव भक्ति के तात्विक निरूपण का सबसे चर्चित और प्रामाणिक ग्रंथ भगवद्गीता है, जो महाभारत का एक अंग है। गीता के विवरण से स्पष्ट है कि महाभारतकाल के आसपास भगवान् का जो उपास्य स्वरूप सामने रहा वह बहुत व्यापक था। वह लोकरक्षा और लोकमंगल का प्रत्यक्ष साधन करनेवाली धर्मशक्ति का स्वरूप था जिसमें शक्ति, शील, सौंदर्य, ऐश्वर्य सबका समन्वय था। उसका आकर्षण लोकधर्म में आनंदपूर्वक प्रवृत्त करनेवाला आकर्षण था। गीता में अवतार का उद्देश्य लोक में धर्म की स्थापना स्वयं भगवान् द्वारा कहा गया है–

> यदा यदा हि धर्मस्य ग्लानिर्भवति भारतः।
> अभ्युत्थानमधर्मस्य तदात्मानं सृजाम्यहम्।।
> परित्राणाय साधूनां विनाशाय च दुष्कृताम्।
> धर्मसंस्थापनार्थाय संभवामि युगे युगे।।

धीरे-धीरे भगवान् कृष्ण के भक्तिमार्ग से लोकधर्म पक्ष हटता गया और उपासना में उनका लोकरक्षा और लोकमंगलवाला यह व्यापक स्वरूप तिरोहित होता गया और केवल ऐसे स्वरूप की प्रतिष्ठा की प्रवृत्ति बढ़ती गई जो अत्यंत घनिष्ठ प्रेम का अवलंबन हो सके। श्रीमद्भागवत इसी प्रवृत्ति का अत्यंत मधुर फल है। उक्त ग्रंथ में यह सूचित करके कि 'सात्वत धर्म या नारायण ऋषि का धर्म' नैष्कर्म्य लक्षण है (1-3-8[1] तथा 11-4-6[2]) यह साफ बताया गया है कि "उक्त नैष्कर्म्य धर्म में भक्ति को पूरी प्रधानता नहीं मिली थी। इससे भागवत पुराण कहा गया" (1-5-12)।[3] आगे चलकर यही भागवत पुराण तो कृष्णोपासक भक्तों

1. तृतीयमृषिसर्गं च देवर्षित्वमुपेत्य सः।।
   तंत्रं सात्वतमाचष्ट नैष्कर्म्य कर्मणा यतः।।
2. धर्मस्य दक्षदुहितर्यजनिष्ट मूर्त्यां नारायणी नरऋषिप्रवरः प्रशांतः।।
   नैष्कर्म्यलक्षणमुवाच चचार कर्म योऽद्यापिंचास्त ऋषिवर्यनिषेवितांघ्रिः।।
3. नेष्कर्म्यमप्यच्युत भाववर्जितं न शोभते ज्ञानमलं निरञ्जनम्।
   कुतः पुनः शश्वदभप्रमीश्वरे न चार्पितं कर्म यदप्यकारणम्।।

के प्रेमलक्षण भक्तियोग का प्रधान ग्रंथ हुआ और उसमें प्रकाशित श्रीकृष्ण कारूप प्रेम या भक्ति का आलंबन।

भागवत में भगवान् की माधुर्य विभूति को प्रधानता दी गई; ऐश्वर्य, शक्ति, शील इत्यादि लोकरक्षा द्वारा व्यक्त होनेवाली विभूतियों को गौण स्थान प्राप्त हुआ। महाभारत में प्रतिष्ठित श्रीकृष्ण के शील और सौंदर्य पर मुग्ध भक्त उनके ज्वलंत तेज और ऐश्वर्य से स्तंभित और महत्व से प्रभावित होकर थोड़ा दूर हटा हुआ भक्ति की दिव्य अनुभूति में लीन होता था। भागवत ने कृष्ण की वह मधुर मूर्ति सामने रखी जो प्यार करने योग्य हुई—उस ढंग का प्यार जिस ढंग के प्यार की प्रेरणा से माता-पिता अपने बच्चे को दुलारते-पुचकारते हैं, उस ढंग का प्यार जिस ढंग के प्यार की उमंग में प्रेमिका अपने प्रियतम का ललककर आलिंगन करती है। भागवत ने भगवान् को प्यार करने के लिए भक्तों के बीच खड़ा कर दिया।

गीता और भागवत पुराण ये ही वैष्णव भक्तिमार्ग के दो प्रधान ग्रंथ हैं जिनमें गीता प्राचीन है और भक्ति का कर्म-ज्ञान-समन्वित व्यापक रूप प्रत्यक्ष करती है। उसके पीछे भागवत में कर्म और ज्ञान के क्षेत्र से अलग भक्ति का एक स्वतंत्र क्षेत्र तैयार किया गया। आगे चलकर भक्ति के सिद्धांत पक्ष के प्रतिपादन के लिए कुछ छोटे-छोटे ग्रंथ भी बने, जैसे शांडिल्यसूत्र, नारदसूत्र, नारदपांचरात्र। इनमें से पिछले दो ग्रंथ तो भागवत के बाद के हैं। शांडिल्यसूत्र उसके पहले का हो सकता है। उसमें भक्ति का लक्षण यह कहा है—'सा परानुरक्तिरीश्वरे' अर्थात् ईश्वर में परानुरक्ति ही भक्ति है। निर्हेतुक या निष्काम अनुरक्ति ही परानुरक्ति कही जा सकती है। भक्ति का यह स्वरूप गीता से लेकर भागवत तक बराबर चला आया है। भागवत में स्पष्ट कहा गया है कि 'अहेतुक्यव्यवहिता या भक्तिः पुरुषोत्तमे'। यही निष्कामता तो वैदिक पूजा से भक्ति का मानसिक उत्कर्ष प्रकट करती है। सच्चे प्रेम का कोई बाहरी हेतु नहीं होता। न जाने क्यों कोई अच्छा लगा, बस प्रेम की नींव पड़ गई। यदि प्रेम का कोई हेतु कहा जा सकता है तो बस यही अच्छा लगना। पर नारदपांचरात्र में भक्ति के स्वरूप का पूरा ध्यान न रखकर मंत्र तंत्र का भी कुछ समावेश कर दिया गया है। भगवान् का यह मंत्र जपने से बुखार छूट जाएगा, इस विधि से पूजा करने से व्यापार में लाभ होगा, इस प्रकार की बात भक्तिक्षेत्र के बाहर की है।

पहले कह आए हैं कि गीता में भक्ति का कर्म-ज्ञान-समन्वित व्यापक रूप था पर भागवत में भक्ति को सबके ऊपर प्रधानता देकर उसका अलग क्षेत्र तैयार किया गया। यह प्रधानता किस प्रकार धीरे-धीरे प्रस्फुटित होती हुई भागवत के समय में पूर्णयता विकसित हुई, इसका कुछ आभास शांडिल्यसूत्र में मिलता है।

गीता के कई श्लोकों से यह ध्वनि निकलती है कि मोक्ष ज्ञान से ही होता है; भक्ति द्वारा ज्ञान की प्राप्ति होती है, अतः भक्ति ज्ञान का साधन है। उदाहरण के लिए ये दो श्लोक लीजिए–

श्रद्धावान् लभते ज्ञानं तत्परः संयतेन्द्रियः।
ज्ञानं लब्ध्वा परां शांतिं अचिरेणाधिगच्छति।।
भक्त्या मामभिजानाति यावान् यश्चास्मि तत्त्वतः।
ततो मां तत्त्वतो ज्ञात्वा विशते तदनंतरम्।।

दूसरे श्लोक को लेकर शांडिल्यसूत्र में यह कहा गया है कि भक्ति ही के द्वारा भगवान् तत्वतः जैसे हैं वैसे जाने जा सकते हैं। अतः भक्ति साधन नहीं, साध्य है। पर यह बात यहाँ तक नहीं पहुँचाई गई कि जानने का काम प्रेम या भक्ति से लिया जा सकता है।

ज्ञान और भक्ति, बुद्धिपक्ष और भावपक्ष के संबंध में यह विवाद पाश्चात्य देशों में भी रहस्यवादी भक्त साधकों के कारण उठा और अब भी वहाँ के विचारक्षेत्र में है। हमारे यहाँ के निवृत्तिमार्गी ज्ञानियों के समान योरप में ईसाई धर्मोपदेशक भी मनोविकारों के सर्वथा दमन का उपदेश दिया करते थे। पर इंग्लैंड के रहस्यवादी कवि विलियम ब्लेक ने भाव या मनोवेग (पैशन) को हृदय की परम पवित्र संपत्ति कहा और भावना या कल्पना को ईश्वर का साक्षात्कार या झाँकी। रहस्यवादी भक्तों और कवियों के अनुसार भक्ति ज्ञानस्वरूपा है। शुद्ध भाव द्वारा प्रेरित भावना की उमंग में भक्त या साधक को ईश्वर के स्वरूप का बोध होता है। अतः भक्त भावुक और कवि एक प्रकार के रहस्यद्रष्टा (सीयर) या पैगंबर हैं। तात्पर्य यह कि यूरोप के रहस्यवादियों ने ज्ञान का–विशेषतः आध्यात्मिक ज्ञान का–बुद्धिव्यवसाय से एक स्वतंत्र साधन 'स्वानुभूति' (इंट्यूशन) का प्रचार किया जिसका खंडन बहुत-से वैज्ञानिक और दार्शनिक करते रहे।

पर ईसा की उन्नीसवीं शताब्दी की कट्टर आधिभौतिक दृष्टि के विरुद्ध पीछे जो आध्यात्मिक परिवर्तन (रिऐक्शन) आरंभ हुआ, उसके प्रभाव से बहुत-से लेखक बुद्धिव्यवसायात्मक ज्ञान को अपूर्ण बताकर 'स्वानुभूति' का समर्थन भी करते पाए गए। एडवर्ड कार्पेटर ने अपनी प्रसिद्ध अंग्रेजी पुस्तक 'सिविलाइजेशन, इट्स काजेज ऐंड क्योर' में वर्तमान समय की उस वैज्ञानिक प्रवृत्ति का विरोध किया है जिसमें बुद्धिक्रिया ही सब कुछ मानी गई है; मनुष्य के हृदयपक्ष तथा स्वानुभूति का एकदम तिरस्कार कर दिया है। उसने 'शब्दबोध की प्रणाली' को 'अज्ञान की प्रणाली' कहा है। दर्शन तक के क्षेत्र में यह 'स्वानुभूतिवाद' किसी न किसी रूप

में इधर-उधर पाया जाता है। आजकल के एक प्रसिद्ध योरपीय दार्शनिक बर्गसाँ ने भी कोरी बुद्धिक्रिया को एकदेशीय, भ्रांतिजनक और असमर्थ बताकर स्वानुभूति (इंट्यूशन) का पक्ष ग्रहण किया है। हाल के प्रसिद्ध उर्दू शायर अकबर ने भी 'बुद्धिरोग' से छुटकारा पाने पर इस तरह खुशी जाहिर की है–'मैं मरीजे होश था, मस्ती ने अच्छा कर दिया।'

हमारे यहाँ भक्तिमार्गियों की ओर से ज्ञानक्षेत्र की ऐसी अवहेलना नहीं हुई, भक्ति ने ज्ञान का काम अपने ऊपर नहीं लिया। गीता का उपदेश तो यही रहा कि जानते चलो, भक्ति करते चलो और कर्म करते चलो। ज्ञानप्रसार के भीतर ही भक्ति होती है। जहाँ तक हम ईश्वर को जान पाते हैं वहीं तक उसकी भक्ति कर सकते हैं। उपनिषदों ने ब्रह्म के व्यापक स्वरूप का ज्ञान कराकर तब उपासना का मार्ग खोला है। भिन्न-भिन्न देवताओं का एक ब्रह्म में अंतर्भाव निश्चयात्मिका बुद्धि ने किया था, हृदय ने नहीं। जानना और बात है और जानकर हृदय को प्रवृत्त करना और बात। पर जानने का फल हृदय को प्रवृत्त करने में ही है। ज्ञान की सार्थकता भक्ति में ही है। केवल जानने से ही मनुष्य के जीवन में, उसके संपूर्ण व्यक्तित्व में, उन्नति नहीं होती। जाने हुए स्वरूप की ओर जब हृदय आकर्षित होता है और उस स्वरूप तक पहुँचने के लिए जब व्यक्ति का स्वरूप उसके मेल में होने लगता है, तभी जीवन की साधना का आरंभ होता है। जाना हुआ स्वरूप जैसा होगा, उस स्वरूप का भक्त वैसे ही स्वरूप को प्राप्त होगा। इसलिए गीता में ज्ञानी भक्त श्रेष्ठ कहा गया है। वहाँ भक्ति ज्ञान का पर्याय नहीं है।

भागवत धर्म या वैष्णव धर्म की जो परंपरा भारतवर्ष में चली उसमें ज्ञान का स्थान अलग रहा है और प्रेम या भक्ति का अलग। प्रत्येक संप्रदाय के ज्ञानपक्ष या सिद्धांतपक्ष का प्रतिपादन आचार्य लोग करते थे और प्रेम या भक्ति भाव का जनता में संचार 'आड़वार' लोग भजन-कीर्तन द्वारा करते थे। आचार्य ज्ञानी और भक्त दोनों होते थे। वे तर्क और वाद का अवलंबन करके विद्वानों से शास्त्रार्थ करते थे। श्री रामानुज, वल्लभाचार्य, रामानंद इत्यादि सबके दिग्विजय के वृत्तांत प्रसिद्ध चले आते हैं। केवल हृदयपक्ष को लेकर चलनेवाले उनके अनुयायी भक्त ज्ञानी होने का दावा कभी नहीं करते थे। तुलसी, सूर आदि पहुँचे हुए भक्तों के संबंध में भी यह कहीं नहीं कहा जाता कि जहाँ तक शंकराचार्य का ज्ञान भी नहीं पहुँचा था वहाँ तक उनका ज्ञान पहुँचा था। प्रेम और भक्ति की गूढ़ता के प्रभाव से वे भगवान् के उपास्य स्वरूप का साक्षात्कार करनेवाले कहे जाते हैं। पर ब्रह्म या ईश्वर के संबंध में कोई ऐसी नई बात जाननेवाले नहीं

जो किसी को मालूम नहीं। भक्तिमार्ग में जहाँ रहस्य का अवयव अधिक रहा, वहीं भक्तों में एक प्रकार की लोकोत्तर चेतना मानने की चाल चली और वे परोक्ष-ज्ञान-संपन्न कहे जाने लगे। अतः यह मानना भी आवश्यक हुआ कि दर्शन क्षेत्र की बड़ी से बड़ी बात की तह तक सीधे, बुद्धि क्रिया का मार्ग छोड़कर, पहुँचा देनेवाली कोई अलौकिक प्रज्ञा अवश्य होती है।

पर हमारे यहाँ के भक्तिमार्ग में ज्ञान या स्वरूपबोध के लिए तत्वचिंतन की स्वाभाविक पद्धति ही स्वीकृत है। भागवत में स्पष्ट कहा गया है, भगवान् लक्षणों के सहारे अनुमान द्वारा ही लक्षित होते हैं—

भगवान्सर्वभूतेषु लक्षितः स्वात्मना हरिः।
दृश्यैर्बुद्ध्यादिभिर्द्रष्टा लक्षणैरनुमापकैः।।

इसी प्रकार उक्त पुराण में भगवान् ने ब्रह्मा को अपना तात्विक स्वरूप बताते हुए कहा है—

एतावदेव जिज्ञास्यं तत्त्वजिज्ञासुनात्मनः।
अन्वय-व्यतिरेकाभ्यां तत्स्यात् सर्वत्र सर्वदा।।

अब यह देखना चाहिए कि गीता में श्रीकृष्ण भगवान् ने जो यह कहा है कि भक्ति द्वारा मैं तत्वतः जाना जा सकता हूँ, उसका अभिप्राय क्या है। उसका अभिप्राय यही है कि भक्त भक्ति के ही प्रभाव से उस ज्ञानमार्ग में तत्पर होता है जिससे भगवान् का स्वरूप अधिकाधिक प्रत्यक्ष होता जाता है। कोरे ज्ञानी में और भक्त ज्ञानी में यह अंतर है कि कोरा ज्ञानी भगवान् के स्वरूप का जो ज्ञान प्राप्त करता है उससे तटस्थ रहता है, पर भक्त ज्ञानी उस स्वरूप में हृदय से लीन हो जाता है, उस स्वरूप को निष्पन्न करनेवाली एक-एक बात पर मुग्ध होता चलता है जिससे उसका ज्ञान पुष्ट होता हुआ 'आस्था' की दशा को पहुँचता है। इसी 'आस्था' की दशा को पहुँचे हुए ज्ञान द्वारा—हृदय का योग पाकर समर्थ और बलवान् ज्ञान द्वारा—व्यक्ति की संपूर्ण सत्ता में शुभ परिवर्तन होता है; तटस्थ, निष्क्रिय और असमर्थ ज्ञान द्वारा नहीं। भक्ति का आरंभ ज्ञानपूर्वक ही होता है। जब हम उपास्य के स्वरूप को, उसके गुणों को थोड़ा बहुत जान लेते हैं तब उसके प्रति श्रद्धा और प्रेम का स्फुरण होता है। प्रेमी प्रिय के स्वरूप को जितना जाने रहता है, उतने में मग्न होकर भी उसको और जानने के लिए बीच-बीच में उत्कंठित होता रहता है। पूर्ण दर्शन की यह उत्कंठा श्रेष्ठ भक्त का लक्षण है। पहले-पहल तो मनुष्य कुछ जानकर तब प्रेम करता है, फिर उस प्रेम की प्रेरणा से कुछ जानने की ओर अग्रसर होता है। इस

प्रकार आगे चलकर ज्ञान और भक्ति का पूर्वापर क्रम असंलक्ष्य हो जाता है। यह भी कहा जा सकता है कि ज्ञान द्वारा भक्ति होती है और यह भी कहा जा सकता है कि भक्ति द्वारा ज्ञान होता है। पर इसका मतलब यह नहीं कि कभी ज्ञान या चैतन्य का अभाव हो जाता है और उसका काम प्रेम का उन्माद करने लगता है।

संराधन काल में भक्त के स्वरूप का दर्शन होता है, यह बात वेदांत सूत्र में कही गई है—अपि च सराधने प्रत्यक्षानुमानाभ्याम्। इस दर्शन को शंकराचार्य ने 'ज्ञानप्रसाद' कहा है। भक्ति को केवल रहस्यवाद की दृष्टि से देखनेवाले पाश्चात्य लेखक इस 'ज्ञानप्रसाद' को 'रहस्यानुभव' (मिस्टिक एक्सपीरिएंस) कहेंगे। 'रहस्यानुभव' के संबंध में साधारणतः यही समझा जाता है कि वह किसी अज्ञात तथ्य का अनायास उपलब्ध ज्ञान होता है। यह योग की एक अलौकिक सिद्धि या दिव्य दृष्टि के रूप में माना जाता है जिससे बिना किसी प्रकार के ऊहापोह के त्रिकाल की बातें प्रत्यक्ष हो जाती हैं। पर भक्तों का 'ज्ञानप्रसाद' इस प्रकार के 'योगज प्रत्यक्ष' से भिन्न वस्तु है। भक्तिमार्ग शुद्ध भावमार्ग या प्रेममार्ग है। यह योगमार्ग से अलग है, यह बात सदा ध्यान में रखनी चाहिए। भक्त अपने ध्यान या भाव की मग्नता में भगवान् के संबंध में किसी नई बात का, उसके किसी ऐसे स्वरूप का जिसका निरूपण कहीं न हुआ हो, उद्‌घाटन नहीं करता।

ज्ञानी ब्रह्म के जिस स्वरूप का अपने चिंतन के बल से उद्‌घाटन करके तटस्थ हो जाता है, उसी स्वरूप को भावुक भक्त लेता है और ध्यान या भावमग्नता के समय उसमें अपनी सारी सत्ता को—हृदय, प्राण, बुद्धि, कल्पना, संकल्प इत्यादि सारी वृत्तियों को—समाहित और घनीभूत करके बड़े वेग के साथ लीन कर देता है। इस प्रकार अपनी व्यक्तिगत सत्ता की भावना का पूर्ण विसर्जन हो जाने पर केवल उसी ध्येय स्वरूप की अत्यंत तीव्र अनुभूति मात्र शेष रह जाती है। यह एकांत अनुभूति प्रत्यक्ष दर्शन के ही तुल्य होती है। संराधन काल के ज्ञान की यही विशेषता है। यही उसका मूल्य है। इस ज्ञान द्वारा किसी नए तथ्य का उद्‌घाटन नहीं होता, किसी ऐसी बात की जानकारी नहीं होती, जिसे कोई न जानता हो। भक्तों के 'ज्ञानप्रसाद' या 'रहस्यानुभूति' का यही स्वरूप रहस्यवाद का विवेचन करनेवाले प्रसिद्ध पाश्चात्य विद्वानों ने भी स्वीकार किया है।[1]

---

1. आर.एम.जोन्स लिखते हैं—

"द मिस्टिकल एक्स्पीरिएंस हैज अनडाउटेड्ली ए पोएटिक वैल्यू बट इट कंजिस्ट्स इन लीप्स अव इनसाइट थ्रू हाइटेंड लाइफ, इन ऐन एंटोंसिफाइंग अव विजन थ्रू द फ्यूजिंग अव आल द डीप लाइंग पावर्स अव इंटेलेक्ट, इमोशंस ऐंड विल, ऐंड इन ए करेस्पांडिंग सर्ज अव कन्विक्शन थ्रू द डाइनैमिक इंटीग्रेशन अव पर्सनैलिटी, रादर दैन इन द 'गिफ्ट' अव न्यू नालेज-फैक्ट्स।"

—एंसाइक्लोपीडिया अव रेलिजन ऐंड एथिक्स।

कोरे ज्ञानी को भगवान् के स्वरूप की—व्यक्त और सगुण स्वरूप की—कुछ जानकारी-भर रहती है। पर भक्त को उसी कुछ जाने हुए या विज्ञान स्वरूप का साक्षात्कार और रसात्मक अनुभूति होती है। साक्षात्कार भावना या कल्पना (इमैजिनेशन) द्वारा होता है और रसात्मक अनुभूति भाव (इमोशन) द्वारा। प्राचीन ऋषि 'साक्षात्कृतधर्मा' कहलाते थे। बौद्धों ने भी केवल 'विज्ञात' और 'साक्षात्कृत' में भेद किया है। गोस्वामी तुलसीदास ने इसी 'विज्ञान' को, केवल जान लेने भर को, 'वाक्यज्ञान' कहकर यह भी बतलाया है कि—

वाक्यज्ञान अत्यंत निपुन भव पार न पावै कोई।

साक्षात्कार होने पर ही, कल्पना में पूर्ण बिंबन होने पर ही, रसानुभूति हो सकती है। भक्त की अनुभूति यही है जिसे काव्य की लीनता या 'रसप्रतीति' कहते हैं। प्रक्रिया भी वही स्वाभाविक और सीधी सादी है। कल्पना या भावना जिससे विज्ञान का भीतरी साक्षात्कार होता है और भाव या रागात्मिका वृत्ति, जिससे आनंदानुभूति होती है, दोनों मनुष्य की स्वाभाविक वृत्तियाँ हैं। बस इन्हीं दो स्वाभाविक वृत्तियों के सहारे भक्तिरस की निष्पत्ति हो जाती है। इसके सीधे-सादे विधान में न इड़ा-पिंगला नाड़ियाँ हैं, न सहस्रार चक्र, न ब्रह्मरंध्र, न आसन, न प्राणायाम।

एक उदाहरण लीजिए। कोई शुष्क उपदेशक या ज्ञानी तो यह कहकर ही छुट्टी पा जाता है कि भगवान् जगत् की रक्षा, पालन और रंजन करते हैं। पर भक्त की जगी हुई भावना या कल्पना रक्षा, पालन और रंजन के न जाने कितने दृश्यों तक पहुँचती चली जाती है जिससे पालक और रंजन स्वरूप का साक्षात्कार हो जाता है। करुणा, शक्ति, शील, सौंदर्य इत्यादि के अनंत प्रवाह में अवगाहन करके भक्त की सारी अंतर्वृत्ति मंगलविधायिनी हो जाती है। भक्त की अंतर्दृष्टि का यही रमण, उसकी पहुँच की दूरी नहीं, उसकी यथार्थ विभूति है। भक्त का थोड़ा-सा जानना भी औरों के बहुत अधिक जानने से अधिक कल्याणकारी होता है—उसके लिए भी, संसार के लिए भी। भक्त की संपत्ति केवल उसके प्रेम की गंभीरता है; किसी नई बात की जानकारी, कोई अलौकिक सिद्धि आदि नहीं। सर्वसाधारण में भक्तों को अलौकिक ज्ञानसंपन्न, अलौकिक सिद्धिसंपन्न समझने की चाल योगियों के साथ उनका घालमेल करने के कारण चली है। वैष्णव भक्तिमार्ग तो सीधा-सादा प्रेममार्ग है और योग के सिद्ध मार्ग से सर्वथा भिन्न है। इसमें अलौकिक ज्ञान, अलौकिक सिद्धि, करामात, चमत्कार आदि के लिए कोई जगह नहीं—

अति सूधो सनेह को मारग है जहँ नेकु सयानप बाँक नहीं।

भागवत पुराण में भक्ति के नौ प्रकार के विधान बताए गए हैं—

श्रवणं, कीर्त्तनं, विष्णोः स्मरणं, पादसेवनम्।।
अर्चनं, वंदनं, दास्यं, सख्यं, आत्मनिवेदनम्।।

यह प्रेमपुष्टि का सीधा-सादा और स्वाभाविक विधान है। इसमें वे ही बातें हैं जो किसी के अनन्य प्रेमी होकर लोग बराबर किया करते हैं। लोग अपने प्रिय के संबंध की बातें सुनते हैं, उसकी बातों का वर्णन करते हैं, उसके गुण गाते हैं, मन में उसका स्मरण किया करते हैं, इत्यादि। तुलसी, सूर आदि जितने भारतीय परंपरावाले (सगुणोपासक) भक्त हुए हैं सब ने भक्तिमार्ग की सरलता और सुगमता पर बहुत अधिक जोर दिया है। वैष्णव भक्त भी ध्यान करते हैं, आँख भी मूँदते हैं, पर 'स्मरण' के लिए, स्वरूप को मन में लाने के लिए, 'अनाहत नाद' सुनने के लिए नहीं, सुरति की डोरी पकड़कर निर्गुण और अव्यक्त तक पहुँचने के लिए नहीं। भागवत धर्म या वैष्णव भक्तिमार्ग के संबंध में यह बात अच्छी तरह ध्यान में रखनी चाहिए। इसकी साधना का आधार मनुष्य की सहज रागात्मिका वृत्ति (साइकोलाजी अव ह्यूमन इमोशंस) है। इसकी पद्धति शुद्ध प्रेमपद्धति है—वह प्रेमपद्धति जिसे सब लोग स्वभावतः जानते हैं, जिसका अनुसरण थोड़ा-बहुत प्राणिमात्र करते पाए जाते हैं, जिसके लिए कोई पेचीली शारीरिक या मानसिक क्रिया आवश्यक नहीं, कोई अलौकिक सिद्धि अपेक्षित नहीं। योगसिद्धि की बातों के प्रचार से भक्ति के इस यथार्थ स्वरूप की भावना किस प्रकार आच्छन्न और बाधित हो रही थी, इसे लोकप्रवृत्ति पर सूक्ष्म दृष्टि रखनेवाले गोस्वामी तुलसीदास जी ने अच्छी तरह परखकर कहा था—

गोरख जगायो जोग, भगति भगायो लोग,
निगम नियोग सो तो कलि ही छरो सो है।

योग साधनात्मक रहस्यवाद है। हमारे यहाँ के वैष्णव भक्तिमार्ग में तो उसके लिए स्थान न था, पर फारस का रहस्यवादी सूफी संप्रदाय ज्यों ही भारतवर्ष में आया उसने उसका पूरा समावेश अपने भीतर कर लिया। योग के नाम से जो साधनात्मक रहस्यवाद बौद्ध और शैव संप्रदायों में चला आ रहा था वही सूफियों को मिला। वह बौद्धों के 'सहजिया' संप्रदाय से होता हुआ गोरखपंथियों में जिस रूप में था, उसी रूप में सूफियों के बीच फैलता गया। कई प्रकार के रसायनी रहस्यवाद भी कुछ शैव संप्रदायों में चले आ रहे थे। इन सबकी पूरी चर्चा कुतबन,

जायसी इत्यादि 'प्रेममार्गी सूफी शाखा' के हिन्दी कवियों में मिलती है। ध्यान देने की बात यह है कि सूफियों का रहस्यवाद भावात्मक था—उसमें हृदयपक्ष की प्रधानता थी। वह इस रूखे साधनात्मक रहस्यवाद की ओर कैसे लपका? लपकने का एकमात्र कारण था रहस्य की प्रवृत्ति, ज्ञान के किसी गुप्त अप्राकृत उद्‌गम का कुतूहल, जिसका पैगंबरी मजहबों के भीतर प्रवर्तित भक्तिमार्गों में प्राबल्य होना अनिवार्य था। सूफियों की देखादेखी उनके मेल का जो भक्तिमार्ग 'निर्गुण पंथ' के नाम से कबीरदास के समय से चला उसमें भी रहस्य की प्रवृत्ति—भक्तों में अलौकिक ज्ञान के आरोप द्वारा सामान्य जनता में कुतूहल उत्पन्न करने की प्रवृत्ति—पूरी-पूरी थी।

यह कहा जा चुका है कि हमारे यहाँ का भक्तिमार्ग ब्रह्म का उभयात्मक स्वरूप लेकर चला था। उसे सगुण भक्तिमार्ग कहने का अभिप्राय यह है कि वह प्रेम का वास्तविक संचार, हृदय का सचमुच रमण ब्रह्म के उतने ही स्वरूप के भीतर मानता है जितना व्यक्त, अतः सगुण है। प्रेम का संचार वहीं तक हो ही सकता है। अतः भारतीय भक्तिमार्ग का आरंभ से ही यही पक्ष रहा और अब तक है। 'सगुण' विशेषण जो उसके साथ लगने लगा वह पीछे, जब कबीर द्वारा प्रवर्तित भक्तिमार्ग 'निर्गुण' के नाम से प्रसिद्ध हुआ। 'निर्गुण' और 'अव्यक्त' को लेकर कभी कोई भक्तिमार्ग भारतीय आर्यधर्म के भीतर नहीं चला।

अव्यक्त को लेकर चलनेवाला हमारे यहाँ का योगमार्ग है। योगमार्ग भक्तिमार्ग से बिलकुल अलग है। भक्तिमार्ग मनुष्य की स्वाभाविक रागात्मिका वृत्ति को साधन बनाकर चला है; योगमार्ग संपूर्ण रागात्मिका वृत्ति को, सारे मनोविकारों को मारकर अंतःकरण की एक रहस्यात्मक पद्धति द्वारा ब्रह्म के उस अव्यक्त स्वरूप के साक्षात्कार को लक्ष्य रखकर चला है जिसके पास तक तत्वचिंतन द्वारा नहीं पहुँच सकते। अतः योगमार्ग का पुरुषार्थ एक प्रकार की ज्ञानोपलब्धि ही है, पर तत्वचिंतन की प्रकृत पद्धति से नहीं, बल्कि अंतःकरण की एक कठोर रहस्यात्मक प्रक्रिया से जिसमें प्रेम, अनुराग, स्नेह, आसक्ति इत्यादि का कहीं नाम नहीं। भागवत में इस योग की प्रक्रिया से भक्ति और सेवा की पद्धति को अलग ही नहीं, विशेष शांतिप्रद भी बतलाया है—

यमादिभिर्योगपथैः कामलोभहतो मुहुः।
मुकुन्दसेवाया यद्वत्तथाऽऽत्माऽद्धा न शाम्यति।। (1-7-36)।

सूफियों ने हिंदुस्तान में आकर क्यों और किस तरह योगमार्ग को अपने प्रेममार्ग के साथ संयुक्त किया, इसका वर्णन ऊपर कर आए हैं। कबीरदास जी

ने इसी योगमार्गसंयुक्त प्रेममार्ग का विचार किया। 'निर्गुण भक्तिमार्ग' का ढाँचा सूफी ही रहा, केवल उपास्य का स्वरूप वेदांत के निर्गुण परब्रह्म का भी ग्रहण कर लेने से अव्यवस्थित हो गया। सूफियों के सिद्धांतपक्ष में प्रतिबिंबवाद था; वह एक प्रकार का सूक्ष्म सगुणवाद था, इसी से प्रकृति के प्रति उसमें बड़ी भावुकता थी। उनके प्रतिबिंबवाद के अनुसार जगत् का जो यह स्थूल रूप है उसी के अनुरूप, पर अत्यंत सूक्ष्म, स्वरूप आत्मा या परमात्मा का भी है।[1] यह स्थूल जगत् सूक्ष्म ब्रह्म की छाया या प्रतिबिंब है। परजगत् और दृश्य जगत् का यही सारूप्य ही सूफी रहस्यवाद की रमणीयता है जो उसे हृदयरंजक बनाती है।[2] 'निर्गुण पंथ' ने वेदांत के निर्गुण और अव्यक्त तथा योगियों के स्वांतःस्थ ईश्वर–इन दोनों को जान या अनजान में समेटकर सूफियों के प्रेममार्ग का एक विलक्षण स्वरूप बनाया। उक्त पंथ की वाणी जहाँ प्रेमभाव की व्यंजना करती है वहाँ तो सूफी ढंग पूरा-पूरा रहता है, पर जहाँ वह ज्ञानोन्मुख होती है वहाँ योगियों और शुष्क वेदांतियों का ढर्रा पकड़ती है। कबीरदास ने गोरख आदि योगियों के साथ अपना मेल साफ शब्दों में मिलाया है–

गोरख, भरथरि, गोपीचंदा।
तेहि मन सों मिलि करहिं अनंदा।
अकल निरंजन सकल सरीरा।
तेहि मन सों मिलि रहा कबीरा।

दृश्य जगत् और परजगत् की जिस सारूप्य भावना का ऊपर उल्लेख है, उसके बिना प्रेमयोग या भक्तिमार्ग चल ही नहीं सकता। उपनिषदों ने ब्रह्म के लिए जो 'व्यक्ताव्यक्त' शब्द का प्रयोग किया है उसमें सारूप्य की यह भावना स्पष्ट है। अव्यक्त की ही अभिव्यक्ति यह व्यक्त दृश्य जगत् है। दोनों को एकदम भिन्न समझना भक्तिमार्ग ठीक नहीं मानता। भागवत में लिखा है कि जब सृष्टि के आदि में ब्रह्मा ने कमल पर बैठे-बैठे चारों ओर ताका तो कहीं कुछ न दिखाई पड़ा जिससे वे समझते कि हम क्या हैं, कहाँ से उत्पन्न हुए। वे उस कमलनाल का मूल ढूँढते-ढूँढते बहुत नीचे तक गए, पर उसका अंत न मिला। तब उन्होंने ध्यान किया और शेष पर सोए भगवान् का साक्षात्कार किया। उस समय वे बोले–

नातः परं परम यद्भवतः स्वरूप–

1. दे॰जायसी ग्रंथावली की भूमिका।
2. इट इज वन अव द ऐग्जियम्स अव मिस्टिसिज्म दैट देयर इज ए करेसपांडेंस विट्वीन द माइक्रोकाज्म ऐंड मैक्रोकाज्म, द सीन ऐंड द अनसीन वर्ल्ड्स। –एंसाइक्लोपीडिया अव रेलिजन ऐंड एथिक्स।

मानंदमात्रमविकल्पमविद्धवर्चः।।
पश्यामि विश्वसृजमेकमविश्वमात्मन्
भूतेन्द्रियात्मकमदस्त उपश्रितोस्मि।।

भारतीय भक्तिमार्ग में गृहीत इस अभिव्यक्तिवाद में और सूफियों द्वारा गृहीत वेदांत के प्रतिबिंबवाद में जो थोड़ा-सा भेद है उसे समझ रखना चाहिए। अभिव्यक्तिवाद इस जगत् को ब्रह्म का प्रकाश कहता है और प्रतिबिंबवाद उसकी छाया। अभिव्यक्तिवाद के अनुसार यह दृश्य जगत् भी ब्रह्म ही है, उसकी छाया नहीं। गीता में भगवान् ने स्पष्ट कहा है कि जगत् में जो कुछ ऊर्जित और दिव्य दिखाई दे, वह मैं ही हूँ। इसका तात्पर्य यही है कि संपूर्ण जगत् ब्रह्म ही है पर हमारा परिमित ज्ञान ऐसा है कि उसके गोचर होने योग्य ब्रह्मत्व हमें सर्वत्र नहीं दिखाई पड़ता, कहीं-कहीं दिखाई पड़ता है। अवतारों में ब्रह्मत्व सबसे अधिक दिखाई पड़ा है, इसी से ब्रह्मबुद्धि से उनकी उपासना चली है।

पैगंबरी मजहबों के भीतर चले हुए भक्तिमार्गों में प्रेमभाव का प्रधान आधार होने पर भी उनके अनुयायियों में ज्ञानकौतुक की प्रवृत्ति बहुत अधिक रही। भारतीय सगुण भक्तिमार्ग के अनुयायियों में क्यों इसका प्राबल्य नहीं हुआ, इसका लंबा-चौड़ा कारण है। लाल समुद्र के आसपास चले हुए मजहबों में एकेश्वरवाद की जो प्रतिष्ठा हुई वह ईश्वर के प्रेषित आदेश के रूप में अर्थात् रहस्यात्मक ढंग से। प्रवर्तकों ने ईश्वर के स्वरूपचिंतन की पद्धति का समावेश अपनी धर्मपुस्तकों में नहीं किया था, इससे मजहब में अक्ल को दखल देने से लोग डरते थे। पर जीव, जगत् और ईश्वर इन अपने सबसे बड़े विषयों की ओर गए बिना धार्मिकों की बुद्धि रह भी नहीं सकती थी। अतः मूल में न रहने पर भी ज्ञानकांड का समावेश पीछे से उन मजहबों में तत्वचिंतक आर्य जातियों के 'ब्रह्मवाद' या 'अद्वैतवाद' से लेकर हुआ। पर मुनष्य की प्राकृतिक बुद्धि का अधिकार स्वीकृत न होने के कारण तत्वज्ञान की बातों के प्रचार का यही उपाय था कि वे बातें बुद्धि से सोची हुई न कही जायँ, सीधे ईश्वर के यहाँ से भक्त महात्माओं के अंतस् में प्रेषित कही जायँ। अतः आर्य जातियों का 'ब्रह्मवाद' पैगंबरी मजहबों के रहस्यवाद का आधार हुआ।[1]

ईसाई धर्म का इतिहास लीजिए। उनका मूल रहस्यात्मक स्वरूप तो यहूदी धर्म की परंपरा से ही आया था जिसमें फरिश्तों के द्वारा ईश्वर के संदेश की प्राप्ति विलक्षण-विलक्षण रूपकसंकेतों द्वारा ईश्वरीय बातों को प्रकट करनेवाले

1. मिस्टिकल स्टेट्स अव माइंड एन इग्री डिग्री आर शोन बाइ हिस्ट्री टु मेक फार द मोनड द व्यू।
—डब्ल्यू. जेम्स (प्रैग्मैटिज्म)।

स्वप्न आदि का प्रचार चला आता था।[1] पीछे जिस तत्वज्ञान या ज्ञानकांड का ईसाई रहस्यात्मक भक्तिमार्ग में समावेश किया गया वह सुकरात, अफलातून, अरस्तू, प्लोटिनस इत्यादि यूनानी दार्शनिकों के निरूपित सिद्धांतों के आधार पर था। ये सिद्धांत वास्तव में वे ही थे जिनका प्रतिपादन भारतवर्ष के उपनिषदों के भीतर बहुत प्राचीन काल में हो चुका था और जो वेदांत के आधार हुए। ब्रह्म और जीव का वही स्वरूप और संबंध, परब्रह्म की वही निर्विशेषता और अप्रमेयता, वही 'नेति नेति', हृदय और गोचर की वही इयत्ता और क्षणभंगुरता जो उपनिषद् और वेदांत में कही गई थी, उक्त यूनानी दर्शनों में भी थी।[2]

इसी प्रकार फारस की सीमा पर इस्लाम धर्म के भीतर जिस रहस्यात्मक सूफी भक्तिमार्ग का प्रचार हुआ उसका आधार अधिकतर भारतवर्ष का वेदांती अद्वैतवाद था। तात्पर्य यह कि उक्त भक्तिमार्ग का जो रहस्यात्मक स्वरूप था वह तो सामी (सेमेटिक) मजहब का था, और उसका जो तत्वज्ञानात्मक (रैशनलिस्टिक) आधार था वह आर्यजाति के ज्ञानकांड का था। सूफियों पर चाहे यूनानी दर्शन (नियो प्लैटानिज्म) का भी कुछ प्रभाव पड़ा हो, क्योंकि तत्वज्ञान की कुछ यूनानी पुस्तकों के छायानुवाद भी अरबी में हुए थे, पर उनके पूरे सिद्धांत की नींव भारतीय वेदांत पर ही पड़ी थी। जिस साहस के साथ उन्होंने 'अनहलक' की घोषणा की थी, वह उपनिषदों के 'तत्वमसि' और 'अंह ब्रह्मास्मि' वाला साहस था। उनका 'प्रतिबिंबवाद' वेदांत के विवर्तवाद, दृष्टिसृष्टिवाद, अजातवाद आदि अनेक वादों में से एक प्रसिद्ध वाद है। मूल धर्म का स्वरूप रहस्यात्मक होने के कारण तत्वज्ञान की इन बातों की उपलब्धि रहस्यात्मक ढंग से ही मानी जा सकती थी। अतः ऐसी बातें महात्माओं के अंतस् में प्रेमोन्माद की तुरीयावस्था में प्रेषित कही जाती थीं। इसी रूप में उनका

---

1. द बिलीफ इन मिस्टिकल थियोलाजी ऐंड इट्स कनेक्टेड फेनामेना वाज टेकेन ओवर बाई क्रश्चिऐनिटी फ्राम जूडाइज्म। जूडाइज्म टेंडेड टु रिगार्ड गाड ऐज सो ट्रैंसेंडेंट ऐंड इनइफेब्ल दैट ही कुड डील विद क्रीचर्स ओन्ली बाई ऐंजेलिक मेडिएशन। इट वाज द फैशन टु सी आर राइट अव ऐवोकैलिप्स, सिंबालिक विजन्स, ऐंजेलिक मिनिस्टर्स।

—एंसाइक्लोपीडिया आव रेलिजन ऐंड एथिक्स।

2. द फंडामेंटल मेटाफिजिक्स इन ह्विच द डाक्ट्रिन अव क्रिश्चियन मिस्टिसिज्म इज ग्राउंडेड इन ग्रीक रैशनलिस्टिक मेटाफिजिक्स, फार्म्युलेटेड बाइ साक्रेटीज ऐंड हिज ग्रेट सक्सेसर्ज प्लैटो, ऐरिस्टाट्ल ऐंड प्लाटिनस...

गाड, ऐकार्डिंग टु दिस ग्रीक इंटरप्रिटेशन इज ऐब्सोल्यूट रियालिटी विद नो एडमिक्श्चर अव मैटर, दैट इज विद नो पोटेंशैलिटी आर पासिबिलिटी अव चेंज। देयर इज हाउएवर समथिंग इन द ह्यूमन सोल ह्विच इज अनऐसंडर्ड फ्राम द एब्सोल्यूट, समथिंग ह्विच एसेंशली इज दैट रियालिटी...। दिस इंटेलेक्चुअल फार्म्युलेशन नेसेसैरिली इनवाल्व्स ए वाया निगेटिवा। ही इज नाट 'दिस', ही इज नाट 'दिस'।

—एंसाइक्लोपीडिया आव रेलिजन ऐंड एथिक्स।

समावेश मजहब के भीतर हो सकता था।

भक्तिमार्ग अपने विशुद्ध रूप में धर्मभावना का भावात्मक या रसात्मक विकास है। यह विकास उपास्य ईश्वर के स्वरूप की प्रतिष्ठा के उपरांत ही होता है। स्वरूप की यह प्रतिष्ठा तत्वचिंतन या ज्ञान की प्रकृत पद्धति के द्वारा ही हो सकती है और सर्वत्र हुई है। परोक्ष के संबंध में, ईश्वर के संबंध में, मूल नित्य सत्ता के संबंध में जो बातें की जाएँगी वे वास्तव में शुद्ध बुद्धि की क्रिया द्वारा ही प्रस्तुत मानी जा सकती हैं। रागात्मिका वृत्ति द्वारा, भावोन्माद द्वारा ऐसी बातें तो दूर रहें, साधारण बातें भी नहीं जानी जा सकतीं। न हम कान से देख सकते हैं, न नाक से सुन सकते हैं। पर भावात्मिका भक्ति क्यों और किस प्रकार ज्ञान का भी एक रहस्यमय साधन पैगंबरी मजहबों के भीतर मानी गई, यह हम ऊपर दिखा आए। ज्ञान इने-गिने लोगों की संपत्ति होता है। ज्ञान के अधिकारी वे ही हो सकते हैं जिनमें बुद्धि का विकास अधिक हो, जिनकी ग्रहण शक्ति शास्त्रचिंतन आदि द्वारा परिष्कृत, व्यवस्थित और समुन्नत हो। पर भक्ति का अधिकार, गहरी से गहरी भक्ति का अधिकार, मूर्ख से मूर्ख को भी पूरा रहता है। अतः किसी में केवल भक्ति देखकर इसे ज्ञान का भी अधिकार मान लेने की चाल चल पड़ने का यह परिणाम अनिवार्य है कि भक्ति की ओट में बहुत-से मूर्ख भी ऐसे बड़े-बड़े विषयों की अनधिकार चर्चा करते फिरें जो उनकी बुद्धि में कभी धँस ही नहीं सकते।

चिंतन करनेवाली निश्चयात्मिका बुद्धि भी, सूक्ष्म और दूरारूढ़ ज्ञान का एकमात्र साधन होने के कारण, ईश्वर का बड़ा भारी प्रसाद है। इस बात का पूर्ण स्वीकार आर्यधर्म के प्रारंभिक काल में ही हुआ और श्रुति के भीतर ही ज्ञानकांड की प्रतिष्ठा उपनिषदों के रूप में हुई। उपनिषद् तत्वचिंतक ज्ञानसंपन्न ऋषियों के आध्यात्मिक विचारों के संग्रह हैं। उनमें बहुत-से स्थल संवाद के रूप में हैं, जिनमें शंकासमाधान भी है। इस प्रकार उनका तत्वज्ञानात्मक (रैशनलिस्टिक) स्वरूप स्पष्ट है। उनमें उपासना का संकेत भी बीच-बीच में है, पर उनका प्रधान लक्ष्य ब्रह्म के तात्विक या पारमार्थिक स्वरूप की प्रतिष्ठा है। हमारे यहाँ की कई हजार वर्ष पुरानी परंपरा भी वेदों के उपनिषद् भाग को 'ज्ञानकांड' कहती चली आ रही है। उपनिषदों के स्फुट विचारों को ही व्यवस्थित शास्त्र के रूप में संकलित करने के लिए बादरायण ने ब्रह्मसूत्रों की रचना की।

ऊपर कह आए हैं कि 'पूजा' के उपरांत 'उपासना' और 'भक्ति' का जो विकास हुआ वह उपास्य ईश्वर के स्वरूप की प्रतिष्ठा—ज्ञानकांड के अनुष्ठान—के उपरांत हुआ। इसका स्पष्ट संकेत जिस क्रम से धर्म के तीनों कांडों के नाम लिए

जाते हैं, वह क्रम देता है—कर्म, ज्ञान और उपासना; कर्मकांड, ज्ञानकांड और उपासनाकांड। स्वरूपचिंतन के पहले परोक्ष शक्ति की तुष्टि के लिए जो विधान होते थे वे 'पूजा' के ही अंतर्भूत थे। मानसी पद्धति में पूजा से आगे बढ़कर 'उपासना' का भाव है, जो स्वरूपचिंतन द्वारा परिचय बढ़ने पर ही जगता है। 'उपासना' के आगे 'भक्ति' है। इस भक्ति का सबसे प्राचीन प्रतिपादक ग्रंथ गीता है जिसमें प्रेम या भक्ति से अलग ज्ञानमार्ग का स्पष्ट निर्देश है। भागवत में भी यही बात है। भक्ति को लेकर आगे जो भिन्न-भिन्न संप्रदाय चले वे भी आचार्यों के तर्क और तत्वचिंतन द्वारा निरूपित स्पष्ट सिद्धांतों को आधार मानकर चले। रामानुज, निंबार्क, वल्लभ आदि आचार्यों ने ब्रह्मसूत्र अर्थात् वेदांत दर्शन की अपनी-अपनी प्रज्ञा और भावना के अनुसार व्याख्या करके भिन्न-भिन्न वैष्णव भक्त संप्रदायों का प्रवर्तन किया। सारांश यह कि भारतीय भक्तिमार्ग में ज्ञान की उपलब्धि और भाव की उपलब्धि बराबर अंतःकरण की दो अलग-अलग वृत्तियों द्वारा मानी गई है। किसी कोरे भक्त को, जो शास्त्रज्ञान-संपन्न न हो, अपने को ज्ञानी प्रकट करने का साहस नहीं हुआ है।

शास्त्रज्ञान-संपन्न होकर भी अपनी प्रवृत्ति के अनुसार जिन्होंने विशुद्ध हृदय पद्धति या भक्तिमार्ग का अवलंबन किया, वे हृदय के निष्कपट सीधे-सादे प्रेमभाव को ही अपने लिए भगवान् का प्रसाद या अनुग्रह समझते आए। रहस्यज्ञाता या परोक्षद्रष्टा समझे जाने के लिए अपने मन, वचन और कर्म को कुछ वक्र और विलक्षण रूप देने की चाल उनमें नहीं चली। ऐसी बातें उनके प्रेममार्ग की दीनता और सरलता के सिद्धांत के विरुद्ध थीं। सीधा मन, सीधी वाणी और सीधे कर्म इन भक्तों के लक्षण रहे। सूर और तुलसी भक्त होने के साथ ही पढ़े-लिखे विद्वान् थे। कबीरदास की अपेक्षा वेदांत, योग इत्यादि की बातें—जैसे, ब्रह्म, जीव, माया, पंचेंद्रिय, षड्रिपु, इला, पिंगला, चक्र, ब्रह्मरंध्र इत्यादि—वे कहीं अधिक और अच्छी तरह जानते थे। वे यदि चाहते तो उन बातों को लेकर वे भी बड़े-बड़े उलझाऊ रूपक बाँधते, तरह-तरह की टेढ़ी पहेलियाँ गढ़ते और पंडितों से बुझाते। पर ऐसा चाहना उनकी भक्ति की स्वाभाविक सरलता के विरुद्ध था। शास्त्र में निरूपित साधारण बातों को ही लेकर पहेली गढ़ना और उसके द्वारा यह प्रकट करना कि हम ऐसी बातें जानते हैं जो किसी के द्वारा नहीं जानी गईं, वे अपना काम नहीं समझते थे। ऐसे काम का इसके सिवा कोई फल भी नहीं कि अशास्त्रज्ञ और तत्वज्ञानहीन जनता कुतूहलमुग्ध और आश्चर्यभ्रांत होकर मुँह ताके। कबीर या और किसी रहस्योन्मुख निर्गुण भक्त की वाणी में कोई एक भी ऐसी तत्व की बात बता सकता है जो शास्त्र की एक बहुत ही साधारण

बात न हो? उक्तिवैलक्षण्य मात्र में कोई नया तथ्य नहीं होता। किसी रहस्यदर्शी भक्त ने आज तक कहीं तत्वज्ञान की कोई नई बात बताई है? सौ बात की एक बात यह कि जो भक्त हो वह भक्ति की राह पर रहे, पर रहस्यज्ञान के प्रवाद से ग्रस्त भक्त अपना मान विशुद्ध भक्ति के मार्ग पर रख नहीं सकता। वह कोई बात पूरी तरह न जानने पर भी इशारेबाजी करने के लिए इधर-उधर जरूर दौड़ा करेगा। निर्गुण संप्रदाय के भक्तों ने अपना रहस्यज्ञानी स्वरूप छोड़कर भक्त के रूप में जो शुद्ध भावप्रेरित उक्तियाँ कही हैं वे बड़ी ही हृदयग्राहिणी हैं; पर ब्रह्म, जीव, माया, पंचेंद्रिय, योग की नाड़ियों, चक्रों आदि को लेकर जो रूपक और पहेलियाँ रची हैं उनका न तो काव्यक्षेत्र में कोई मूल है न ज्ञानक्षेत्र में।

जगत् की कार्यकारण परंपरा से बाहर की किसी अज्ञात शक्ति के योग या हस्तक्षेप से मन के भीतर या बाह्यजंगत् में ऐसी बातें घटित होने की धारणा जो प्राकृतिक नियमानुसार निष्पन्न हुई हों—एक प्रकार की रहस्य भावना तो यह है। दूसरे प्रकार की समुन्नत और सच्ची रहस्य भावना वह है जिसका उपयोग भाव के सम्यक् संचार के लिए काव्य या भक्ति की रस पद्धति में होता है। इस दृष्टि से विचार करने पर हमें रहस्यवाद तीन रूपों मे गृहीत मिलता है—

(1) **भावोपलब्धि के साधन के रूप में**—रहस्य की प्रवृत्ति को ऐसी जगह यहीं मिल सकती है जहाँ से वह कोई गड़बड़ न कर सके। रहस्यभावना का यदि कहीं मूल्य हो सकता है तो भाव के क्षेत्र में—पर यदि वह उसी क्षेत्र के प्रकृत विधान के भीतर रहे और उसमें भी उपयुक्त अवसर पर योग दे। उसके द्वारा कभी अपनी प्रिय और मधुर जीवनभावना के अवस्थान के लिए किसी अज्ञात क्षेत्र की ओर बड़ा सुहावना संकेत मिलता है, कभी मनोरंजक कुतूहल या आश्चर्य की स्तब्धता के मिश्रण से भावों में अत्यंत रमणीयता या तीव्रता आ जाती है, कभी ज्ञात के परे भी आलंबन की सत्ता की भावना आ जाने से हमारे भाव ज्ञान की सीमा को पार करते जान पड़ते हैं। शिशिर के अंत में धूल छाई रहने के कारण किसी बड़े मैदान के क्षितिज से मिले हुए छोर पर वृक्षावलि की जो धुँधली श्यामल रेखा दिखाई पड़ती है उसके पार हमारी कल्पना को किसी अत्यंत प्रिय और मधुर अतीत या भविष्य जगत् के अवस्थान के लिए अवकाश मिलता है। इसी प्रकार अज्ञात की भावना के मेल से भाव में एक अद्भुत गूढ़ता आ जाती है। इसका अनुभव सामान्य व्यापारों में भी कभी-कभी होता है। यदि कोई अज्ञात रहकर किसी की ठीक समय पर आपत्ति से रक्षा करता चला जाय तो उसके प्रति जो कृतज्ञता या पूज्य बुद्धि होगी उसकी अनुभूति कुतूहलमिश्रित होकर बड़ी ही अनूठी होगी। इसी प्रकार किसी अज्ञात द्वारा समय-समय पर

उपस्थित की हुई आपत्ति का भय अत्यंत स्तंभित करनेवाला होगा।

जिसकी शक्ति या महत्ता की बड़ी गहरी धारणा मन में होती है, उसके संबंध में बातचीत करते हुए आश्चर्यमुग्ध होकर हम प्रायः कहा करते हैं कि 'न जाने कहाँ से उसमें इतनी शक्ति आ जाती है; न जाने कैसे वह इतने बड़े-बड़े काम बात की बात में कर डालता है; न जाने सब बातें उसे पहले से कैसे मालूम हो जाती हैं।' यही 'न जाने' रहस्य का मूल मंत्र है। इस 'न जाने' के आ जाने से–'कौन', 'किसका', 'कहाँ', 'कहाँ से;, 'किस ओर' आदि जिज्ञासा की प्रणाली के अवलंबन से–महत्व, शक्ति, ऐश्वर्य, सौंदर्य इत्यादि की भावना का बहुत अधिक प्रसार प्रतीत होता है। इस प्रकार की रहस्ययोजना भक्ति काव्य के क्षेत्र में अधिक होती है जिससे हमारी भावना ज्ञान की सीमा को पार करती-सी जान पड़ती है। इसी को लाक्षणिक भाषा में 'भावना का असीम की ओर जाना' कह सकते हैं। इसका अभिप्राय सिर्फ इतना ही है कि जहाँ तक व्यक्त और ज्ञात है, उसके आगे भी न जाने क्या और कितना है। अज्ञात अज्ञात ही रहता है। दूसरी बात यह कि इस रहस्ययोजना के काव्य या भक्तिरस में उपयुक्त स्थल होते हैं। जगह-जगह 'कौन', 'कहाँ से', 'किस ओर' इत्यादि रखना खेलवाड़-सा हो जाता है।

भक्तिरस में यह रहस्य प्रवृत्ति अधिकतर ईश्वर को कुछ ज्ञात और कुछ अज्ञात भूमि में रखकर उनके महत्व और असीमता की भावना करने में–जिसे अचिंत्यैश्वर्य योग कहते हैं–काम आती है। यह भावना ईश्वर को जितना ही अधिक अज्ञात की ओर रखकर होगी उतनी ही रहस्यात्मक कही जाएगी। अर्थात् ईश्वर की किसी सगुण और व्यक्त स्वरूप की भावना के साथ ही साथ जितना अधिक यह भावना भी लगी रहेगी कि इसके आगे वह न जाने क्या और कहाँ तक और है, उतना ही अधिक 'रहस्य' की ओर झुकाव कहा जाएगा। ऐसी भावना में कुतूहल और आश्चर्य प्रधान भाव होंगे। इस कुतूहल या आश्चर्य की रहस्यात्मक रमणीयता ज्ञात और अज्ञात, व्यक्त और अव्यक्त, ससीम और असीम, इन विरुद्धों को एक साथ रखने में अनुभूत होती है।[1]

सब जगह भक्तिमार्ग ब्रह्म के उभयात्मक स्वरूप को लेकर चला है। अतः यह प्रकट करना कि व्यक्त और ससीम से हमसे कोई मतलब नहीं, हम तो केवल असीम में जाकर रमा करते हैं, भक्ति के वास्तविक सिद्धांत के विरुद्ध है। हम यह अच्छी तरह दिखा आए हैं कि अव्यक्त, निर्गुण, असीम इत्यादि निषेधवाचक शब्दों का अभिप्राय केवल इतना ही है कि जहाँ तक ब्रह्म हमारी परिमित बुद्धि

---

1. इन द वेरी कंट्रास्ट अव द फाइनाइट विद द इनएफेब्ल द मिस्टिसिज्म लिव्स, हेदर इट बी हिंदू आर क्रिश्चियन मिस्टिसिज्म।
—जे. रायस (द वर्ल्ड ऐंड द इंडिविजुअल)

को व्यक्त है, जिस सीमा तक हमारा ज्ञान पहुँच सकता है, जिस गुणसमूह तक हमारी अनुभूति जा सकती है, उसके आगे भी वह अनंत है, उसके आगे उसका स्वरूप न जाने कैसा है, उसके आगे उसके गुण न जाने क्या-क्या है।[1] अतः व्यक्त और ससीम को ही लेकर भक्त ध्यान करने बैठता है, पर उसमें यह भावना और जोड़ देता है कि वह यहीं तक नहीं है, इसके आगे भी न जाने क्या और कहाँ तक है।

गोस्वामी तुलसीदास, सूरदास इत्यादि शुद्ध भक्तिमार्गी कवि राम या कृष्ण की नरलीला का मुग्ध वर्णन करते-करते जो यह भी संकेत कर देते हैं कि ये वही ब्रह्म हैं जो व्यापक, अव्यक्त, निर्गुण, अप्रमेय इत्यादि है, उसका तात्पर्य सम्यग्दर्शन के लिए ब्रह्म के इन दोनों—व्यक्ताव्यक्त, सगुण, निर्गुण, मूर्तामूर्त—स्वरूपों को एक साथ रखकर भावना करना है। ज्ञानपक्ष में इस उभयात्मक भावना से इयत्ता का परिहार होता है और भावपक्ष में कुतूहल और आश्चर्य की योजना। तुलसीदास जी ने राम में ब्रह्म के उभयात्मक स्वरूप की भावना स्पष्ट शब्दों में की है—

जब सगुन निर्गुन रूप राम अनूप भूप सिरोमने।

शुद्ध भक्तिमार्ग के अनुयायी का यही पक्ष हो ही सकता है। ईश्वर के महत्व और असीमता की एक अस्फुट भावना जगाकर भक्त को आश्चर्यमुग्ध करने के लिए अज्ञात की ओर संकेत तथा भगवान् को रागात्मक हृदय के बिलकुल पास लाने के लिए कल्पना में उनके किसी मधुर और रमणीय विग्रह की प्रतिष्ठा—बस यहीं तक रहस्यवाद का उपयोग हम असली और सच्चा मानते हैं।

(2) ज्ञानोपलब्धि के साधन के रूप में—इसके आगे जहाँ ज्ञान के क्षेत्र पर उसका धावा होता है, जहाँ वह ज्ञान का एक साधन बनने लगता है, वहाँ वह एक झूठे खेल के सिवा और कुछ नहीं रह जाता। पर इस प्रकार के खेल भी बराबर रहस्यज्ञानी भक्त और रहस्यवादी कवि खड़े किया करते हैं। वे अव्यक्त

---

1. इस वाक्य के अनंतर त्रुटि का चिह्न लगाकर लिखा है—'कोट रघुवंश 10'। रघुवंश के दशम सर्ग में रावण के उपप्लव से पीड़ित देवताओं ने जब समद्र तट पर जाकर विष्णु की स्तुति की है तो उभयात्मक स्वरूप का कीर्तन इस प्रकार किया है—

    अमेयो मितलोकस्त्वमनर्थी प्रार्थनावहः।
    अजितो विष्णु रत्यन्तमव्यक्तो व्यक्तकारणम्।। 18।। इत्यादि,

   और अंत में यह कह दिया है कि—

    महिमानं यदुत्कीर्त्य तव संह्रियते वचः।
    श्रमेण तदशक्त्या वा न गुणानामियत्तया।। 32।।

   अर्थात् ब्रह्म की महिमा के उत्कीर्तन में वाणी के रुकने का कारण गुणों की इयत्ता नहीं, श्रमअथवा अशक्ति है। उसके अनंत गुणों का कथन संभव ही नहीं है।

को अव्यक्त ही कहकर नहीं छोड़ना चाहते। अपनी दृष्टि की दिव्यता का प्रमाण देने के लिए, अव्यक्त तक अपने ज्ञान की पहुँच सूचित करने के लिए, वे उस अव्यक्त का वर्णन भी करने लगते हैं। ज्ञान की पहुँच या सिद्धि दिखानेवाले भक्त हुए तो निर्विशेषता का ब्योरा देने बैठते हैं—जैसे, जहाँ न रात है न दिन है, न अँधेरा है न उजाला है, न पाप है न पुण्य है; प्रेम ही प्रेम है इत्यादि। यदि रहस्यवादी कवि हुए तो प्रकृति के रंग-रूप को लेकर तरह-तरह के विराट् और अलौकिक चित्र खड़े करके यह धारणा उत्पन्न करना चाहते हैं कि हमारी दिव्य कल्पना उस असीम और अव्यक्त तक पहुँचा करती है। भावना या काव्यकला की दृष्टि से ऐसे चित्रण का कुछ मूल्य अवश्य होता है, पर उक्त धारणा उत्पन्न करने की चेष्टा की झलक से उसमें बट्टा लग जाता है। कोरी कल्पना की उड़ान को हम 'ब्लेक' की तरह आध्यात्मिक तथ्य का साक्षात्कार या ज्ञानोपलब्धि नहीं मान सकते।

(3) अर्थोपलब्धि के साधन के रूप में—कर्म के क्षेत्र में रहस्य की प्रवृत्ति का परिणाम सबसे बुरा होता है। जिस फल की प्राप्ति उपयुक्त श्रम और सोचे-समझे उद्योग से होती है, उसे अनायास एक अलौकिक सिद्धि के रूप में रहस्यात्मक ढंग से प्राप्त करने की वासना के कारण चिरकाल से मनुष्यजाति अपने समय, धन और शक्ति का अपव्यय करती चली आ रही है। योग की अनेक प्रकार की अलौकिक सिद्धियाँ, यंत्र, मंत्र, तंत्र इत्यादि इसी वासनावाला रहस्यवाद है।

इन तीनों प्रकार के रहस्यवादों में से तीसरे को तो पाश्चात्य विद्वान् भी झूठा रहस्यवाद (फाल्स मिस्टिसिज्म) कहते हैं। पर हम दूसरे को भी झूठा रहस्यवाद मानते हैं। जिस प्रकार किसी फल या वस्तु की उपलब्धि के लिए रहस्यवाद असत् है, उसी प्रकार ज्ञान की उपलब्धि के लिए भी। हम केवल भाव (इमोशन, सेंटिमेंट) की उपलब्धि के लिए उसका अवलंबन ठीक और सच्चा मानते हैं। क्यों पाश्चात्य विद्वान् ज्ञान की उपलब्धिवाले रहस्यवाद के विरुद्ध कुछ कहना नहीं चाहते, इसका कारण उनके भक्तिमार्ग के विकास की पद्धति पर, जिसका थोड़ा-सा दिग्दर्शन ऊपर हो चुका है, ध्यान देने से स्पष्ट हो जाएगा।

यहूदी धर्म और ईसाई धर्म दोनों का स्वरूप मूल में केवल रहस्यात्मक था, उसमें तत्वचिंतन की पद्धति अर्थात् ज्ञानकांड का उपदेश नहीं था। अतः भक्ति के उदार और व्यापक विधान के लिए जब एकेश्वरवाद (मनोथेइज्म) के स्थान पर आर्य जातियों का ब्रह्मवाद या अद्वैतवाद (मोनिज्म) लिया गया तब रहस्यात्मक ढंग से अर्थात् ईश्वरानुग्रह प्राप्त भक्त महात्माओं के हृदय में भावावेश के समय अ[illegible]गार प्रेषित ज्ञान या इलहाम के रूप में। अतः ज्ञान की उपलब्धि से रहस्यवाद

का कोई संबंध न कहना उनके लिए कुछ कठिन पड़ता है। ईसा की गत 19वीं शताब्दी में जब आधिभौतिक वैज्ञानिकों (मैटीरियलिस्ट्सि) द्वारा ईसाई मजहब पर कड़े हमले हुए तब यूनान के ज्ञानकांड से गृहीत सर्ववाद (पैनथेइज्म) और ब्रह्मवाद का बहुत कुछ सहारा लिया गया। पर जैसा कि ऊपर कहा जा चुका है, यूनानियों का यह तात्विक (रैशनलिस्टिक) सिद्धांत योरप के भक्तिमार्ग में रहस्य सिद्धांत (मिस्टिकल डाग्मा) के रूप में गृहीत हुआ था। काव्य के क्षेत्र में जो भक्तिमार्गी रहस्यवाद नए सिरे से 19वीं शताब्दी के अंतिम चरण में योरप में उठा था, उसका ऐतिहासिक कारण इस बात से स्पष्ट हो जाएगा।

ऊपर जो कुछ कहा गया उससे इस बात का ठीक पता चल जाता है कि क्यों भक्तिमार्ग पाश्चात्यों में रहस्यवाद (मिस्टिसिज्म) कहा जाता है। भक्तिमार्ग ही नहीं, उसके तात्विक आधार ब्रह्मवाद को भी वे उसी के अंतर्गत लेना चाहते हैं और उपनिषदों के ज्ञानकांड को भी रहस्यवाद कहकर उसका दार्शनिक या तात्विक स्वरूप उड़ाना चाहते हैं। इस प्रयत्न में उन्हें कठिनाइयाँ बहुत पड़ती हैं, पर वे रहस्यवाद के लक्षण उपनिषदों पर घटाने की चेष्टा करते रहते हैं। उनका तत्वज्ञानात्मक (रैशनल) स्वरूप प्रत्यक्ष देखते हुए भी उनके बीच अनिर्वचनीयता, भावुकता, अद्वैतसिद्धि की लालसा, सांत से असंतोष, अंतस के गूढ़तम तल में जो कुछ है उसमें ब्रह्मबुद्धि—इन बातों का यत्र-तत्र आभास बताकर वे उन्हें रहस्यात्मक स्वरूप देना चाहते हैं।[1]

अब देखिए कि क्या ये ही बातें तत्वचिंतन के फलस्वरूप नहीं हैं—

अनिर्वचनीयता लीजिए। हम पहले ही दिखा चुके हैं कि अनिर्वचनीयता का अभिप्राय यही है कि जहाँ तक ब्रह्म ज्ञेय और व्यक्त है वहीं तक वह नहीं है, उसके परे भी जो कुछ है सब ब्रह्म ही है। ज्ञेय और व्यक्त के परे ब्रह्म कैसा है, यह जाना ही नहीं जा सकता। बस, अनिर्वचनीयता का इतना ही मतलब है।

---

1. देखिए एन. मैकनिकल की पुस्तक इंडियन थेइज्म फ्राम द वेदिक टु द मुहम्दन पीरियड तथा एंसाइक्लोपीडिया आव रेलिजन ऐंड एथिक्स में उनका निबंध जिसके नीचे लिखे वाक्य ध्यान देने योग्य हैं—इट इज टू अव सच इन द उपनिषद्स दैट इट इज सीकिंग टु डिस्कवर द रिलेशंस अव मैन विद द यूनिवर्स रादर दैन हिज रिलेशन विद गाड। इट इज आफेन कंसर्ड विद द रिलेशन अव न नोअर ऐंड द नोन, रादर दैन विद दैट अव द वर्शिपर ऐंड गाड। इट गिव्स ए मेटाफिजिक रादर दैन ऐनँ एथिक आर रेलिजन। इन द ब्राड लाइंस अव इट्स ऐस्पिरेशंस, हाउएवर—एट्स क्रेविंग आफेन फिल्ड विद डीप इमोशन, इट्स डिस्कंटेंट विद द फाइनाइट, इट्स कन्विक्शन दैट इज डीपेस्ट विदिन इज नियरेस्ट एकिन टु ह्वाट इज हाएस्ट अबब—इट्स वैल्यू ऐज मिस्टिसिज्म इज अनचैलेंज्ड।

   उसी पुस्तक में बौद्ध रहस्यवाद (योग, तंत्र आदि) पर जो लेख हैं, उसमें साफ कहा गया है कि हिंदुओं का प्राचीन ज्ञानकांड बिल्कुल तत्वचिंतनात्मक था—प्रिमिटिव बुद्धिज्म, लाइक दि आर्थोडाक्स सिस्टम्स, वाज एंटायर्ली रैशनलिस्टिक।

वाष्कलि के तीन बार पूछने पर कि 'ब्रह्म कैसा है?' बाह्व का तीनों बार चुप रहना और अंत में कहना कि 'बता तो रहा हूँ' (अर्थात् ब्रह्म कैसा है, यह बताया ही नहीं जा सकता) यही सूचित करता है। उसका मतलब यह नहीं कि इस दृश्य और व्यक्त के परे अव्यक्त निर्गुण ब्रह्म जैसा है उसे बाह्वजी एक रहस्यवादी सिद्ध की तरह पूरा जाने हुए बैठे थे, पर उनसे कहते नहीं बनता था। इस उपाख्यान को तो अव्यक्त को बताने के ढोंग का श्रुतिनिषेध ही समझना चाहिए। इसलिए शंकराचार्यजी ने अपने भाष्य में इसका उल्लेख किया है।

अद्वैत या एकत्वसिद्धि की प्रवृत्ति लीजिए। जगत् के इन बदलते हुए नाना रूपों की तह में कोई एक नित्य, अपरिच्छिन्न और अपरिणामशील सत्ता है, मनुष्य की सोचनेवाली बुद्धि ज्ञानविकास की उन्नत दशा में अवश्य इस बात तक पहुँचती है। दर्शनशास्त्र (मेटाफिजिक्स) का यही मुख्य विषय है। यह कोई इलहामी बात नहीं है।

सांत से असंतोष भी सभ्य दशा को पहुँची मनुष्यजाति के लिए स्वाभाविक है। जब उसकी बुद्धि इस विराट् विश्व की ओर देखती है तब उसकी अनंतता और प्रवाहनित्यता का अनुमान बँधता है और वह सांत रूपों के चिंतन से असंतुष्ट न होकर अनंत और नित्य समष्टि के चिंतन की ओर बढ़ती है। यह ज्ञानियों की जिज्ञासा या ज्ञानपिपासा है, रहस्यभावना नहीं।

इसी प्रकार अंतस् के मूल में चित् या द्रष्टा के रूप में जिस प्रकार आत्मा स्थित है उसी प्रकार इस अखिल विश्व की तह में कोई चित् या परमात्मा है, यह भी सोचते-सोचते, तत्वचिंतन करते-करते, एक अनुमान की हुई बात है; गैब से कान में फूँकी हुई बात नहीं।

अब रही भावुकता। यह हम दिखा आए हैं कि हृदय के योग के बिना बुद्धि द्वारा निरूपित ज्ञान निष्फल है; उसकी कुछ सार्थकता नहीं। इसी से उपनिषदों में ज्ञान की पूरी-पूरी प्रतिष्ठा के साथ-साथ उपासना का भी संकेत है। ज्ञान और भाव का प्रकृत क्रम हम ऊपर यह बता आए हैं कि पहले तत्वचिंतन द्वारा स्वरूप की प्रतिष्ठा होती है; फिर उस स्वरूप में हृदय का योग होता है। मनुष्य की बुद्धि और मनुष्य का हृदय, इन्हीं दोनों अंतर्वृत्तियों का ठीक और स्वाभाविक ढंग से संचालन उपनिषदों के ज्ञानकांड और उपासनाकांड दोनों का विधान है।

इनके अतिरिक्त उपनिषदों की जो और बातें उनका रहस्यात्मक स्वरूप दिखाने के लिए पेश की जाती हैं उनका भी लगे हाथ विचार कर लेना चाहिए। बृहदारण्यक उपनिषद् में ब्रह्मचिंतन की मग्नता या ब्रह्मानंद की अनुभूति का इस दृष्टांत द्वारा वर्णन किया गया है—

'जैसे पुरुष को अपनी प्रियतमा स्त्री के आलिंगन काल में यह सुध नहीं रहती कि क्या बाहर है क्या भीतर, उसी प्रकार जब उपासक प्राज्ञ द्वारा आलिंगित होता है तब उसे भीतर-बाहर की सुध नहीं रहती।'[1]

यह जिस स्वरूप की उपासना की जाती है, उसी स्वरूप की भावना की चरम दशा का वर्णन है जिसका उल्लेख मैं पहले कर आया हूँ। यह 'विज्ञात' स्वरूप के 'साक्षात्कार' की अवस्था है। यह न तो योगियों की तुरीयावस्था है, न सूफियों का 'हाल' है, न मूर्च्छा है, न बेहोशी। उपनिषदों में किसी ऋषि की मूर्च्छा या बेहोशी की कहीं कुछ भी चर्चा नहीं है। उपनिषदों की बातें बेहोशों और मूर्च्छितों की बातें नहीं हैं, स्वाभाविक पद्धति से तत्वचिंतन करनेवाले ऋषियों की बातें हैं।

बृहदारण्यक के उक्त वचन में सूफियों और कैथलिक ईसाइयों का 'माधुर्य भाव' भी किसी-किसी को दिखाई पड़ता है। पर वह वचन केवल दृष्टांत रूप में कहा गया है; 'जैसे' शब्द से यह बात स्पष्ट है। उसमें उपास्य ब्रह्म की प्रियतमा के रूप में भावना नहीं है, केवल स्वरूप साक्षात्कार की अनुभूति का उपमिति प्रमाण द्वारा अनुमान कराया गया है। एक स्थान पर उपनिषद् में यही बात इस ढंग से कही गई है कि ब्रह्म साक्षात्कार का आनंद या ब्रह्मानंद प्रियतमा के समागम से सौगुना होता है। हमारे यहाँ के कृष्णोपासक भक्त संप्रदाय में जो 'माधुर्य भाव' पाया जाता है उसमें और सूफियों तथा रोमन कैथलिक ईसाइयों के 'माधुर्य भाव' में स्वरूपभेद है। उसे हम आगे चलकर दिखाएँगे।

पाश्चात्य दृष्टि के अनुसार धर्म का भक्तिपक्ष या प्रेमपक्ष रहस्यवाद (मिस्टिसिज्म) कहलाता है और भक्ति या प्रेम का आधारभूत तत्वज्ञान भी उसी रहस्यवाद के भीतर घसीटा जाता है। योरप के लोग हमारे भक्तिमार्ग का भी वर्णन 'रहस्यवाद' के नाम से करते हैं और उपनिषद् के ज्ञानकांड को भी, उसमें दर्शनशास्त्र या वेदांत का मूल देखते हुए भी, रहस्यवाद कहते हैं। अतः 'रहस्यवाद' शब्द की जो भावना योरप में है उसी के ठीक-ठीक अनुरूप अपने यहाँ के भक्तिमार्ग की और उपनिषद् की ब्रह्मविद्या की व्याख्या करने की प्रवृत्ति यहाँ भी कुछ दिनों से दिखाई पड़ती आ रही है। महर्षि देवेंद्रनाथ ठाकुर ने अपने लेखों, व्याख्यानों तथा अपने आत्मचरित में उपनिषदों पर रहस्यवाद का बहुत कुछ रंग चढ़ाया, जो योरपवालों को बहुत पसंद आया। विदेशी संस्कृति के देश में कुछ गहराई

1. तद्वा अस्यैतदतिच्छंदा अवहतपाप्माऽभयं रूपं तद्यथा प्रियया
स्त्रिया संपरिष्वक्ती न बाह्यं किंचन वेद नांतरमेवमेवायं
पुरुषः प्राज्ञेनात्मनां संपरिष्वक्तों न बाह्यं किंचन वेद नान्तरं
तद्वा अस्यैतदाप्तकाममात्मकाममकामं रूपं शोकांतरम्। (4-3-21)

तक फैलने से विदेशी दृष्टि से अपने यहाँ की बातों को देखने का रिवाज इतिहास, काव्य आदि में भी थोड़ा बहुत पाया जाता है। शुद्ध ज्ञान के प्रकरण में तो सम्यक् दृष्टि चाहिए—न देशी, न विदेशी।

यूनानी, रोमन आदि और प्राचीन-आर्य जातियों के समान प्राचीन भारतीय आर्यों की दृष्टि भी तात्विक ही रही।[1] उपनिषद् का 'ज्ञानकांड' पाश्चात्यों को 'रहस्यकांड' के रूप में केवल इसलिए दिखाई पड़ता है कि उनमें कहीं-कहीं जिस पद्धति से स्वरूप निरूपण हुआ है वह चिंतनपद्धति या तर्कपद्धति नहीं दी हुई है। पर उपनिषदों में विचारधारा बराबर मिलती है। बातों को दृष्टांत आदि देकर समझाने का प्रयत्न बराबर पाया जाता है। याज्ञवल्क्यजी जनक राजा की सभा में जाकर लोगों से पूरा शास्त्रार्थ करते हैं, और खंडन-मंडन के उपरांत ब्रह्म का प्रतिपादन करते हैं। यह सब तत्वचिंतन (रैशनलिज्म) का मार्ग है, दर्शनशास्त्र की पद्धति है, 'रहस्यवाद' नहीं। ऋषियों की इसी परंपरा का अनुसरण कर, बादरायण ने ब्रह्मसूत्रों की रचना की, जिनमें बादरि, काशकृत्स्न, औडुलोमि इत्यादि के भिन्न-भिन्न मतों का भी उल्लेख है। 'रहस्यवाद' का मूल मंत्र है 'अज्ञात की उपासना'। उपनिषदों का मूलमंत्र है स्वरूपबोध के सहित उपासना। उपनिषदों के पूर्व यज्ञादि कर्मकांड के द्वारा जो 'पूजा' होती थी वह पूज्य के स्वरूपबोध के साथ नहीं होती थी—उसमें पूज्य का वास्तविक ब्रह्मस्वरूप ज्ञान या विद्या द्वारा प्रतिष्ठित नहीं रहा करता था। इसलिए केवल ऐसी उपासना उपनिषदों में अविद्या की उपासना कही गई, जिसके संबंध में ईशोपनिषद् में कहा गया है—

अन्धन्तमः प्रविशन्ति येऽविद्यामुपावते।

'जो अविद्या की उपासना करते हैं वे गहरे अंधकार में पड़े रहते हैं।' इस प्रकार हमारे यहाँ आरंभ में ही केवल 'अज्ञात की उपासना' का, 'रहस्यवाद' का, निषेध कर दिया गया।

भारतवर्ष में भक्तिमार्ग का विकास किस प्रकार हुआ यह हम दिखा आए हैं। उसका तात्विक आधार कहीं बाहर से नहीं लिया गया। 'पूजा' की भूमि के उपरांत जब

1. टेकेन आल इन आल, इज एविडेंट दैट मिस्टिसिज्म प्लेड ऐन इनकांस्पिक्युअस रोल इन द रेलिजस लाइफ अव द हेलेनीज। द ग्रीक जीनिअस लव्ड क्लिअरनेस् ऐंड सेल्फ पजे़शन टू वेल् टु सीक द डिवाइन इन मिस्टिकल डार्कनेस ऐंड सेल्फ सरेंडर।

x x x

परहैप्स नो सेमी-सिविलाइज्ड पीपुल वाज एवर मोर फ्री फ्राम मिस्टिसिज्म, इन अवर सेंस अव द टर्म, दैन द ओल्ड रोमन्स।

—जेम्स एच. ल्यूबा

(द साइकोलाजी अव रेलिजस मिस्टिसिज्म)

तत्वचिंतन द्वारा ब्रह्म के स्वरूप की प्रतिष्ठा हुई तब साथ ही उसके उभयात्मक स्वरूप को लेकर 'उपासना' की भूमि तैयार हुई। इसी 'उपासना' से आगे चलकर प्रेमप्रधान भक्ति का प्रवर्तन हुआ। अतः इस भक्ति के तात्विक आधार का जहाँ तक संबंध है वहाँ तक रहस्यवाद का कहीं नाम तक नहीं है। रहस्यवादी यह प्रकट करता है कि 'ज्ञात से, मुझसे कोई प्रयोजन नहीं, मैं तो सीधे अज्ञात में जाकर रमता हूँ'। शुद्ध भक्त साफ कहता है कि 'अज्ञात में कोई हृदय रमा ही नहीं सकता; मैं ज्ञात में हृदय रमाता हूँ पर इस बात की भावना रखता हुआ कि जितना मुझे ज्ञात है वह उतना ही नहीं है—वह उसके आगे अनंत और असीम है।' 'अज्ञात की उपासना' कहने से यह ध्वनि निकलती है कि उपासक 'अज्ञात' को भी जानता है। पर इस प्रकार के ज्ञानरहस्य का हमारे यहाँ की भक्ति में कोई स्थान नहीं है।

उसी भक्तिमार्ग को हम 'रहस्यवाद' का पर्याय कह सकते हैं जिसमें प्रेम के आलंबन का स्वरूप बिलकुल आरोपित हो, तत्वचिंतन द्वारा प्रतिष्ठित न हो। अब हम इस दृष्टि से विचार करते हैं कि भारतीय भक्तिमार्ग को रहस्यवाद कहना कहाँ तक ठीक है। यह हम दिखा आए हैं कि भागवत धर्म में भक्ति के लिए ब्रह्म का जो 'नारायण' स्वरूप लिया गया उसका उल्लेख शतपथ ब्राह्मण में है। 'नारायण' का अभिप्राय है ब्रह्म का वह स्वरूप जो नर प्रकृति का अनुरंजनकारी हो। कार्य-लक्षण लेने पर वह स्वरूप रक्षक और पालक ठहराया गया। रक्षक और पालक स्वरूप किस प्रकार नित्य और सत् है, यह सिद्ध किया जा चुका है। यह आरोपित स्वरूप नहीं है, तत्वतः ज्ञात स्वरूप है।

ज्ञान द्वारा प्रदत्त उक्त स्वरूप का आधार पाकर तब भावक्षेत्र में प्रवेश हुआ है। जैसा कि पहले दिखाया जा चुका है, इसी भावक्षेत्र में 'रहस्य' का प्रकृत उपयोग है। नर प्रकृति का अनुरंजन करनेवाला ब्रह्म का जो पालक और रक्षक स्वरूप कार्यलक्षण द्वारा प्राप्त हुआ, वह सार्वभौम स्वरूप था—वह मनुष्यमात्र के लिए था। किसी जातिविशेष या व्यक्तिविशेष से उसका संबंध नहीं। इसके उपरांत आलंबन के स्वरूप की पूर्णता के लिए जब प्रेमभाव आकार भावना की ओर बढ़ा तब 'रहस्य' का समावेश हुआ। नारायण में परम सुंदर चतुर्भुज स्वरूप का आरोप किया गया; श्वेतद्वीप उनका एक अलग लोक माना गया, भगवान के विग्रह की ऐसी प्रतिष्ठा का संबंध जातीय या व्यक्तिगत रुचि से है। अतः किसी समुदायविशेष या व्यक्तिविशेष की भावना को ग्राह्य 'विग्रह' की प्रतिष्ठा अवश्य रहस्य की बात है। प्रेममार्ग में और आगे बढ़ने पर आलंबन के स्वरूप को निर्दिष्ट और हृदयग्राह्य तथा निकटस्थ करने के लिए नारायण का दर्शन इसी लोक में और नर रूप में किया गया। इसी पद्धति से भगवान् वासुदेव या श्रीकृष्ण भक्ति या प्रेम के निर्दिष्ट

आलंबन हुए। आरंभ में भगवान् के इस विग्रह की भावना एक विशेष जनसमुदाय के बीच स्फुरित हुई। इसी से भागवत धर्म को सात्वत धर्म कहते थे।

किसी विशेष जनसमुदाय या व्यक्ति के भीतर स्फुरित स्वरूपभावना का ही नाम हमारे यहाँ 'रहस्य' है। 'रहस्य' का अर्थ है किसी का निजी या प्राइवेट। वासुदेवोपासना को जो महाभारत में कहीं-कहीं 'रहस्य', 'राजगुह्य' आदि कहा है, उसका बस इतना ही मतलब है। पर कुरुक्षेत्र-युद्ध के उपरांत इस उपासना का गुह्यत्व या रहस्यत्व नहीं रह गया। गहरे प्रेम के लिए उपास्य का यही लोकप्रचलित स्वरूप हुआ। भगवान् कृष्ण में जिन-जिन लोगों ने पहले-पहले ईश्वर का साक्षात्कार किया उन लोगों तक तो उनकी ईश्वरता एक रहस्य भावना के रूप में रही। पर उसके आगे जब वह लोकग्राह्य हुई तब भक्तिमार्ग में उसके रहस्यत्व का परिहार हो गया। भागवत ने भक्तों को भक्ति का यही रहस्यविमुक्त मार्ग—सीधा राजपथ—दिखाया, जैसा कि सूरदास जी ने कहा है—

काहे को रोकत मारग सूधो।
सुनि ऊधो! निर्गुन कंकट ते राजपंथ क्यों रूँधो।

इस मार्ग का बिलकुल सीधा-सादा होना ही इसकी विशेषता है। इसमें रहस्य, दुराव, छिपाव इत्यादि नहीं—न उपासक की ओर, न उपास्य की ओर।

गीता द्वारा उपासना के क्षेत्र में जिस तथ्य का प्रकाश हुआ, उसकी ओर हमारे देखने में कम ध्यान दिया गया है। कृष्ण ने कहा है कि इस जगत् में जो कुछ 'श्रीमत्' और 'ऊर्जित' दिखाई पड़े, उसमें मुझे समझो। इसका अर्थ कहाँ तक जाता है, यह विचारना चाहिए। इस वचन में इस बात का संकेत है कि उपास्य को बिलकुल परोक्ष रखकर उपासना करने की आवश्यकता नहीं। यह जगत् ब्रह्म से भिन्न नहीं है। अतः इसी में उपासना और भक्ति करने के लिए भगवान् की प्रत्यक्ष कला मिल जाएगी। आगे चलकर भागवत में हम इसी तथ्य का स्पष्टीकरण पाते हैं। ब्रज के गोप इंद्र की पूजा किया करते थे। श्रीकृष्ण ने नंद से कहा कि इससे अच्छा तो यह है कि हम इस पर्वत (गोवर्द्धन) की पूजा करें, गायों की पूजा करें, ब्राह्मणों की पूजा करें। जो साक्षात् या सीधे पालन-पोषण आदि करता दिखाई दे, वही देवता है—

तस्मात्सम्पूजयेत्कर्म स्वभावस्थः स्वकर्मकृत्।
अञ्जसा येन वर्त्तेत तदेवास्य हि दैवतम्।।
तस्माद्गवां ब्रह्मणानामद्रेश्चारभ्यतां मखः।
य इंद्रयागसम्भारास्तैरयं साध्यतां मखः।।

—भागवत 10, 24, 23-24

यही 'अंजस पूजा' साक्षात् रक्षक, साक्षात् पालक और साक्षात् रंजक की पूजा– हमारी भक्तिभावना का प्रधान लक्षण है। बिना इस 'अंजस पूजा' के हृदय का परिष्कार और शुद्धि कदापि नहीं हो सकती। यदि किसी पर्वत से, किसी नदी से, किसी वृक्ष से, किसी पशु से–प्रकृति के छोटे-बड़े किसी पदार्थ से–लोक का उपकार होता है तो उसमें जो हमारी पूज्य बुद्धि होगी वह भगवान् ही के प्रति समझनी चाहिए। जिस व्यक्ति या वस्तु से लोक का कल्याण और रंजन होता है, हमें समझना चाहिए कि उस व्यक्ति या वस्तु के रूप में भगवान् ही हमारा कल्याण और रंजन कर रहे हैं। इस प्रकार के प्रत्यक्ष रूपों के प्रति पूज्य बुद्धि हमारे धर्म की वह हृदयवृत्ति है जो उसे उन सामी (पैगंबरी) मजहबों से अलग करती है जो ऐसे प्रत्यक्ष रूपों के प्रति पूज्य भाव रखना पाप कहते हैं।

'पूजा' से आगे 'उपासना' और 'भक्ति' के लिए भी इसी 'अंजस मार्ग'– सीधे मार्ग का अवलंबन हमारे यहाँ हुआ। उपास्य को अज्ञात रखकर उपासना करने की पद्धति को, 'अविद्योपासना' की पद्धति को, हटाने का प्रयत्न तो उपनिषदों ने किया। उसी विचारसूत्र को पकड़े हुए और आगे बढ़कर भक्तिमार्ग में 'परोक्षता' का भी परिहार किया गया और प्रेमलक्षणा भक्ति के लिए भगवान् की पूर्ण प्रत्यक्ष कला के अधिष्ठान अवतार लिए गए। पाश्चात्य भक्तिमार्ग 'अज्ञात के प्रेम' के कारण शुद्ध प्रेममार्ग न रहकर 'रहस्यवाद' हो गया।

भगवान् के अवतार श्रीकृष्ण का इसी भूलोक पर एक निर्दिष्ट व्यक्तित्व है जिसके मधुर पक्ष का पूर्ण प्रकाश भागवत ने किया। श्रीकृष्ण की बाललीला और प्रेमलीला का बहुत ही स्वाभाविक और चित्ताकर्षक वर्णन उक्त पुराण में पाया जाता है। उसी निर्दिष्ट लीला को लेकर भक्त लोग प्रेममग्न हुआ करते हैं–अज्ञात की अनिर्दिष्ट भावना को लेकर नहीं। भारतीय भक्तिमार्ग (सगुण) के भक्त भगवान् को मनुष्य के जीवनक्षेत्र में रखकर उनकी प्राकृत नरलीला में–उनकी शैशव क्रीड़ा में, उनके गोचारण में, उनके वेणुवादन में–अपना हृदय रमाया करते हैं। यही उनके हृदय की स्थायी वृत्ति है; रहस्य भावना नहीं। हाँ, उनकी वृत्ति बीच-बीच में कभी रहस्योन्मुख भी हो जाती है, जैसे बालकृष्ण के मिट्टी खाने पर जब यशोदा उनका मुँह खुलवाती हैं तब उसके भीतर अखिल विश्व का प्रसार देख वे स्तंभित हो जाती हैं। इसी प्रकार रहस्योन्मुख होकर वे प्राकृत नरलीला का वर्णन करते-करते इस बात की ओर भी संकेत देते हैं कि ये वही हैं जो अव्यक्त, अनादि, अप्रमेय और त्रिगुणातीत हैं, इस त्रिगुणातीत की भावना भी जोड़ लेने से उनकी सगुण भावना में कुछ भी बाधा नहीं पड़ती। प्रेममयी गोपिकाएँ उद्धव से कहती हैं कि वे त्रिगुणातीत भी हैं, इससे क्या!

सूर इते पै गारि कहा है जो पै त्रिगुन अतीत।

पर, जैसा कि ऊपर कहा गया, यह रहस्य-कुतूहल भक्त के हृदय की स्थायी वृत्ति नहीं। इसका केवल बीच-बीच में संचरण हुआ करता है। भक्त जो अपना हृदय निछावर किए रहता है वह भगवान् की व्यक्त स्वाभाविक नरलीला पर। वह प्रकृति को, भगवान् की योगमाया को, उनसे अलग नहीं करता। भगवान् के जिस नर स्वरूप और नरलीला में भक्त अपना हृदय लीन रखता है, उसकी नित्यता उसका नित्य अभिलाष है। उस स्वरूप और लीला के नित्य अवस्थान के लिए वह गोलोक, साकेत आदि की भावना करता है। गोलोक में वही वृंदावन, वही यमुना, वही वंशीवट, वही कृष्ण, वही राधा, वही सब कुछ नित्य स्वरूप में रहता है। नित्यता की यह रहस्य भावना भी भावप्रेरित है। जो स्वरूप और जो लीला भक्त के हृदय का एकमात्र आधार है उसके बिना न तो इस पार्थिव जीवन में उसके लिए कुछ तत्व है और न पर जीवन में। उस आधार के बिना अपना कहीं होना वह एक क्षण के लिए भी नहीं सह सकता। भगवान् की उक्त नित्य लीलासृष्टि में प्रवेश ही भक्त का परम लक्ष्य है; किसी अज्ञात निर्विशेष (ऐब्सोल्यूट) दशा की प्राप्ति नहीं।

भावक्षेत्र की जो थोड़ी-बहुत रहस्य भावना ऊपर दिखाई गई वह पाश्चात्यों के रहस्यवाद (मिस्टिसिज्म) का प्रधान लक्षण नहीं है। 'रहस्यवाद' की सबसे पहली बात है अज्ञात निर्विशेष परम सत्ता के साथ समागम और संलाप, सीधे जिसके द्वारा भक्त या साधक को लोकोत्तर या पारमार्थिक ज्ञान की उपलब्धि होती है। हमारे भक्तिमार्ग में इस बात का कहीं नाम नहीं है। ज्ञानोपलब्धि का यह मार्ग हमारे यहाँ स्वीकृत ही नहीं है। रहस्यवाद का तात्विक विवेचन करनेवाले पाश्चात्य विद्वानों ने भी रहस्यमार्गी (मिस्टिक) भक्तों के कथनों में–जिन्हें लोग 'ईश्वरप्रेरित संदेश', 'रहस्य वार्त्ता', 'परोक्ष की वाणी' इत्यादि न जाने क्या-क्या कहा करते हैं–किसी प्रकार के नए ज्ञान की उपलब्धि नहीं मानी है। विलक्षण शब्दजाल को हटाकर परीक्षा करने पर उनमें धर्म और ज्ञान की वे ही सामान्य बातें पाई जाती हैं जिनके क्रमशः विकास का खुला इतिहास है।[1]

1. इट इज नाट नेसेसरी टु कंक्लूड दैट 'ऑरैक्युलर कम्युनिकेशन' आर मिस्टीरिअस इनफर्मेशन, आर आइडियाज विद नावेल्टी अब कंटेट कम ईंटू द वर्ल्ड थ्रू द सीक्रेट डोर अव मिस्टिकल ओपेनिंग्ज। 'आइडिया' ऐंड 'कम्युनिकेशंस' ऐंड 'इनफर्मेशन' प्रूव आलवेज, ह्वेन दे आर एग्जैमिंड, टु हैव ऐ हिस्टारिकल बैकग्राउंड। दे शो द मार्क्स अव ग्रूप-एक्स्पीरिएंस ऐंड दे डू नाट ड्राप रेडीमेड इंटू द वर्ल्ड फ्राम सम अदर रीजन।

–रूफस एम. जोन्स (एंसाइक्लोपीडिया अव रेलिजन ऐंड एथिक्स)

जेम्स ल्यूबा का भी यही मत है–इन ट्रैंस द इंप्रेशन अव एग्जैक्टनेस ऐंड फुलनेस अव पर्सेप्शन इज ऐन इल्यूजन। इट मंस्ट बी एंफैसाइज्ड दैट हाउएवर कन्विंसिंग द एक्स्पीरिएंस, द नेचर अव द प्रेजेंस रिमेंड एक्स्ट्रीम्ली वेग।

–द साइकोलाजी अव रेलिजस मिस्टिसिज्म।

रहस्यमार्गी भक्तों की उक्तियों में जो वैलक्षण्य या अनूठा रूपकजाल रहता है, उसका भी सांप्रदायिक कारण और इतिहास है। ईसवी सन् 604 में संत ग्रेगरी नामक एक प्रसिद्ध महात्मा हो गए हैं। उन्हें ध्यान में ईश्वर का जो साक्षात्कार होता है उसके संबंध में कहा है कि साधक ईश्वर को ठीक वैसा ही नहीं देखता जैसा वह परमार्थतः है; बल्कि उसका कनिष्ठ रूप देखता है। हमारे भीतर कल्मष का जो अंधकार रहता है वह उस शुद्ध ज्योति को ठीक-ठीक हम तक पहुँचने नहीं देता। हम उसे साफ नहीं देख सकते, वैसे ही देख सकते हैं जैसे बहुत दूर की वस्तु कुछ धुँधली-सी दिखाई पड़ती है। इसके उपरांत ईसा की बारहवीं शताब्दी में संत बरनार्ड ने यह बताया कि रहस्यमार्गी को 'हाल' या आवेश की दशा में आध्यात्मिक ज्ञान की उपलब्धि किस ढंग से होती है। उन्होंने कहा कि 'जब साधक के हृदयदेश में ईश्वर की भेजी हुई ज्योति की किरण झलक की तरह क्षणमात्र के लिए आ जाती है तब, या तो उस परम तेज की चकाचौंध कम करने के लिए अथवा उसके द्वारा प्रकाशित ज्ञान को दूसरे तक पहुँचाने योग्य बनाने के लिए, उस प्रेषित ज्ञान या तथ्य को व्यंजित करने के उपयुक्त पार्थिव जगत् का कुछ अनूठा रूपविधान (रूपक) सामने आ जाता है।' छलावा की तरह आए हुए इस रूपक को 'छायादृश्य' फैंटज्माटा कहते हैं[1]।

इसी 'छायादृश्य' के लक्षणों का अनुसरण सामी (सेमेटिक) मजहबों के भीतर चले हुए भक्ति के रहस्यमार्गों में पाया जाता है। सूफियों में इसी परंपरा का निर्वाह शराब, प्याले आदि के रूपकों में मिलता है जो एक प्रकार के प्रतीक (सिंबल्स) से हो गए हैं। निर्गुण पंथ की बानियों में—विशेषतः कबीरदास की बानी में—जो वेदांत आदि की बातों को लेकर पहेली के ढंग के रूपक बाँधने की प्रवृत्ति पाई जाती है वह भी इसी रूढ़ि का निर्वाह है। ब्लेक ने कल्पना को जो ईश्वर का दिव्य साक्षात्कार बताया उसका भी यही सांप्रदायिक मूल है। ईसाई भक्तिमार्ग के इस छायादृश्य (फैंटज्माटा) वाले सिद्धांत का प्रभाव योरप के काव्यक्षेत्र पर भी पड़ा। सन् 1885 में 'प्रतीकवादियों' (सिवालिस्ट और डिकेडेंट्स) ने कविता का जो ढंग पकड़ा था उसमें उक्त 'छायादृश्य' वाले सिद्धांत का पूरा

1. ह्वेन समथिंग फ्राम गाड हैज मोमेंटैरिली ऐंड, ऐज इट वेयर, विद द स्विफ्टनेस अव ए फ्लेश अव लाइट, शेड इट्स रे अवौन द फाइंड इन एक्स्टैसी अव स्पिरिट, इम्मीडिएट्ली, ह्वेदर फार द टेंपरिंग अव दिस टू ग्रेट रैडिएंस, आर द सेक अव इंपार्टिंग इट टु अदर्स, देयर प्रेजेंट देमसेल्व्स सर्टेन इमैजिनरी लाइकनेसेज अव लोवर थिंग्ज, सूटेड टु द मीनिंग्ज ह्विच हैव बीन इन्फ्यूज्ड फ्राम अवव, बाइ मीन्स अव ह्विच दैट मोस्ट प्योर एंड ब्रिलिऐंट रे इज इन ए मैनर शेडेड, ऐंड बोथ बिकम मोर बेयरेबुल टु द सील इटसेल्फ ऐंड मोर केपेबुल अव बीइंग कम्यूनिकेटेड।

—द साइकोलाजी अव रेलिजस मिस्टिसिज्म।

अनुसरण था। इसी से जब उक्त 'प्रतीकवाद' का ढंग बंगाल में ब्रह्मसमाज के भजनों में दिखाई दिया तब उसी 'छायादृश्य' (फैंटज्माटा) के सिद्धांत की दृष्टि से उस ढंग की रचनाओं को 'छायावाद' कहने लगे। इस वर्ग की कविताओं में साध्यवसान रूपकों का ही जो प्राचुर्य देखा जाता है, बहुत धुँधले साम्य के बल पर गृहीत तथा कुछ असंबद्धता के साथ विन्यस्त मधुर और रमणीय अप्रस्तुत रूपों के जो आभास पर आभास दिखाए जाते हैं, वे इसी छायादृश्य की-सी प्रतीति उत्पन्न करने के लिए। बंगाल से होता हुआ यह छायावाद हिंदी में भी आया है। उसके द्वारा हिंदी के काव्यक्षेत्र में दो बातों का समावेश बड़ी प्रचुरता के साथ–हद से ज्यादा भी कह सकते हैं–हुआ है–स्वप्नाभास कल्पना (फैंटेसी) का और लाक्षणिक वक्रोक्ति का।

विलियम जेम्स ने रहस्यानुभूति की दशा के लक्षण बताए हैं–

(1) अनिर्वचनीयता (इनएफेबिलिटी),
(2) ज्ञानोदय (नोएटिक क्वैलिटी),
(3) क्षणिकता (ट्रैंजेंसी) और
(4) निश्चेष्टा (पैसिविटी)।

अब यह देखिए कि भारतीय (सगुणमार्गी) भक्त की भावमग्नता में ये बातें कहाँ तक पाई जाती हैं। हम यह कह आए हैं कि भक्त की भावानुभूति की दशा वही है जिसे काव्य में रसदशा कहते हैं। हमारे यहाँ भक्तिमार्ग में भक्त के आनंद को स्पष्ट शब्दों में 'भक्ति रस' कहा है। रस की अनुभूति एक प्राकृतिक और स्वाभाविक अनुभूति है जो किसी प्रकार के उत्कृष्ट काव्य द्वारा भी हो सकती है। उसी प्रकार की अनुभूति भक्त की भी मानी गई है। पर रहस्यवादी की ईश्वर समागम वाली दशा चित्तविक्षेप के रूप में मानी जाती है, जैसी किसी भूत या देवता के सिर आने पर होती है। इस दशा पर आस्था किसी प्राचीन दशा का संस्कार है जो किसी न किसी रूप में अब तक चला चलता है। उसी के कारण जैसा भूत-प्रेत, कुलदेवता आदि का सिर पर आना वैसा ही यह ईश्वर का सिर पर आना भी समझा जाता है। हमारे यहाँ के भक्तिमार्ग में यह बिलकुल नहीं है। आज तक किसी भक्त महात्मा के सिर पर रामकृष्ण नहीं आए। हाँ, हनुमान जी अलबत कभी-कभी भक्तमंडली से उछलकर किसी-किसी के सिर आ जाया करते हैं। रसानुभूति का आनंद अनिर्वचनीय कहा गया है, अतः भक्तिरस की चरमानुभूति भी अनिर्वचनीय कही जाती है। पर इस अनिर्वचनीयता का यह अर्थ कभी नहीं समझा जाता कि किसी आलौकिक तथ्य का ज्ञान प्राप्त करना उसे

बता न सकना है। भक्ति की रसमग्नता में किसी प्रकार का ज्ञानोदय नहीं माना जाता, यह हम अच्छी तरह दिखा आए हैं। भक्तिरस की दशा के लिए आवश्यक नहीं कि वह क्षणिक ही हो। श्रवण और कीर्तन के समय की मग्नता कुछ देर तक रहती है। ध्यान में उपास्य स्वरूप का जो साक्षात्कार होगा, वह अलबत्त थोड़ी ही देर के लिए होगा। किसी भाव के रसरूप में उमड़ने पर बुद्धि और शरीर दोनों की क्रियाएँ कुछ देर के लिए रुक जाती हैं, पर यह कोई अलौकिक और अप्राकृतिक दशा नहीं। सारांश यह कि रसदशा और देवी-देवता के आवेश की दशा में कुछ बाहरी लक्षणों का साम्य देख दोनों को एक ही समझने की भूल न करनी चाहिए। भक्त भी सब सुध-बुध खोकर अपने भाव में लीन, कभी-कभी उन्मत्त और गूँगा-बहरा-सा घूमता दिखाई पड़ता है। परम बिरागी और भक्त शुकदेवजी इसी रूप में कुरुजांगल प्रदेश में घूमते हुए कहे गए हैं–

> कथमालक्षितः पौरैः सम्प्राप्तः कुरुजांगलान्।
> उन्मत्त मुकजडवद्विचरन् गजसाह्वये।।
>
> —भागवत 1-4-6

पर उनकी यह दशा देवोन्माद नहीं थी, प्रेम की रसलीनता थी।

भक्त आचार्यों में चैतन्य महाप्रभु अलबत नृत्य कीर्तन करते-करते मूर्छित होते हुए सुने जाते हैं। इसे वंगदेश का भावावेश समझना चाहिए। उस भावावेश की दशा का जो वृत्त प्रचलित हुआ उसे सूफियों के 'हाल' की दशा का स्वरूप बहुत कुछ उस समय की परिस्थिति के कारण प्राप्त हुआ। फकीरों की सिद्धि आदि के विश्वास के सहारे पठानों के समय में सूफी संस्कारों के प्रचार का बड़ा भारी आयोजन सारे उत्तरीय भारत में रहा। अजमेर, जौनपुर, झूँसी, ऊँजी, सहसराम इत्यादि में सूफी पीरों के प्रसिद्ध स्थान थे। बंगाल में 'हुसैनसाह' ने 'सत्यपीर' की उपासना चलाई थी। निर्गुण भक्तिपंथों का प्रचार इसी परिस्थिति में हुआ।

पहले कह आए हैं कि हमारे भक्तिमार्ग में जो कृष्णोपासना चली आ रही है वह भागवत दशमस्कंध के पूर्वार्द्ध में प्रकाशित बालकृष्ण और गोपियों के प्रियतम प्रेममूर्ति कृष्ण को लेकर। भागवत दशमस्कंध के उत्तरार्द्ध में जो कृष्ण चरित्र है–जिसमें रुक्मिणी, सत्यभामा इत्यादि के साथ विवाह और द्वारका में विहार तथा जरासंध वध, राजाओं के उद्धार इत्यादि का वर्णन है–वह उपासना के लिए नहीं लिखा गया। लोक और वेद के ऊपर प्रेम की प्रतिष्ठा ही कृष्णोपासक भक्तों की 'प्रेमलक्षणा भक्ति' का सिद्धांत हुआ। गोपियों का एकांत प्रेम इसी रूप में देखा गया है। उसकी कहीं किसी ओर कोई सीमा नहीं रखी

गई है। वह लोक और वेद दोनों की मर्यादाओं के परे है। श्रीकृष्ण के मधुर स्वरूप का आकर्षण ही उसका एकमात्र कारण और उस स्वरूप के अधिक से अधिक सान्निध्य का अभिलाष उसका लक्षण है। गोपियों का प्रेम दाम्पत्य प्रेम के रूप में होने के कारण अभिलषित सान्निध्य भी स्त्री-पुरुष समागम के रूप में, आलिंगन के रूप में ही वर्णन किया गया है। प्रियतम के रूप में भगवान् की भावना को 'माधुर्य भाव' और उनके प्रति प्रेमाभूति को 'मधुर रस' कहते हैं। स्त्री-पुरुष का प्रेम सबसे प्रबल और अंतर्व्यापक होता है और उसमें आलंबन के साथ सबसे अधिक गूढ़ और घनिष्ठ समागम की लालसा होती है, इससे इस 'माधुर्य भाव' का समावेश कई देशों की भक्ति पद्धति में किया गया। मीराबाई की 'माधुर्य भाव' की उपासना प्रसिद्ध ही है। इस उपासना को बड़ी भद्दी हद तक पहुँचा कर कई प्रकार के 'सखी संप्रदाय' वैष्णवों में चले। सूफियों का माधुर्य भाव प्रसिद्ध ही है। ईसाइयों के रहस्यमार्ग (भक्तिमार्ग) में भी कैथलिक संप्रदाय के बीच इस 'माधुर्य भाव' का पूरा प्रचार था और अब भी किसी न किसी रूप में है।

ईसाइयों की धर्मपुस्तक में एक जगह आया है कि 'जिस प्रकार दूल्हा दुलहिन के साथ रमण करता है, उसी प्रकार ईश्वर मुझमें रमण करे'। इसी को लेकर 'स्वर्गीय दूल्हा' (हेवेन्ली ब्राइडग्रुम) की भावना प्रवर्धित हुई। जिस प्रकार हमारे यहाँ के हठयोगियों ने मनुष्य के भीतर चक्रों, कमलों, मणिपुर इत्यादि की कल्पना की है उसी प्रकार साधक ईसाइयों ने उस स्वर्गीय दूल्हे के साथ विहार करने के लिए अंतर्देश में कई प्रकार के रंगमाला या कोठरियाँ कायम की थीं। ईसा की 12वीं शताब्दी के मध्य भाग में सेंट बरनार्ड नामक एक प्रसिद्ध भक्त या संत हो गए हैं जिन्होंने दूल्हे के 'तीसरे कक्ष' में प्रवेश का इस प्रकार वर्णन किया है–

'यद्यपि वे (ईश्वर) कई बार मेरे भीतर आए पर मैंने न जाना कि वे कब आए। आ जाने पर मुझे कभी-कभी उनकी आहट मिली है; उनके विद्यमान होने का स्मरण भी मुझे है; वे आनेवाले हैं, इसका आभास भी कभी-कभी मुझे पहले से मिला है; पर वे कब भीतर आए और कब बाहर गए इसका पता मुझे कभी न चला।' ईसाई रहस्यमार्ग (भक्तिमार्ग) में सेंट थेरेसा ईसा की 16वीं शताब्दी के अंतिम चरण में बहुत प्रसिद्ध हुई है जिन्होंने उस मार्ग की बहुत-सी पुस्तकें लिखी हैं। उन्होंने अपनी पुस्तक 'आध्यात्मिक महल' (द स्पिरिचुअल कासल) में योग की भूमियों के समान सात खंड स्थिर किए हैं, जिनमें साधक क्रमशः पहुँचता है।

दाम्पत्य वासना (सेक्जुअल इंस्टिक्ट) का भक्ति साधना में जो व्यवहार किया

गया, उसमें विशिष्ट इंद्रियाँ उत्तेजित होकर योग देती हैं या नहीं, यह प्रश्न स्वभावतः उठता है। कृष्णोपासना के क्षेत्र में यदि इस प्रश्न पर हम विचार करते हैं तो दो पक्ष मिलते हैं—लीला और ध्यानपक्ष। लीलापक्ष में तो स्पष्ट है कि गोपियाँ कामिनी के रूप में श्रीकृष्ण से प्रेम करती थीं और कामवासना की तृप्ति के रूप में ही उस प्रेम की तृप्ति प्राप्त करती और चाहती थीं। ध्यानपक्ष में यह प्रश्न उपस्थित होता है, पर उतने कठिन रूप में नहीं। जब श्रीकृष्ण और गोपिकाओं का इस भूमंडल पर प्रियतम और प्रेमिका का रूप निर्दिष्ट है, तब स्त्री यदि माधुर्य भाव से उपासना करेगी तो वह अपने को गोपिका रूप में रखकर श्रृंगार के आनंद का अनुभव काव्य की रसानुभूति के ढंग पर कर सकती हैं। पर जहाँ पुरुष उक्त भाव से ध्यान करेगा वह श्रृंगार आलंकारिक आरोप मात्र रहेगा। सूफियों और ईसाई भक्तों के माधुर्य भाव के संबंध में उक्त प्रश्न थोड़ा कठिन हो जाता है। वहाँ केवल ध्यानपक्ष है; वह भी निराकार ईश्वर का। अतः पति या दूल्हे के रूप का मूल में ही आरोप करना पड़ेगा। पुरुष उपासक के ध्यान में तो वह रूप केवल आरोपित रहेगा, पर स्त्री के ध्यान में कभी-कभी ऐसा हो सकता है कि आरोप की भावना हट जाय और वह पुरुष के आलिंगन की कल्पना के आनंद में मग्न हो जाए।[1]

यहाँ पर कृष्णोपासक भक्तों के 'माधुर्य भाव' में सूफियों तथा रहस्यमार्गी ईसाई भक्तों के 'माधुर्य भाव' में जो भेद है उसे समझ लेना चाहिए। कृष्णभक्ति मार्ग में जो कृष्ण लिए गए हैं वे वास्तव में श्रृंगार के आलंबन थे, पर पैगंबरी मजहबों के भक्तिमार्ग में खुदा को प्रियतम या माशूक का जो रूप दिया गया है; वह आरोप मात्र है—अज्ञात के प्रति रहस्यभावना या कल्पना मात्र है। सारांश यह है कि सूफियों और ईसाई भक्तों में माधुर्य भाव रहस्यवाद का एक अंग है, पर कृष्णोपासकों में वह भगवान् की विज्ञात नरलीला का एक अंग है। दूसरी बात ध्यान देने की यह है कि कृष्णोपासकों में माधुर्य भाव से उपासना सर्वत्र नहीं है—कहीं वात्सल्य भाव है, कहीं सख्य भाव, कहीं सेव्यसेवक भाव। उनमें

---

1. जेम्स एच. ल्यूबा अपनी पुस्तक द साईकोलाजी आव रेलिजस मिस्टिसिज्म में इस संबंध में लिखते हैं—जेसस आर दि वर्जिन वेयर नाट टु देम सिंपुल आइडियाज; दे ऐक्वायर्ड ऐट टाइम्स, इन पर्टिक्युलर ड्यूरिंग द ऐक्टैसी, द कंक्रीटनेस अव एक बाडिली प्रेंजेंस।... ईविन द मोस्ट चेस्ट थाट्स अव लव, दोज अव द मदर फार हर इनफंट ऐंड द प्रेसिंग अव इट टु हर ब्रेस्ट, अवेकेन द ऐक्टिविटि अव द सेक्जुअल आर्गेनिज्म।..

दे आल्सो मे अपौन गाड आर द वर्जि ए स्टार्मी डिमैंड फार लव; दे आल्सो विश टु बी लवर्स और मिस्ट्रेंज; ऐंड ईविन दो दे हैव नो थाट् अदर दैन दैट अव एन आइडियल प्लैटानिक लव्स, नेवरदलेस देयर सेक्सजुअल आर्गेनिज्म पार्टिसिपेट्स इन द इंटरकोर्स।

श्रवण, कीर्तन और ध्यान में जो मधुर रस है वह लीला रस है। अर्थात् भक्त लोग राधाकृष्ण के परस्पर प्रेम की भावना द्वारा मधुर रस में लीन होते हैं—ठीक उसी प्रकार जैसे किसी काव्य में नायक नायिका के प्रेम व्यापार को पढ़-सुनकर पाठक या श्रोता शृंगार रस में मग्न होता है।

भारतीय भक्ति का जो शुद्ध स्वरूप हम निरूपित कर आए हैं और उसके विकास का जो संक्षिप्त विवरण दे चुके हैं, उससे स्पष्ट हो गया होगा कि भारतीय भक्तिमार्ग को 'रहस्यवाद' कहना ठीक नहीं। भाव की उपलब्धि और उत्कर्ष के लिए यत्र-तत्र उसमें रहस्य भावना का उपयोग होता आया है; पर 'रहस्य' उसकी कोई स्थाई वृत्ति या नित्य लक्षण नहीं है। जिसमें ज्ञानोपलब्धि के साधन के रूप में रहस्य का समावेश न हो, वह मार्ग 'रहस्यवाद' नहीं कहला सकता। हमारे यहाँ रहस्यवाद योग है जिससे भक्तिमार्ग अलग है। कुछ सगुणमार्गी संप्रदायों ने जो प्राणायाम या श्वास की कुछ साधना ध्यान और जप के लिए इधर-उधर ले ली है, वह एक ऊपरी वस्तु है। भक्ति की साधना की वही शुद्ध, मुख्य और प्राचीन पद्धति है जिसे 'नवधा' (श्रवण, कीर्तन इत्यादि) भक्ति कहते हैं। इनमें से श्रवण और कीर्तन भक्ति की प्राप्ति, भक्ति के दृढ़ीकरण और भक्ति के प्रचार, तीनों के साधन हैं।

यह हम कह चुके हैं कि हमारे यहाँ का भक्तिमार्ग भगवान् को अनंत शक्ति, शील और सौंदर्य के अधिष्ठान रूप में इसी जगत् के व्यवहार के बीच रखकर चला है। अतः अत्यंत अंतर्व्यापक और गहरे प्रेमवाली भक्ति के लिए राम और कृष्ण ये दो मुख्य अवतार ही लिए गए हैं। रामोपासक भक्त संप्रदाय तो उक्त तीनों विभूतियों—शक्ति, शील, सौंदर्य—से समन्वित 'राम' में अपने हृदय को लीन करते आए हैं। पर भागवत के पीछे जो बहुत-से कृष्णोपासक संप्रदाय चले उन्होंने वात्सल्य और शृंगार के आलंबन रूप में ही श्रीकृष्ण को लिया है। श्रीकृष्ण की गोपिकावल्लभ प्रेममूर्ति ही प्रेमाराधन के उपयुक्त उन्हें दिखाई पड़ी है। यद्यपि राम के समान कृष्ण भी लोककंटक अत्याचारियों का पराभव कर धर्म की शक्ति और सौंदर्य का प्रकाश करने के लिए नर रूप में आविर्भूत कहे गए हैं पर कृष्णोपासक भक्तों ने इस लोकपक्ष को छोड़ दिया है। महाभारत में जो दिव्य शक्ति भारत के सबसे प्रतापी और अत्याचारी सम्राट् जरासंध को लोकमार्ग से हटाती है, अधर्म में रत कौरवों के पराभव द्वारा धर्म की विजयघोषणा करती है—सुख-वैभव के रंग में रँगी अधर्म की लीक मिटाकर धर्म की जगमगाती गहरी लीक खींचती दिखाई पड़ती है—उस दिव्य शक्ति के रूप में श्रीकृष्ण भक्तों के हृदय में नहीं प्रतिष्ठित किए गए। भागवत कृष्णोपासक भक्तों का सर्वमान्य ग्रंथ है, जिसके दशम स्कंध में

श्रीकृष्ण का चरित बड़े विस्तार के साथ वर्णित है। पर श्रवण और कीर्तन के लिए दशम स्कंध के पूर्वार्ध ही की, अर्थात् ब्रज के भीतर ही की, लीला ली गई है। कृष्णोपासक भक्त और कवि कुछ तो कृष्ण की बाललीला, पर अधिकतर गोपियों के साथ उनकी प्रेमलीला का वर्णन करते पाए जाते हैं। तात्पर्य यह कि भगवान् के रक्षक, पालक और रंजक रूपों में से उन्होंने रंजक रूप ही छाँट लिया है। पर रामोपासक भक्तों का हृदय भगवान् के तीनों रूपों की ओर आकर्षित रहता है। अतः आगे हम भारतीय भक्ति के संबंध में जो कुछ कहेंगे, वह उनके सामान्य स्वरूप को सामने रखकर कहेंगे।

वैष्णव भक्तिमार्ग में सबसे पहली बात ध्यान देने की यह है कि उसमें राम और कृष्ण उपदेशक के रूप में कहीं नहीं लिए गए हैं। कृष्ण भगवान् ने गीता का परमोपदेश किया पर भक्तों के कृष्ण गीता का उपदेश देनेवाले कृष्ण नहीं हैं। इसी प्रकार राम भी कोई शब्दसंदेश देनेवाले नहीं माने जाते। यद्यपि कुछ लोग ईसा, मूसा, कनफूची, जरतुश्त, बुद्ध इत्यादि के वर्ग में इन्हें रखकर देखा करते हैं, पर ये वहाँ बिल्कुल बेमेल पड़ते हैं। भागवत में जो 24 अवतार गिनाए गए हैं उनमें अलबत कुछ उपदेशक अवतार हैं—जैसे कपिल, ऋषभ, बुद्ध। पर दस अवतारों में जिनकी ब्रह्मबुद्धि से उपासना चली वे राम और कृष्ण शब्दोपदेष्टा के रूप में हृदय के सम्मुख नहीं लाए गए हैं, बल्कि जीवन के प्रत्येक पक्ष में सौंदर्य और मंगल की ज्योति जगानेवाली भगवत्कला के रूप में लाए गए हैं। इन अवतारों में शक्ति, शील और सौंदर्य तीनों की चरम अभिव्यक्ति एक साथ समन्वित होकर मनुष्य के संपूर्ण हृदय को—उसके किसी एक ही पक्ष को नहीं—आकर्षित कर लेती है। सारांश यह कि ये लोकव्यवहार के भीतर दिखाए गए हैं; उसके बाहर खड़े होकर उपदेश देते हुए नहीं। मनुष्य का इस जगत् के साथ जो अनेक रूपात्मक संबंध है, उस संबंध को भगवत्संबंध के रूप में प्रकाशित करने के लिए ये अवतार पृथ्वी पर आए हैं। माता-पिता जिस प्रेम से बालक की रक्षा और पालन करते हैं, पति-पत्नी जिस प्रेम से एक दूसरे को अनुरंजित करते हैं, भाई-भाई जिस प्रेम की प्रेरणा से एक दूसरे को सहारा देते हैं, जिस करुणा से प्राणियों की रक्षा की जाती है, जिस क्रोध से जन-समाज को पीड़ित करते हुए आततायियों और अत्याचारियों का दमन किया जाता है वह प्रेम, वह करुणा, वह क्रोध भगवान् का प्रेम, भगवान् की करुणा और भगवान् का क्रोध है।

जिस प्रकार भारतीय (सगुणमार्गी) भक्तों के उपास्य उपदेशक नहीं, उसी प्रकार भक्त भी उपदेशक नहीं। इनके उपास्यों ने लोक व्यापार में मग्न होकर जो मंगलज्योति उसके भीतर जगाई, उसकी दीप्ति और माधुर्य का अनेक रूपों में

साक्षात्कार करके मुग्ध होना और मुग्ध करना ही इन भक्तों का प्रधान व्यवसाय है। इनका शस्त्र भी मानव हृदय है और लक्ष्य भी। भक्ति को मैं धर्म का हृदय कह आया हूँ। जिसके हृदय में भक्ति की प्रतिष्ठा हो गई उसका हृदय धर्म का हृदय हो गया। इस हृदय को लेकर भक्त हृदय को ही स्पर्श करना चाहता है। उपदेश द्वारा 'वाक्य ज्ञान' कराने की प्रवृत्ति उसका लक्षण नहीं। कोरे उपदेशों का ग्रहण ऊपर ही ऊपर से होता है। वे न तो हृदय के मर्म को ही भेद सकते हैं, न बुद्धि की कसौटी पर स्थिर भाव से जमे रह सकते हैं। हृदय तो उनकी ओर मुड़ता ही नहीं और बुद्धि उनको लेकर अनेक दार्शनिक वादों के बीच जा उलझती है। अतः भक्त केवल हृदय के सहारे अपनी सत्ता को मंगलविधायिनी सत्ता में परिणत करता है और दूसरों के हृदय पर प्रभाव डालकर उन्हें कल्याण मार्ग की ओर आकर्षित करता है। वह धर्म की ओर लोगों को आकर्षित करता है; लाठी लेकर हाँकता नहीं। वह धर्मसौंदर्य की छटा दिखाकर मुग्ध करता है, औचित्य-अनौचित्य की बातें कहकर कायल नहीं करता। 'पाप' और 'पुण्य' शब्द भक्तिमार्ग के नहीं हैं—धर्म के शासन और शास्त्र पक्ष के हैं। भक्ति धर्म का हृदय है। उसमें 'रुचिर' और 'घृणित' ये ही दो विरुद्ध भावनाएँ हैं।

भक्त धर्म के शासन पक्ष और शास्त्र पक्ष का अवलंबन न करके उसके हृदय पक्ष का अवलंबन करता है, वह धर्म के भय का प्रचार नहीं करता; धर्म की उपयोगिता का प्रचार नहीं करता, भक्ति का प्रचार करता है जिससे हृदय धर्ममय हो जाता है। प्रसिद्ध मनोविज्ञानवेत्ता शैंड ने अपनी पुस्तक 'शील का आधार' (फाउंडेशन अव कैरेक्टर) में यह अच्छी तरह सिद्ध कर दिया है कि शील का मूल स्थान भावात्मक हृदय है; निश्चयात्मिका बुद्धि नहीं। व्यक्ति की व्यवहार पद्धति जब प्रकृतिस्थ हो जाती है तब शील कहलाती है। जिस व्यवहार से दूसरे को किसी प्रकार की पीड़ा या कष्ट न पहुँचे, जिस व्यवहार से किसी की पीड़ा या कष्ट दूर हो, जिस व्यवहार से लोगों के सुख और संतोष की वृद्धि हो, वह उत्तम शील या सुशीलता के अंतर्गत माना जाता है। ऐसा व्यवहार जब तक व्यवहार करनेवाले को रुचिकर और आनंदप्रद न होगा तब तक वह प्रकृतिस्थ नहीं कहा जा सकता। कोई बात रुचिकर या आनंदप्रद हृदय को होती है। भक्त हृदय को ही जगाता है। जगाने की पद्धति बहुत सीधी है। भक्त भगवान् के पालक, रक्षक और रंजक रूप को जीवन के ऐसे स्थलों के भीतर रखकर दिखाता है, जहाँ उसका सौंदर्य फूट पड़ता है। भगवान की अनंत शक्ति और अपार सौंदर्य के योग में उनके अनंत शील की जो मधुधारा प्रवाहित होती है वह प्रकृति को मधुर कर देती है। जब तक इस मधुधारा का संचार नहीं होता तब तक प्रकृति की कटुता

नहीं जाती। इसी से गोस्वामी तुलसीदास जी ने कहा है—

> सूर, सुजान, सपूत, सुलच्छन, गनियत गुन गुरुआई।
> बिनु हरिभजन इँदारुन के फल, तजत नहीं करुआई।।

उपास्य के सान्निध्य की जो प्रबल लालसा बराबर बनी रहती है वही भक्त को भगवान् के रक्षक, पालक और रंजक रूप के मेल में अपनी सत्ता ले आने की छिपी प्रेरणा करती रहती है। इसी दिव्य प्रेरणा के प्रभाव से कर्मक्षेत्र के भीतर भक्त की जीवनयात्रा मंगलविधायिनी धारा के रूप में हो जाती है। इस प्रकृतिमाधुर्य या सुशीलता को तुलसीदासजी ने भक्ति के उदय का लक्षण बताया है।

जिन मनोविकारों या भावों के बल से भक्त के शरीर से सारे शील धर्म का पालन अनायास—बिना उसकी ओर ध्यान गए कि क्या शील है, क्या धर्म है—होता जाता है, वे 'प्रेम' और 'करुणा' हैं। करुणा की प्रेरणा से रक्षा की ओर प्रवृत्ति होती है; प्रेम की प्रेरणा से पालन और रंजन की ओर। ये दोनों वृत्तियाँ प्रत्येक मनुष्य में थोड़ी-बहुत होती हैं। रक्षक, पालक और रंजक भगवान् की लीला के श्रवण और कीर्तन से ये वृत्तियाँ उद्‌बुद्ध, उद्दीप्त और परिपुष्ट होती चली जाती हैं। इस प्रकार ये जितनी ही परिपुष्ट होंगी, इनके प्रवर्तन का क्षेत्र उतना ही विस्तृत और व्यापक होता जाएगा। इस पुष्टि को प्राप्त करके यदि भक्त संसार से अलग रहा तो कहना चाहिए कि उसने आत्मनिवेदन नहीं किया, अपना जीवन भगवान् को अर्पित नहीं किया। मैं इस पुष्टि को जीवन यज्ञ के अनुष्ठान के लिए समझता हूँ। इस यज्ञ के पूर्ण होने पर ही भक्त की सत्ता भगवान की सत्ता में लीन होती दिखाई पड़ती है। सगुणमार्गी भक्त के लिए भगवान् की ओर ले जानेवाला रास्ता इसी संसार के बीच से होकर जाता है।

भारतीय भक्तिमार्ग के सर्वसाधारण में प्रचार की व्यवस्था (प्रोपगैंडा) श्रवण और कीर्तन द्वारा ही सदा से रही है; उपदेश, तर्क या वादविवाद द्वारा नहीं। 'कीर्तन' को 'बंदन' या 'स्तवन' से भिन्न समझना चाहिए। बंदन या स्तवन व्यक्तिगत वस्तु है। वह उस 'पूजा' का अंग है जो व्यक्ति केवल अपनी ओर से और अपने लिए करता है, पर कीर्तन का संबंध जनसमुदाय की मर्मानुभूति (ग्रूप एक्स्पीरिएंस) से होता है। कीर्तन भगवान् के अनंत सौंदर्य, अनंत शक्ति और अखंड शील की सर्वसाधारण के बीच रसमयी घोषणा है। कीर्तन द्वारा भक्तिरस का संचार सहस्रों नर-नारियों में एक साथ होता है। किसी भजन मंडली के चारों ओर बैठे सैकड़ों मनुष्य भक्तिरस में झूमते पाए जाते हैं। किसी कथावाचक के मुँह से कोई मार्मिक प्रसंग सुनकर सहस्रों श्रोता भीतर-बाहर की सब सुध भूल रसमग्न हो जाते हैं।

भक्ति के द्वारा जिस शील या धर्म की अनायास संप्राप्ति की बात ऊपर कही गई है वह 'साधारण धर्म' है—मनुष्य का मनुष्य के प्रति या अन्य प्राणियों के प्रति सामान्यतः जो धर्म होना चाहिए वह धर्म है। विशेष धर्मों का—जैसे, लोकधर्म, कुलधर्म, गृहधर्म, आश्रमधर्म—भक्तिमार्ग में क्या स्थान है, इसका कुछ विचार कर लेना चाहिए। पहली बात तो भक्ति के अधिकार की है। जहाँ तक इस अधिकार का संबंध है वहाँ तक तो वर्ण, आश्रम, जाति-पाँति आदि का कुछ भी प्रतिबंध नहीं है। भक्ति में नीच-ऊँच, छोटे-बड़े, बालक-वृद्ध इत्यादि का कोई भेद नहीं है, जैसा कि इस पुरानी कहावत से प्रकट है—

जाति पाँति पूछे नहिं कोई।
हरि को भजै से हरि को होई।।

जिसमें जितनी ही भक्ति हो वह उतना ही श्रेष्ठ कहा जाएगा—चाहे वह गृहस्थ हो चाहे संन्यासी, चाहे नीच जाति का हो चाहे ऊँची जाति का। भक्ति के व्यवहार क्षेत्र में तो यही स्थिति सगुण, निर्गुण, रामोपासक, कृष्णोपासक सब संप्रदायों की है। भक्ति के अधिकारी मनुष्यमात्र हैं। यहाँ तक तो कोई मतभेद या झगड़ा नहीं। भारतीय जनता का भी यही भाव चला आ रहा है। भक्त के वेश में चांडाल भी दरवाजे पर आता है तो उसका वैसा ही आदर होता है, जैसा ब्राह्मण पंडित का।

भक्ति के व्यवहार क्षेत्र के बाहर यह प्रश्न टेढ़ा हो जाता है। वहाँ यह इस जटिल रूप में आता है, कि क्या भक्त को कर्ममार्ग और ज्ञानमार्ग की सत्ता ही न माननी चाहिए। अपना सब कुछ त्यागकर लोकहित में तत्पर रहनेवाले कर्मवीर, ज्ञान-विज्ञान की उन्नति में रत विद्वान् या तत्वचिंतक, अपने पराक्रम से अत्याचारियों और लोकपीड़कों का दमन करनेवाले राजा क्या भक्तों के सम्मान के पात्र नहीं? अपने यहाँ की भक्ति के मूल और शुद्ध स्वरूप की दृष्टि से तो वे पूर्ण रूप से भक्त के सम्मान और पूजा के पात्र हैं। गीता में जिस कर्म-ज्ञान-समन्वित भक्ति का प्रतिपादन है, उसके अनुसार यही सम्यक् दृष्टि है। गीता में भगवान् ने स्पष्ट कहा है कि किसी शुभ गुण का—चाहे वह शील हो या सौंदर्य, चाहे शक्ति या पराक्रम हो, चाहे ज्ञान या बुद्धि—जहाँ पूर्ण उत्कर्ष दिखाई पड़े वहाँ मेरी विशेष कला समझना। इस विशेष कला के सम्मुख सिर झुकाना सच्ची भक्ति का एक अंग है। इस सिर झुकाने से भक्त की अनतता में किसी प्रकार की बाधा नहीं पड़ती। यह सिर झुकाना शरणागत की दीनता नहीं है। यह श्रद्धा और सम्मान का भाव है जिसका सबसे उत्तम आश्रय भक्त का अहंभावशून्य हृदय है। जो भगवान्

की उपासना पालक, रक्षक और रंजक के रूप में करता है वह पालन, रक्षण और रंजन में एकाग्रचित्त से रत महात्माओं की उपेक्षा कैसे कर सकता है?

शुद्ध भारतीय भक्तिमार्ग का अनुयायी जिस प्रकार ज्ञानमार्ग में अड़ंगा लगाने नहीं जाता है, उसी प्रकार कर्मयोग के भीतर भी अपनी व्यवस्था चलाने नहीं दौड़ता। कर्ममार्ग से मेरा अभिप्राय केवल यज्ञयागादि से नहीं है; बल्कि मन, वचन और कर्म की उस प्रवृत्ति से है जिसके द्वारा लोक का परिचालन होता है—जिसके द्वारा परस्पर भिन्न और विरुद्ध प्रकृतियों के प्राणी समाजबद्ध होकर रहते हैं। माता-पिता, आचार्य, विद्याव्रती, वीरव्रती, दानव्रती के प्रति मन में श्रद्धा, वचन में नम्रता और कर्म में अनुकूलता सत्वस्थ प्रकृति का विधान है। जगत् भिन्नगुणात्मक है और भिन्नगुणात्मक रहेगा। इस दशा में लोकधर्म का प्रवर्तन इसी रूप में हो सकता है कि 'सत्त्व' ऐसी प्रधानता प्राप्त करे कि शेष गुण उसके अधीन होकर उसी के लक्ष्य की पूर्ति करें। अतः शील की व्यक्तिगत या एकांत साधना से लोकधर्म का स्वरूप कभी-कभी बिल्कुल भिन्न होता है। यदि हम पर कोई प्रहार या गालियों की बौछार करे तो क्षमा द्वारा शील की एकांत साधना समीचीन होगी, पर यदि हमारे सामने कोई अत्यंत क्रूर और निष्ठुर अत्याचारी किसी दीन या असहाय को पीड़ित कर रहा है तो बलपूर्वक उस अत्याचारी को रोकना और यदि आवश्यक हो तो उसे आघात द्वारा असमर्थ करना लोकधर्म होगा। इसी प्रकार राजा-प्रजा, सेनापति-सैनिक, अफसर-मातहत, मूर्ख-पंडित इत्यादि के बीच जो पारस्परिक विशेष धर्म हैं, वे भी लोकधर्म के अंतर्गत हैं।

भक्त की सम्यक् दृष्टि वही कही जा सकती है जिसके सामने अंतर्मुख शीलसाधना और बहिर्मुख लोकधर्मपालन के बीच तथा 'साधारण धर्म' और 'विशेष धर्म' के बीच सामंजस्य स्पष्ट हो। हमारे भक्तिमार्ग की सौंदर्य भावना में लोकधर्म का सौंदर्य भी सम्मिलित है। इसी से उसके भीतर पंडितों और विद्वानों की निंदा, कर्मवीरों और लोकरक्षकों की अवज्ञा, अपनी सिद्धि और महत्ता के प्रचार की चेष्टा, उस चेष्टा में बाधक सामाजिक व्यवस्था से विद्वेष की प्रवृत्ति नहीं पाई जाती। लोकधर्म के साथ ही यही सामंजस्य भारतीय पद्धति के भक्तों की एक ऐसी पहचान है जो उन्हें विदेशी पद्धति के निर्गुण भक्तों से अलग करती है। यह भेद तुलसी, सूर, नंददास, हित हरिवंश इत्यादि भक्तों की रचनाओं को कबीर, दादू, मलूकदास इत्यादि की बानियों के साथ मिलाने से स्पष्ट हो जाता है।

जो अपने यहाँ की भक्ति के स्वरूप को समझनेवाले पढ़े-लिखे, शास्त्रज्ञ, सच्ची भावनावाले भक्त थे वे तो अपने शुद्ध सरलभाव में स्थित रहे, पर सधुक्कड़ भक्तों का जो बड़ा भारी समुदाय धीरे-धीरे सगुण मार्ग के भीतर खड़ा हुआ और

बढ़ता गया उसमें कुछ प्रवृत्तियाँ निर्गुणपंथियों की भी आ गईं। भक्तों की अलौकिक विभूतियाँ प्रकट करने, उनके माहात्म्य का प्रचार करने, तत्वदर्शी विद्वानों और पंडितों से उन्हें कहीं अधिक पूजार्ह बनाने का प्रयत्न उसमें भी दिखाई पड़ा। 'भक्तमाल' इसी प्रकार के प्रयत्न का फल है। उसमें उपर्युक्त सामंजस्य का भाव जो भारतीय भक्ति का प्रधान लक्षण है, नीचे दब गया है। इस प्रकार की पुस्तकों को मैं 'भंडारा' करनेवाले और भूमंडल पर सुख-स्वच्छंदता के साथ विचरनेवाले साधुओं का 'प्रोपगैंडा' मात्र समझता हूँ।

भारतीय भक्तिमार्ग के विकास और उसके स्वरूप का इतना निरूपण हमारे प्रयोजन के लिए बहुत है। श्रीमद्भागवत के आविर्भाव के उपरांत भक्ति ने जो बाह्य और आभ्यंतर स्वरूप प्राप्त किया, उसके प्रवर्तकों में चार मुख्य आचार्य दिखाई पड़ते हैं—रामानुज, मध्व, निंबार्क और वल्लभ। इन सब आचार्यों का सामान्य प्रयत्न शंकराचार्य के मायावाद अर्थात् जगत् के मिथ्यात्व का प्रतिषेध था। यह कहा जा चुका है कि ये आचार्य भावुक तत्ववेत्ता थे। ये भक्त और दार्शनिक दोनों थे। इन्होंने उपनिषद् और ब्रह्मसूत्र के चिंतन द्वारा ब्रह्म के स्वरूप का बोध प्राप्त करके अपनी-अपनी रुचि और भावना के अनुसार उपासना की पद्धतियाँ चलाई हैं। सूरदासजी ने वल्लभाचार्यजी के शिष्य होकर ही भगवान् की लीला का कीर्तन किया है। इससे अगले प्रकरण में उक्त आचार्य तथा उनके सिद्धांतों का संक्षिप्त परिचय दिया जाएगा।

श्रीवल्लभाचार्य

वल्लभाचार्यजी का जन्म वैशाख कृष्ण 11 संवत् 1535 में रायपुर के पास चंपारण्य नामक स्थान में हुआ। उनके पिता का नाम लक्ष्मण भट्ट और माता का एल्लम्मागारु था। वे तैलंग ब्राह्मण थे और उनके कुल में गोपालरूप में श्रीकृष्ण की उपासना चली आती थी। संभवतः वे विष्णुस्वामी संप्रदाय के अनुयायी थे। वल्लभाचार्यजी ने अपने पिता के साथ काशी में रहकर वेद, वेदांग, दर्शन इत्यादि का अध्ययन किया। उनकी अवस्था बहुत नहीं थी कि उनके पिता लक्ष्मण भट्ट का देहांत हो गया। इसके उपरांत उन्हें मध्व, रामानुज, निंबार्क आदि के सांप्रदायिक तत्वों के पूर्ण रूप से अनुशीलन की उत्कंठा हुई और वे दक्षिण की ओर गए। वहाँ उस समय विजयनगर का हिंदू साम्राज्य बहुत समृद्ध दशा में था। कृष्णदेव राय उसके शासक थे। वे पूर्ण वैष्णव थे। जिन दिनों वल्लभाचार्यजी वहाँ पहुँचे उन दिनों राजधानी में बड़े समारोह के साथ भारतवर्ष के सब संप्रदायों के विद्वानों की महासभा हो रही थी और शास्त्रार्थ चल रहा था। वल्लभ जिस समय उस सभा में गए उस समय द्वैतवादी माध्व संप्रदाय के अनुयायी व्यासतीर्थ और शंकरमतानुयायी अद्वैतवादियों से वाद छिड़ा हुआ था। वल्लभाचार्य ने जाकर जब अपने शुद्धाद्वैत का प्रतिपादन किया तब सब लोग उनकी प्रकांड विद्वता और प्रबल युक्तियों पर मुग्ध हो गए और सबने उन्हें एक बड़ा आचार्य माना। महाराज ने उनका बड़ा सम्मान किया और कनकाभिषेक करके सौ मन सोना इन्हें देना चाहा, पर वे अस्वीकार करके चले गए।

काशी में शंकरमतानुयायी अद्वैतवादी विद्वानों के सामने आचार्यजी का वाद-विवाद चलता रहा। अंत में उन्होंने स्वपक्षप्रतिपादक एक गद्यपद्यमय प्रबंध विश्वनाथजी के मंदिर के द्वार पर यह लिखकर लटका दिया कि जिसे खंडन करना हो करे। इस पर बहुत विरोध बढ़ा और वल्लभाचार्यजी काशी छोड़कर गंगा के उस पार अड़ेल नामक स्थान पर चले गए। वहाँ पर उन्होंने बहुत-से ग्रंथों का प्रणयन किया। बंग देश के प्रसिद्ध वैष्णव महात्मा श्री चैतन्य महाप्रभु तथा निंबार्क संप्रदाय के प्रसिद्ध विद्वान् केशव काश्मीरी के साथ उनका समागम होने पर परस्पर बहुत स्नेह

स्थापित हो गया। केशव काश्मीरी ने वल्लभाचार्यजी से भागवत की कथा सुनी और दक्षिणा में अपने शिष्य माधव भट्ट काश्मीरी को उन्हें भेंट किया। माधव भट्ट आचार्यजी के बड़े भारी भक्त थे और अड़ेल में लेखक और सहायक का काम करते थे। जैसा कि ऊपर कहा जा चुका है, अड़ेल में ही आचार्यजी के अधिकतर ग्रंथ लिखे गए।

वल्लभाचार्यजी के मुख्य ग्रंथ ये हैं—(1) पूर्वमीमांसा भाष्य, (2) उत्तरमीमांसा या ब्रह्मसूत्र भाष्य जो अणुभाष्य के नाम से प्रसिद्ध है। यह इनके शुद्धाद्वैतवाद का प्रतिपादक प्रधान ग्रंथ है, (3) श्रीमद्‌भागवत की सूक्ष्म टीका और सुबोधिनी टीका, (4) तत्वदीप निबंध तथा (5) सोलह छोटे-बड़े प्रकरण ग्रंथ। इनमें से पूर्वमीमांसा भाष्य का बहुत थोड़ा-सा अंश मिलता है। अणुभाष्य आचार्यजी पूरा नहीं कर सके थे। अंत के डेढ़ अध्याय उनके पुत्र गोसाईं विट्ठलनाथजी ने लिखकर ग्रंथ पूर्ण किया था। भागवत की सूक्ष्म टीका नहीं मिलती, लुप्तप्राय है। सुबोधिनी टीका भी प्रथम, द्वितीय, तृतीय और दशम स्कंधों की ही मिलती है। प्रकरण ग्रंथों में से 'पुष्टिप्रवाह मर्यादा' नाम की पुस्तक श्रीमूलचंद तुलसीदास तेलीवाला बी॰ ए॰, एल-एल॰ बी॰ ने संपादित करके प्रकाशित कराई है।

आचार्यजी के जीवन का अंतिम भाग अड़ेल में ही अधिकतर व्यतीत हुआ। यहाँ वे कृष्णप्रेम में उसी प्रकार लीन रहते थे जिस प्रकार गोपियाँ रहती थीं। अन्य आचार्यों के समान वल्लभाचार्यजी के संबंध में भी प्रसिद्ध है कि ये दिग्विजय के लिए कई बार निकले और भारतवर्ष के प्रसिद्ध-प्रसिद्ध स्थानों में जाकर शास्त्रार्थ किया। ब्रज की यात्रा इन्होंने कई बार की। कहते हैं कि गोवर्धन पर्वत पर देव-दमन या श्रीनाथजी की मूर्ति प्रकट हुई जिसने उन्हें स्वप्न दिया कि 'यहाँ मंदिर बनाकर मेरी प्रतिष्ठा करो और पुष्टिमार्ग का प्रचार करो।' गोवर्धन पर जाकर वल्लभाचार्यजी ने श्रीनाथजी की मूर्ति का दर्शन किया। पूरनमल खत्री ने वहाँ बड़ा भारी मंदिर बनवाया जिसमें श्रीनाथजी की मूर्ति की प्रतिष्ठा की गई। आचार्यजी चतुर्मास यहीं बिताया करते थे। यहीं पर उन्होंने 'सेवामार्ग' की नवीन व्यवस्था की और बड़ी सजावट, भोगराग और धूमधाम के साथ भगवान् की पूजा करने की पद्धति चलाई। 52 वर्ष की अवस्था में वल्लभाचार्यजी संन्यास लेकर काशी आए और एक मास का निराहार व्रत रहकर आषाढ़ शुक्ल 2 संवत् 1587 में शरीर त्याग किया।

आचार्यजी का विवाह हुआ था। इनकी स्त्री का नाम महालक्ष्मी था। उस विवाह से इन्हें दो पुत्र हुए थे—गोपीनाथ और विट्ठलेश्वर। गोपीनाथजी के पुत्र पुरुषोत्तम हुए जिनकी वंशपरंपरा नहीं चली। विट्ठलेश्वर के सात पुत्र हुए। वर्तमान समय के वल्लभ परंपरा के जो महाराज या गोस्वामी भिन्न-भिन्न स्थानों के अधिकारी

हैं, वे सब विट्ठलेश्वर के वंश में हैं। ब्रज में ये ही विट्ठलेश्वर गोसाईं विट्ठलनाथजी के नाम से प्रसिद्ध थे। इनके समय में संप्रदाय का प्रचार और प्रभाव बहुत कुछ बढ़ा। टोडरमल, बीरबल, राय पुरुषोत्तम ऐसे लोग गोसाईं जी के भक्तों में थे। अकबर ने भी गोकुल और जतीपुर नामक गाँव गद्दी को प्रदान किए थे।

वल्लभाचार्यजी के दार्शनिक सिद्धांत का थोड़ा दिग्दर्शन आवश्यक प्रतीत होता है। यह कहा जा चुका है कि वल्लभाचार्यजी विष्णुस्वामी के सिद्धांत के अनुयायी थे जिसका सम्यक् प्रतिपादन उन्होंने अपने अणुभाष्य आदि ग्रंथों द्वारा किया। विष्णुस्वामी एक द्रविड़ राजा के मंत्री के पुत्र थे। नाभाजी ने अपने भक्तमाल में विष्णुस्वामी की शिष्यपरंपरा में चार नाम दिए हैं—ज्ञानदेव, नामदेव, त्रिलोचन और वल्लभ। विष्णुस्वामी के दार्शनिक सिद्धांत का पूर्णतया निरूपण वल्लभाचार्यजी ने किया, अतः यह उन्हीं का सिद्धांत कहा जाता है। यह सूचित किया जा चुका है कि रामानुज से लेकर वल्लभाचार्य तक जितने भक्त दार्शनिक या आचार्य हुए हैं, सबका लक्ष्य शंकराचार्य के मायावाद या विवर्तवाद को हटाने का था जिसके भीतर उपासना या भक्ति अविद्या या भ्रांति ही ठहरती थी। 'भक्ति का विकास' नामक प्रकरण में यह दिखाया जा चुका है कि उपनिषद् के ज्ञानकांड में ब्रह्म के स्वरूप का कथन कई ढंग का है—कहीं ब्रह्म 'अशब्द, अस्पर्श, अरूप, अरस, अगंध, अदृश्य, अग्राह्य' अर्थात् निर्गुण और अव्यक्त कहा गया है और कहीं 'सर्वकर्मा, सर्वकाम, सर्वरस, सर्वज्ञ, सर्वशक्तिमान् अर्थात सगुण और सर्वरूप'। इसके अतिरिक्त बहुत जगह वह उभयात्मक कहा गया है।

शंकराचार्यजी ने निर्गुण और अव्यक्त को ही ब्रह्मलक्षण स्वीकार करके इस निरंतर बदलते रहनेवाले नामरूपात्मक जगत् को ब्रह्म की सत्ता से भिन्न केवल भ्रांत प्रतीति या माया कहा। जगत् की वास्तव सत्ता न होते हुए भी मन की जिस वृत्ति द्वारा उसकी सत्ता की प्रतीति होती है, शंकर के अद्वैतवाद में वह विवर्त कही गई है। सर्प न होने पर भी रस्सी में उसके होने की जो मिथ्या प्रतीति होती है, वह विवर्त के कारण। इस विवर्तवाद की प्रतिष्ठा शंकर ने परिणामवाद के प्रतिषेध में की है। उनका कहना है कि ब्रह्म का पारमार्थिक स्वरूप नित्य, एकरस और अविकारी है, उसका परिणाम या विकार (एक रूप से दूसरे रूप को प्राप्त होना) हो नहीं सकता। अतः ब्रह्म जगत् का उपादान कारण नहीं हो सकता। इसी प्रकार ब्रह्म सर्वकामनारहित, नित्य शुद्धबुद्ध मुक्त होकर निमित्त कारण भी नहीं हो सकता। ब्रह्म न कर्ता है न भोक्ता। शंकराचार्य ने उपनिषदों में कथित ईश्वर, सर्वज्ञ, सर्वशक्तिमान, सर्वकर्मा इत्यादि को ब्रह्म का पारमार्थिक रूप नहीं माना बल्कि अविद्यात्मक उपाधिविशिष्ट रूप कहा। इस प्रकार उन्होंने ब्रह्म के दो रूप बताए—एक

नामरूपविकारभेदोपाधिविशिष्ट या सगुण और दूसरा सर्वोपाधिविवर्जित या निर्गुण। इसी दूसरे निर्गुण, निराकार और निर्विशेष (ऐब्सोल्यूट) को ही उन्होंने ब्रह्म का असली या पारमार्थिक रूप स्वीकार किया।[1] सोपाधि या सगुण रूप को उन्होंने केवल व्यावहारिक अर्थात् उपासना के लिए माना।

वल्लभाचार्यजी ने उपनिषद् के वाक्यों और बादरायण के ब्रह्मसूत्रों को ही लेकर ब्रह्म को उभयलिंगयुक्त अर्थात् निर्गुण और सगुण दोनों माना। उन्होंने 'सर्ववाद' स्वीकार करके ब्रह्म में सब धर्म–मनुष्य की बुद्धि को परस्पर विरुद्ध जान पड़ते हुए धर्म–भी माने।[2] उनसे पूर्व निंबार्क ने भी यही पक्ष ग्रहण किया था। दोनों ने 'अरूप, अशब्द' इत्यादि निषेधवाचक श्रुतियों में इयत्ता का निषेध–इस बात का निषेध कि ब्रह्म सर्वरूप, सर्वकर्म इत्यादि ही है, आगे कुछ और नहीं–कहा। दोनों रूपों में जो विरोध दिखाई पड़ता है वह वास्तविक नहीं, विरोधाभास मात्र है। वल्लभाचार्यजी ने शंकरकृत व्यावहारिक और पारमार्थिक तथा सोपाधि निरुपाधि या सगुण निर्गुण का भेद उपनिषद् या ब्रह्मसूत्र द्वारा सिद्ध नहीं स्वीकार किया। उन्होंने कहा कि सारे श्रुति वाक्य के समन्वय के लिए बादरायण ने ब्रह्मसूत्रों की रचना की है और उन सूत्रों के आरंभ में जिज्ञासा के उपरांत 'जन्माद्यस्य यतः' (जिससे इस जगत् की उत्पत्ति, स्थिति और लय होता है) द्वारा जिस ब्रह्म का निर्देश किया है वह केवल निर्विशेष और निर्गुण नहीं हो सकता, सर्वशक्तिमान् और सर्वधर्मा हो सकता है। जब ब्रह्म सर्वकर्मा और सर्वशक्तिमान् ठहरा तब कारण रूप में सर्वकर्ता और सर्वभोक्ता भी वही है।

वल्लभाचार्यजी ने ब्रह्मसूत्र के 'आत्मकृतेः परिणामात्' (1-4-26) को लेकर कहा कि यह सारी सृष्टि ब्रह्म की ही आत्मसृष्टि या आत्मकृति है। किसलिए? केवल लीला या खेल के लिए, जैसा कि बादरायण ने अपने 'लोकवस्तु लीलाकैवल्यम्' (2-1-33) सूत्र में कहा है। जब कि अपने को सृष्टिरूप में परिणत करना और अपने को अंशरूप जीवों में बिखराना ब्रह्म की लीला मात्र है तब इस कर्तृत्व से उसके आनंद स्वरूप में किसी प्रकार की बाधा नहीं पड़ सकती। वह केवल आनंद का ही भोक्ता बना रहता है।

---

1. द्विरूप हि ब्रह्मावगम्यते; नामरूपविकारभेदोपाधिविशिष्टं; तद्विपरीतं च सर्वोपाधिविवर्जितम्। +++ अपि च यत्र तु निरस्तसर्वविशेषं पारमेश्वरं रूपं उपदिश्यते, भवति तत्र शास्त्रम्।

–शारीरक भाष्य

2. वल्लभाचार्यजी ने 'उभयव्यपदेशात् अहिकुण्डलवत्' इस ब्रह्मसूत्र(3-2-27) को लेकर कहा है– था सर्पः ऋजुरनेकाकारः कुण्डलश्च भवति तथा ब्रह्मस्वरूप सर्वप्रकार भक्तेच्छय तथा स्फुरति। +++ तस्मात् सकलविरुद्धधर्मा भगवत्येव वर्त्तन्त इति न कपि श्रुतिरूपचरितार्थेति सिद्धम्।

–अणुभाष्य

'उसने अपने को स्वयं किया', 'बहुत हो जाना चाहिए', 'एक मैं हूँ बहुत हो जाऊँ'[1] आदि श्रुतियों का आशय लेकर, जिनसे ब्रह्म का कर्ता और कर्म दोनों होना ध्वनित होता है, ब्रह्मसूत्र में प्रकृति ब्रह्म से अलग नहीं कही गई है।[2] इस प्रकार ब्रह्म जगत् का निमित्त कारण और उपादान दोनों बताया गया है। शंकराचार्य ने यह सब कथन ईश्वर या सोपाधि ब्रह्म के संबंध में माना है। और आचार्यों ने भी ब्रह्म को परिणामी या विकारी होने से बचाया है। रामानुज और श्रीकंठ ने चिदचिद्विशिष्ट ब्रह्म के शरीर को उपादान कहा है, भास्कर और निंबार्क ने ब्रह्म की शक्ति को, विज्ञानभिक्षु ने प्रकृति को, जो ब्रह्म से अभिव्यक्त है। विष्णुस्वामी और वल्लभाचार्य ने ही साहस के साथ सीधे ब्रह्म का ही परिणाम स्वीकार किया है। उन्होंने कहा है कि अक्षर (ब्रह्म) अपनी आविर्भाव तिरोभाव की अचिंत्य शक्ति से जगत् के रूप में परिणत भी होता है और उसके परे भी रहता है। ब्रह्म का यह परिणाम रूप अर्थात् जगत् असत् या मिथ्या नहीं है, यह भी सत् है। ब्रह्म के विकार या परिणाम नामरूप ब्रह्म से अनन्य हैं; उसी प्रकार जैसे मिट्टी के बने हुए घड़े आदि भिन्न-भिन्न होने पर भी मिट्टी से अनन्य हैं; सोने के बने हुए कड़े, कुंडल इत्यादि गहने भिन्न-भिन्न होने पर भी सोने से अनन्य हैं। कारण से बना हुआ कार्य उससे अनन्य होता है, मिथ्या नहीं होता।[3]

यहाँ तक तो ब्रह्म और जगत् का संबंध लेकर जो मतभेद है वह दिखाया गया। अब ब्रह्म और जीवात्मा का संबंध लेकर जो मतभेद है उसका उल्लेख किया जाता है। 'पादोऽस्य सर्वा भूतानि' इस वेदवाक्य का आशय 'अंशो नानाव्यपदेशात्' इस ब्रह्मसूत्र में प्रकट किया गया है। शंकराचार्यजी ने ब्रह्म को 'निष्फल' और 'निरवयव' बतानेवाले उपनिषद्वाक्यों को ही प्रमाण मानकर 'ब्रह्म' का अंश होना नहीं माना है और सूत्र के 'अंश' को 'अंशएव' के अर्थ में ग्रहण किया है। वल्लभाचार्य ने 'यथाग्नेः क्षुद्राः विस्फुलिंगा' (जैसे अग्नि से छोटी-छोटी चिनगारियाँ निकलती हैं वैसे ही ब्रह्म से जीव निकलते हैं) इस श्रुति और 'अंशो नानाव्यपदेशात्'

1. 'तदात्मानं त्वयमकुरुत', 'बहु स्यां प्रजायेय', 'एकोऽहं बहु स्याम्'।
2. 'प्रकृतिश्च प्रतिज्ञादृष्टानुपराधात्' (1-4-22)।
'आत्मकृतेः परिणामात' (1-4-26)।
3. इस संबंध में श्रुति यह है—'तथा सौम्यैकेन मृत्पिण्डेन सर्वं मृण्मयं विज्ञातं स्याद्वाचारंभणं विकारो नामधेयं मृत्तिकेत्येव सत्यम्'। उपनिषदों में कार्य कारण के अनन्यत्व के दृष्टांत इसी प्रकार के दिए गए हैं, पर शंकराचार्य ने अपनी ओर से भ्रांति या मिथ्यात्वसूचक दृष्टांत दिए हैं—जैसे मृगतृष्णा क जल का ऊसर मैदान से अनन्यत्व, सर्प का रज्जु से, रजत का शुक्ति से। इस पर वल्लभ ने कहा है—'तदनन्यत्वं प्रतीयते कार्यस्य कारणानन्यत्वं, च मिथ्यात्वम्'। वल्लभ ने कारण की सत्यता से कार्य की सत्यता मानी है। मिट्टी से अलग घड़े की सत्यता नहीं है, पर मूलतः मिट्टी होने में उसकी सत्यता है। जैनदर्शन में 'द्रव्य' और 'पर्याय' का संबंध इसी प्रकार कहा गया है।

इस सूत्र के अनुसार जीव को ब्रह्म का ही वास्तव अंश माना है।[1] विवानभिक्षु ने भी जीव को वास्तव अंश माना है। रामानुज ने 'अंश' का अर्थ (ब्रह्मविशेष्य का) विशेषण लिया है और निंबार्क ने (शक्तिमान् ब्रह्म की) शक्ति।

इसी प्रकार जीवात्मा के स्वरूप को लेकर भी मतभेद है। शंकर ने जीवात्मा और ब्रह्म के स्वरूप में कोई भेद नहीं माना है। वे ब्रह्म के समान ही जीवात्मा को भी नित्य ज्ञानस्वरूप और विभु (सर्वव्यापी) मानते हैं। इसके विरुद्ध उपर्युक्त 'स्फुलिंग' के दृष्टांत तथा जीवात्मा की 'गति अगति' के उल्लेख को लेकर रामानुज, निंबार्क आदि भक्त आचार्यों ने जीवात्मा को अणुरूप माना है। वल्लभाचार्यजी ने भी अपने भाष्य में जीव के अणुत्व का ही प्रतिपादन किया है जिससे उनका भाष्य 'अणुभाष्य' कहलाता है। उनका मत है कि जीवात्मा जो कहीं-कहीं विभु या ब्रह्म ही कहा गया है[2], वह ब्रह्म के साथ उनकी अनन्यता की दृष्टि से। जब जीव, ज्ञान द्वारा ब्रह्मभाव को प्राप्त करता है अर्थात् ब्रह्मदशा में होता है तब वह अलबत विभु हो जाता है। यद्यपि जीवात्मा ब्रह्म से अनन्य है पर ब्रह्म अधिक है, यह भेद है।[3] इस प्रकार जीवात्मा एक ओर तो ब्रह्म से अनन्य है, दूसरी ओर भिन्न है। अनन्य वस्तु भिन्न हो सकती है। शंकर ने जीवात्मा को ज्ञानस्वरूप कहा है, पर वल्लभ ने ज्ञाता माना है।

शंकराचार्य ने जीवात्मा को ब्रह्म ही के समान अकर्ता अभोक्ता माना है। उसके अनुसार कर्म करना और दोनों औपाधिक या आविद्यक हैं। उनका कहना है कि कर्तृत्व यदि जीवात्मा में स्वाभाविक हो तब तो वह जीवात्मा से उसी प्रकार कभी अलग ही नहीं हो सकता जैसे ताप अग्नि से कभी अलग नहीं हो सकता और जीव का मोक्ष असंभव हो जाएगा। कर्तृत्व दुःखरूप है, अतः वह दुःख में ही पड़ा रहेगा। वल्लभाचार्य का यह उत्तर है कि कर्म सदा दुःखरूप हो, यह आवश्यक नहीं। कर्म दुःखमय तब होता है जब वह अभिमानपूर्वक किया जाता है कि 'मैं कर रहा हूँ'। ब्रह्मविद् जो कर्म करता है वह अपने को कर्ता मानकर नहीं, ब्रह्म को असली कर्ता मानकर।[4] इस प्रकार उसके सारे कर्म

---

1. विस्फुलिंगा इवाग्नेर्हि जडजीवा निनिर्गताः।
सर्वतो पाणिपादान्तात् सर्वतोऽयिक्ष शिरोमुखात्।।
निरिन्द्रियात् स्वरूपेण तादृशादिति निश्चयः।
सदंशेन जडाः पूर्व चिदंशेनेतरे अपि।।
अन्यधर्मतिरोभावान्मूलेच्छातोऽस्वतंत्रिणः।

2. जैसे 'तत्त्वमसि' आदि महावाक्यों में।

3. अधिकं तु भेदनिर्देशात्। —ब्रह्मसूत्र 2-1-18

4. परात् तु तच्छुतेः (2-3-41) अर्थात् जीव का कर्तृत्व परब्रह्म ही से है।

ब्रह्म को अर्पित हो जाते हैं। जिस प्रकार जगत् के सारे व्यापारों को वह ब्रह्मप्रयत्न के रूप में देखता है वैसे ही अपने कर्मों को भी। सब कुछ करता हुआ भी वह समझता है कि मैं कुछ नहीं कर रहा हूँ।[1] इस प्रकार व्यक्तिगत सत्ता का लोकसत्ता में लय हो जाने से प्रिय-अप्रिय की परिमित भावना का परिहार हो जाता है। इस दशा को प्राप्त जीव कर्ता और भोक्ता होकर भी दुःख से परे रहता है।

दर्शन के क्षेत्र में वल्लभाचार्यजी की सबसे गहरी पहुँच उनके आविर्भाव-तिरोभाव के प्रखर सिद्धांत में दिखाई पड़ती है। वह सिद्धांत यह है—अक्षर ब्रह्म अपने सत्, चित् और आनंद इन तीनों स्वरूपों का आविर्भाव और तिरोभाव करता रहता है। तीनों स्वरूपों का प्रकाश तीन भिन्न-भिन्न शक्तियों से होता है—'सत्' का प्रकाश 'संधिनी' से, 'चित्' का 'संवित्' से और 'आनंद' का 'ह्लादिनी' से। पुरुषोत्तम (ब्रह्म) में ये तीनों शक्तियाँ अनावृत रहती है, अर्थात् सत्, चित् और आनंद तीनों स्वरूपों का प्रकाश रहता है। जीव में 'संधिनी' और 'संवित्' अनावृत रहती है और 'ह्लादिनी' आवृत रहती हैं—अर्थात् 'सत्' और 'चित्' का आविर्भाव रहता है और 'आनंद' का तिरोभाव। जड़ में केवल 'संधिनी' अनावृत रहती है और 'संवित्' और 'ह्लादिनी' दोनों आवृत रहती हैं—अर्थात् केवल 'सत्' का आविर्भाव रहता है और 'चित्' और 'आनंद' का तिरोभाव। इस व्यवस्था के अनुसार न तो ब्रह्म ही को ग्रस्त करनेवाली उससे अन्य कोई दूसरी वस्तु माया है और न जीवात्मा को ही। जीवात्मा भी वस्तुतः ब्रह्म ही है जिसमें 'आनंदस्वरूप' आवृत रहता है। इस प्रकार आत्मा और परमात्मा के शुद्ध अद्वैतभाव का प्रतिपादन करने से वल्लभाचार्यजी का सिद्धांत 'शुद्धाद्वैतवाद' कहलाता है।

वल्लभाचार्य जी के आविर्भाव तिरोभाव सिद्धांत के लिए ब्रह्मसूत्रों में संकेत मिलता है; जैसे, जीव का ब्रह्मस्वरूप ब्रह्म के अभिध्यान से तिरोहित रहता है; ब्रह्म की प्राप्ति होने पर उसका आविर्भाव होता है।[2] पर इस सिद्धांत को वल्लभ ही ने पूर्ण रूप से पल्लवित किया। इस आविर्भाव तिरोभाव का स्वतंत्र रीति से विचार करने पर प्रकट होता है कि अस्तित्व, ज्ञान और हृदय तीनों बातें वल्लभ ने पुरुषोत्तम या ब्रह्म में मानी हैं। मनुष्य में भी ये तीनों बातें—बहुत थोड़े परिमाण में सही पाई जाती हैं। मनुष्य भी अपने हृदय द्वारा आनंद का थोड़ा-बहुत अनुभव करता है। फिर वल्लभाचार्यजी ने जीवात्मा में 'आनंद' को तिरोहित

1. न च ब्रह्मरूतात्मविज्ञाने देहाध्यासाभावेन कर्तत्वाभावत् कर्मानधिकार इति वाच्यम्; निरध्यस्तैरेव देहादिभिः कर्मकरणासंभावात्; अतएव जीवन्मुमुक्तानां सर्वे व्यापाराः। तथा च स्मृतिः, नैव किंचित्करोम्यहमिति युक्तो मन्येत तत्त्ववित् इत्यादि। —अणुभाष्य
2. पराभिध्यानात् तु तिरोहितं ततोह्यस्य बंधविपर्ययौ (3-2-5)। संपद्याविर्भावः स्वेन शब्दात् (4-4-1)।

क्यों कहा? 'आनंद' से उनका अभिप्राय उस निरपेक्ष आनंद का है जो ब्रह्मदशा में ही प्राप्त हो सकता है, जब कि जगत् के सारे व्यापार खेल या लीला के रूप में ही दिखाई पड़ने लगते हैं और उनमें से किसी के कारण दुःख का संपर्क नहीं होता। पर जीवात्मा में 'सत्' और 'चित्' का जो अनावृत होना उन्होंने कहा है वह पूर्ण अनावरण या प्रकाश नहीं कहा जा सकता। 'सत्' और 'चित्' का अंशतः प्रकाश ही ब्रह्मांड जीव में कहा जा सकता है। अतः उसमें 'आनंद' का भी अंशतः प्रकाश मानने में कोई बाधा नहीं प्रतीत होती। उपर्युक्त ब्रह्मदशा के निरपेक्ष आनंद के ढंग का आनंद भी जीव को भगवान् की लीला, मनोहर काव्य आदि के श्रवण से प्राप्त होता देखा जाता है। इस दृष्टि से सत्, चित् और आनंद तीनों का अंशतः प्रकाश मनुष्य में कहा जाय तो असंगत न होगा।

यहाँ तक तो संक्षेप में वल्लभाचार्यजी के दार्शनिक सिद्धांत का उल्लेख हुआ। अब उनके साधन मार्ग या भक्तिमार्ग का थोड़ा वर्णन आवश्यक प्रतीत होता है। जिस प्रकार दर्शन के क्षेत्र में उनका सिद्धांत 'शुद्धाद्वैतवाद' कहलाता है, उसी प्रकार भक्ति के क्षेत्र में उनका साधन मार्ग 'पुष्टिमार्ग' कहलाता है। भागवत में एक स्थल पर आया है कि 'पोषणं तदनुग्रहः'। इसी वाक्य के आधार पर वल्लभ ने अपने मार्ग का नाम 'पुष्टिमार्ग' रखा। 'कृष्णाश्रय' नामक अपने एक प्रकरण ग्रंथ में आचार्यजी ने देश-काल की अत्यंत विपरीत दशा का वर्णन किया है जिसमें वेदमार्ग या मर्यादा मार्ग का अनुसरण उन्हें अत्यंत कठिन या असंभव दिखाई पड़ा है। वल्लभाचार्यजी के समय में देश में मुसलमानी साम्राज्य अच्छी तरह दृढ़ हो चुका था। हिंदुओं का एकमात्र स्वतंत्र और प्रभावशाली राज्य दक्षिण का विजयनगर राज्य रह गया था; पर बहमनी सुलतानों के पड़ोस में रहने के कारण उसके दिन भी गिने हुए दिखाई पड़ते थे। इसलामी संस्कृति का प्रभाव अच्छी तरह जम रहा था। सूफी भक्तों या पीरों के द्वारा सूफी पद्धति की भक्ति का प्रचारकार्य चल रहा था।

इस परिस्थिति में भागवत की प्रेमलक्षणा भक्ति के प्रचार द्वारा ही लोगों के कल्याण मार्ग की ओर आकर्षित होने और साथ ही भारतीय संस्कृति के बने रहने की संभावना आचार्यजी को दिखाई पड़ी। उन्होंने अपने 'पुष्टिमार्ग' का प्रचार किया। भगवान् का अनुग्रह ही जीव का असली पोषण या पुष्टि है जिससे उसके हृदय में भक्ति का संचार होता है। हृदय पर प्रभाव उत्पन्न हुए बिना, धर्मस्वरूप भगवान् की विभूति में हृदय लगे बिना, अंतःप्रकृति को वह पुष्टता नहीं प्राप्त हो सकती जिसके बल से कल्याण पथ की ओर मनुष्य बराबर चला चल सकता है। जिसमें भक्ति दिखाई पड़े उसके संबंध में समझ लेना चाहिए कि उसे भगवान्

का अनुग्रह अर्थात् पोषण प्राप्त है।

'पुष्टिमार्ग' स्त्री-पुरुष, द्विज-शूद्र सब के लिए खुला है। मनुष्यमात्र इसके अधिकारी हैं। इस भक्तिमार्ग में परमात्मा का स्वरूप तो वही लिया गया है जो उपनिषदों के ज्ञानकांड में प्रतिपादित है, पर साधना का आधार शुद्ध प्रेम रखा गया है जो भगवान् के अनुग्रह या पोषण से प्राप्त होता है तथा जिससे भगवान् का अनुग्रह या पोषण प्राप्त होता है। भगवान् के स्वरूप के प्रति जितना ही अधिक प्रेम होगा उतना ही लोक और वेद के प्रति आसक्ति कम होगी। बिना प्रेम के भगवान् की जो आराधना होगी वह 'पूजा' मात्र होगी; 'सेवा' न होगी। अतः इस पुष्टिमार्ग में आने के लिए सबसे पहली आवश्यक बात यह है कि मनुष्य लोक और वेद दोनों प्रलोभनों से दूर हो जाय—उन फलों की आकांक्षा छोड़ दे जो लोक का अनुसरण करने से प्राप्त होते हैं तथा जिनकी प्राप्ति वैदिक कर्मों के संपादन द्वारा कही गई है। यह तभी हो सकता है जब कि साधक अपने को भगवान् के चरणों में समर्पित कर दे। इसी 'समर्पण' से इस मार्ग का आरंभ होता है और पुरुषोत्तम भगवान् के स्वरूप का अनुभव और लीला सृष्टि में प्रवेश हो जाने पर अंत। बीच में जो मार्ग पड़ता है उसका अनुसरण 'तनुजा' और 'वित्तजा' सेवा द्वारा होता है। इस सेवा द्वारा धीरे-धीरे अहंता और ममता का नाश होता है और भगवान् के स्वरूप में अनुभव की समता प्राप्त होती है।

वल्लभाचार्यजी ने प्राणियों के अनुसरण के तीन मार्ग कहे हैं—पुष्टिमार्ग, प्रवाहमार्ग और मर्यादामार्ग। इनमें से भक्तिमार्ग ही 'पुष्टिमार्ग' है। केवल वेद प्रतिपादित कर्म और ज्ञान के संपादन का मार्ग 'मर्यादामार्ग' है। संसार या लोक के प्रवाह में पड़कर लौकिक सुखभोग के हेतु प्रयत्न करते रहना 'प्रवाहमार्ग' है।[1] इनमें से पुष्टिमार्ग ही प्रशस्त मार्ग है। जिसे भगवान् का पोषण या अनुग्रह प्राप्त हो जाता है वह इस मार्ग पर आता है। वह आत्मकल्याण के लिए अपने कर्मों या अपने ज्ञान का भरोसा नहीं रखता, केवल भगवान् के अनुग्रह का भरोसा रखता है। उसकी भीतरी आस्था न लोक पर होती है, न वेद पर; केवल भगवत्-स्वरूप पर होती है। वेद में मनुष्य की वाणी में प्रतिध्वनित भगवान् के केवल 'शब्द' हैं—आड़ में खड़े होकर किए हुए आदेश या उपदेश हैं कि ऐसा करोगे तो ऐसा फल मिलेगा। फल का भरोसा देनेवाले कर्मों के अनुष्ठान में हृदय का जो योग रहता है वह फल की ओर उन्मुख रहता है। उपनिषदों में आकर परमात्मा के उस स्वरूप का परिचय या निश्चय कराया गया है जिसकी उपासना

1. अत्रैव स्वरूपनिश्चायनेन यावन्तः पुष्टिप्रयुक्ता मार्गा भक्तिरूपास्ते पुष्टिमार्गेऽन्तर्भवन्ति, ये लौकिकाः सर्गपरंपरा न विच्छन्दन्ति ते प्रवाहेन्तर्भवन्ति ये वेदनियमं मातिवर्त्तन्ते मर्यादामन्तर्भवन्ति।

हो सकती है। उसी स्वरूप पर जिसका प्रेम हो जाता है वह भक्तिमार्ग का अनुसरण करता है। भक्त जो भजन या कीर्तन करता है, वह केवल प्रेम की प्रेरणा से; किसी फल की आशा से या वेद की आज्ञा से नहीं।

उपर्युक्त तीन मार्गों के अनुरूप ही जीव भी तीन प्रकार के कहे गए हैं—पुष्टिजीव, मर्यादाजीव और प्रवाहजीव। पुष्टिजीव का लक्षण यह है कि वह केवल भगवान् के अनुग्रह का भरोसा रखता है। मर्यादाजीव वेद की विधियों पर भरोसा रखते हैं। प्रवाहजीव सांसारिक सुखों की प्राप्ति में ही लगे रहते हैं। जीवों में यह भेद उत्पत्तिभेद से होता है। पुष्टिसृष्टि सच्चिदानंद के कार्य (शरीर) या आनंद शृंग से होती है, मर्यादासृष्टि मन से। पुष्टिसृष्टि आनंदांशप्रधान होती है, मर्यादासृष्टि चिदंशप्रधान और प्रवाहसृष्टि सदंशप्रधान। पुष्टिजीव शुद्ध भगवत्प्रेम से प्रेरित होते हैं, मर्यादाजीव वेद में कहे हुए परमेश्वर के 'शब्द' से और प्रवाहजीव परमेश्वर के मन या संकल्प से। प्रवाहजीव जन्म और मरण के चक्र में पड़े रहते हैं; मर्यादाजीव वैदिक मोक्ष प्राप्त करते हैं और पुष्टिजीव पुरुषोत्तम भगवान की लीलासृष्टि में प्रवेश करते हैं।

'पुष्टिप्रवाह मर्यादा' नामक प्रकरण ग्रंथ में वल्लभाचार्यजी ने प्रवाहजीवों को 'असुर' कहा है और उनके दो भेद किए हैं—दुर्ज्ञ और अज्ञ। असली असुर दुर्ज्ञ ही हैं। अज्ञ लोग केवल दुर्ज्ञों का अनुसरण करते हैं। उनका असुरत्व बाहरी होता है और अच्छा संस्कार प्राप्त होने पर दूर हो सकता है। पर दुर्ज्ञों की अंतःप्रकृति ही आसुरी होती है। वे मायिक होते हैं और माया में ही जाकर लीन होते हैं।

उक्त चार प्रकार के जीवों के अतिरिक्त आचार्यजी ने एक प्रकार के और जीव ठहराए हैं जिन्हें उन्होंने संबंधिजीव कहा है। उसका कोई स्थिर स्वरूप नहीं होता। वे बराबर डावाँडोल रहते हैं। वे वास्तव में उक्त चार प्रकार के जीवों में से किसी की श्रेणी में नहीं होते। जब जिस प्रकार के जीव के संपर्क में पड़ जाते हैं, तब उस प्रकार के जीव वे हो जाते हैं।

पुष्टिजीव कभी प्रवाह और मर्यादा में भी पड़ जाते हैं। उस दशा में वे मिश्र पुष्टिजीव कहलाते हैं। पुष्टिसंपन्न होने के कारण प्रवाह और मर्यादा में पड़ जाने पर भी उनका अकल्याण नहीं होता। उनकी परनिष्ठा भगवान् में ही होती है, अतः वे लौकिक और वैदिक कर्मों का जो संपादन करते हैं वह बिना आस्था के। उनकी वैष्णवता सहज या स्वाभाविक होती है। यद्यपि विशेष परिस्थिति में पड़ जाने के कारण वे अनेक प्रकार के व्यापार करते पाए जाते हैं, पर उनका चरम साध्य 'भगवत्प्रपत्ति' ही होती है।

पुरुषोत्तम श्रीकृष्ण ही सूर्य, चंद्र, देवता, पृथ्वी इत्यादि के भीतर 'अंतर्यामी'

स्वरूप में सारे विश्व का परिचालन करते हैं। विश्व की तह में (इंमैनेंट) रहकर उसका परिचालन करनेवाला 'अंतर्यामी' ही पृथ्वी पर नाना अवतार लिया करता है। पुरुषोत्तम श्रीकृष्ण का दिव्य सत्त्वगुण ही विष्णु होकर सब लोकों की रक्षा करता है। इसी प्रकार उनमें दिव्य रजोगुण और तमोगुण ब्रह्मा और रुद्र होकर लोकों की सृष्टि और संहार किया करते हैं।

श्रीकृष्ण ही परब्रह्म हैं। वे ही सब दिव्य गुणों से संपन्न होकर 'पुरुषोत्तम' कहलाते हैं। उनका शरीर सत् चित् आनंदमय है। उनकी सब लीलाएँ नित्य हैं। वे अपने चतुर्भुज या द्विभुज रूप में अपने भक्तों के साथ अनेक प्रकार की क्रीड़ाएँ व्यापी बैकुंठ में, जो विष्णु के बैकुंठ से ऊपर है, किया करते हैं। इसमें नित्यरूप में वृंदावन, यमुना अनेक प्रकार के निकुंज इत्यादि हैं। गोलोक इसी 'व्यापी' बैकुंठ का एक खंड है। जिन भक्तों में भक्ति परमावस्था को पहुँच जाती है, जिनका भगवत्प्रेम व्यसन के रूप में प्रकट हो जाता है, उन्हें उस व्यापी बैकुंठ में भगवान् अनेक क्रीड़ाएँ करनेवाले श्रीकृष्ण के रूप में प्रकट होते हैं। भगवान् का यह कृष्ण स्वरूप ही 'परमानंद स्वरूप' है। श्रीकृष्ण अपनी इच्छा से सत्स्वरूप को प्रधान कर देते हैं और अक्षर होकर सृष्टि के मूल कारण होते हैं। 'अक्षर ब्रह्म' दो प्रकार का है। एक तो वह जिसे भक्तजन पुरुषोत्तम धाम कहते हैं और जो व्यापी बैकुंठ के रूप में प्रकाशित रहता है। दूसरा उसी का वह रूप जो ज्ञानियों को प्राप्त होता है और उन्हें सच्चिदानंद, स्वयंप्रकाश, अनादि, अनंत, निर्गुण और निर्विशेष प्रतीत होता है। यह दूसरा रूप केवल आविर्भाव तिरोभाव की अचिंत्य शक्ति से प्रतीत होता है जिसके कारण परमात्मा के दिव्य गुण आवृत या तिरोहित रहते हैं। ब्रह्म जब निर्गुण, निर्विशेष आदि कहा जाता है तब उसका यही तात्पर्य समझना चाहिए। इस प्रकार परमात्मा के तीन रूप ठहरते हैं– पुरुषोत्तम जिसमें आनंदांश का पूर्ण आविर्भाव रहता है तथा उक्त दो प्रकार के अक्षर ब्रह्म।

ऊपर के विवरण में भक्तों की परम गति और ज्ञानियों की परम गति या मोक्ष का भेद बताया है। उसमें इस बात का स्पष्ट संकेत किया गया है कि भक्त अपनी साधना पूर्ण करके जिस स्वरूप के मेल में होता है, वही आनंदप्रधान रूप ब्रह्म का असली और श्रेष्ठ रूप है। ज्ञानी जिस कैवल्य दशा को प्राप्त करता है, वह ब्रह्म का अंशतः तिरोहित रूप है। यहाँ पर वल्लभाचार्यजी निर्गुण-निर्विशेषवादी ज्ञानियों से पूरा बदला लेते हुए दिखाई देते हैं। ज्ञानमार्गियों ने ब्रह्म के निर्गुण स्वरूप को ही पारिमार्थिक या असली स्वरूप कहा हैं और सगुण स्वरूप को व्यावहारिक या मायिक। आचार्यजी ने बात उलटकर सगुण स्वरूप को ही असली

और श्रेष्ठ स्वरूप बतलाया है और निर्गुण स्वरूप को उसी का अंशतः तिरोहित स्वरूप। वल्लभाचार्यजी के अनुसार आनंदांश प्रधान रूप ही ब्रह्म का असली रूप है जिसके मेल में होकर पुष्टिजीव नित्य लीला सृष्टि में प्रवेश करता है और लीला में योग देकर पुरुषोत्तम स्वरूप की सेवा करता है। पुष्टिजीवों की उत्पत्ति इसी स्वरूप सेवा के लिए ही होती है। जिस प्रकार पुरुषोत्तम भगवान् में सत्, चित् और आनंद तीनों का आविर्भाव रहता है उसी प्रकार पुष्टिमार्गी भक्त भी, भगवान् के 'कार्य' या आनंदस्वरूप से उत्पन्न होने के कारण, उनके ही समान 'अतिरोहित सच्चिदानंद स्वरूप' प्राप्त करता है और 'लीला सृष्टिस्थ' हो जाता है। जिस प्रकार भगवान् प्रकृति के सत्वगुण में अधिष्ठित होकर इस संसार में अवतार लेते हैं उसी प्रकार पुष्टिजीव जब तक संसार में रहता है, सत्वस्थ रहता है। मतलब यह कि वह हर तरह से भगवान् के साथ उनकी लीला में योग देने योग्य हो जाता है। उपनिषदों में जो 'एकोऽहं बहुस्याम्', 'स एकाकी न रमते', 'स द्वितीयमैच्छत्' इत्यादि वाक्य हैं, भक्तिमार्ग के अनुसार वे ऐसे ही जीवों के साथ क्रीड़ा करने की इच्छा सूचित करते हैं।

पुष्टि भक्ति भी चार प्रकार की कही गई है—प्रवाहपुष्टि भक्ति, मर्यादापुष्टि भक्ति, पुष्टि-पुष्टि भक्ति और शुद्धपुष्टि भक्ति। इनमें से प्रथम मार्ग में वे कहे जा सकते हैं जो संसार के प्रवाह में पड़े 'मैं' और 'मेरा' करते रहते हुए भी ऐसे कर्म करते जाते हैं जिनसे भगवान् की प्राप्ति हो सकती है। दूसरा मार्ग उन लोगों का समझना चाहिए जो संसार के विषयभोग से अपना मन हटाकर अपनी इंद्रियों को वश में रखते हुए भगवान की लीला के श्रवण कीर्तन आदि द्वारा अपने को भगवान् की ओर लगाते हैं। तीसरा मार्ग उन पहले से पुष्टिप्राप्त लोगों का है जो और अधिक पुष्टि (अनुग्रह) पाकर भक्ति का सहगामी ज्ञान अर्जित करने की योग्यता संपादित करते हैं। वे तत्वचिंतन के प्रयास द्वारा क्रमशः भगवान् के नाना विधानों को समझ जाते हैं। उन्हें ज्ञानप्राप्ति के निमित्त बुद्धिप्रयत्न करना पड़ता है। चौथे प्रकार की शुद्धपुष्टि भक्ति जिनमें होती है वे केवल भगवान् के प्रेम में मग्न रहते हैं। भगवान का भजन-कीर्तन उनका एक व्यसन हो जाता है। किसी प्रकार का बुद्धिप्रयत्न वे नहीं करने जाते।

जिस पर भगवान् का अनुग्रह (पोषण) होता है पहले तो उसकी भगवान् की ओर प्रवृत्ति होती है, भगवान् उसे अच्छे लगते हैं। फिर वह अपनी बुद्धि द्वारा ब्रह्म का ज्ञान प्राप्त करने में लगता है। ज्ञान प्राप्त करने पर उसमें प्रेमलक्षणा भक्ति का उदय होता है। इस प्रेमभक्ति की क्रमशः तीन भूमियाँ या अवस्थाएँ होती हैं—प्रेम, आसक्ति और व्यसन। व्यसन ही प्रेम की सबसे परिपुष्ट दशा है। इसी

व्यसन द्वारा पुष्टिजीव 'परमानंद' की ओर अग्रसर होता है। वह चारों प्रकार की मुक्तियों का तिरस्कार कर देता है और भगवान् की नित्य सेवा को ही अपना परम साध्य मानता है। इसी व्यसन के प्रभाव से भगवान् उसे चारों ओर दिखाई पड़ते हैं। वह भीतर और बाहर सर्वत्र पुरुषोत्तममय देखता है। अतः संसार की सब वस्तुएँ उसे अपनी सगी समझ पड़ती हैं और सबके साथ वह प्रेमभाव रखता है।

वल्लभाचार्यजी के दार्शनिक और भक्ति संबंधी सिद्धांतों का उल्लेख हो चुका। उनके संप्रदाय की पूजा या सेवा की पद्धति के संबंध में यह समझ लेना चाहिए कि वह अत्यंत आडंबरपूर्ण है। यज्ञ यागादि कर्मों के लंबे-चौड़े बाह्य विधान के स्थान पर भावयज्ञ के रूप में भक्तिमार्ग का प्रवर्तन हुआ था पर इस संप्रदाय के ठाकुरजी की सेवा का विधान उससे भी बढ़कर लंबा-चौड़ा हो गया, जिसमें बहुत धन और सुखभोग की प्रचुर सामग्री अपेक्षित होती है। इस संप्रदाय के शिष्यों के लिए अपने आचार्य या गोसाईं के मंदिर में ही जाकर दर्शन और आराधना करना चाहिए। इस संप्रदाय के मंदिरों में बराबर भोगविलास की सामग्री का प्रदर्शन होता रहता है तथा एक न एक उत्सव लगा रहता है जिसमें चमक-दमक, सजावट, नाच-रंग का कुतूहल 'बलिहारी है' कहनेवाले बहुत-से स्त्री-पुरुषों को आकर्षित करता है। इस संप्रदाय के जो मुख्य-मुख्य स्थान हैं उनकी बड़ाई यही सुनाई पड़ती है कि 'वहाँ केसर की चक्कियाँ चले हैं।' सारांश यह कि इस संप्रदाय की सेवा-पूजा, आचार-व्यवहार, बातचीत सब में भोगवासना (एपिक्यूरिएनिज्म) का आभास रहता है।

इस 'पुष्टिमार्ग' की सामान्य प्रवृत्ति विषयभोग के त्याग या निवृत्ति की ओर नहीं दिखाई पड़ती। इसी प्रकार धर्म या शील के पालन पर भी वैसा जोर इसमें नहीं दिया गया है। ऊपर जो चार प्रकार की पुष्टिभक्ति कही गई हैं, उनमें संसार के विषयभोग से मन हटाकर अपनी इंद्रियों और आचरण को वश में रखनेवालों को तीसरा स्थान दिया गया है। यह बात ठीक है कि भक्ति केवल हृदय की पद्धति है। अतः भक्त के मन, वचन और कर्म की जो कुछ शुभवृत्ति हो वह हृदय के द्वारा स्वतः प्रेरित होनी चाहिए, धर्मशासन के प्रतिबिंब के रूप में जबर्दस्ती लाई हुई नहीं। पर भक्त का जीवन इसी लोक के भीतर व्यतीत होता है, अतः उसके जीवन में पवित्रता का आभास अवश्य होना चाहिए। जिस भक्ति की उच्च दशा में उच्चतम शील या सदाचार का अंतर्भाव न हो वह लोक की रक्षा, पालन और पोषण करनेवाले भगवान् की भक्ति कैसे कही जा सकती है? जो हृदय किसी पीड़ित की रक्षा के लिए, किसी जनसमुदाय के सुखसंतोष विधान के लिए, अपना सब सुख, अपना सर्वस्व, अपना प्राण तक

अर्पित करने के लिए तैयार न कर दे, वह हृदय भक्तहृदय कैसे कहा जा सकता है?

मर्यादा के अतिक्रमण का अर्थ इतना ही है कि भक्त का आचरण हृदयप्रेरित होने के कारण स्वच्छंद होता है। जो कुछ वह करता है शास्त्र की आज्ञा के दबाव से नहीं, अपनी इच्छा से करता है। पर भक्ति के प्रभाव से उसकी इच्छा मंगलेच्छा हो जाती है। उसे आप से आप ऐसे ही कर्मों की इच्छा होती है, जिसका संसार-भर के धर्ममार्ग अनुमोदन करते हैं। मर्यादापुरुषोत्तम भगवान् रामचंद्र के परम भक्त गोस्वामी तुलसीदासजी ने इस मंगलेच्छा को भक्ति प्राप्त हो जाने का लक्षण बताया है। उनहोंने कहा है कि—

तुम अपनायो, तब जानिहौं जब मन फिरि परिहै।

तुलसी के अनुसार शील का प्रकृतिस्थ हो जाना ही भक्ति का लक्षण है। इसी के द्वारा भक्त पहचाने जा सकते हैं।

पुष्टिमार्ग में स्पष्ट रूप से 'शील' और 'त्याग' का अंतर्भाव उच्चकोटि की भक्ति में न करने से और उन्हें तीसरी श्रेणी में रखने से भ्रम के लिए बहुत जगह रह गई। भक्ति को 'मर्यादा' के परे रखकर भी यदि वे बातें जिनके लिए लोक और वेद या धर्म की मर्यादा बाँधी गई है, शुद्ध भावक्षेत्र के भतीर ले ली जातीं तो किसी प्रकार की अव्यवस्था न उत्पन्न होती। ऐसा न होने से इस बात की संभावना पूरी-पूरी रह गई है कि इस मार्ग के अनुयायी 'मर्यादा' के उल्लंघन का अर्थ शील और सदाचार का उल्लंघन समझें। जब हम इस मार्ग में गृहीत उपास्य के रूप की ओर ध्यान देते हैं तब तो यह संभावना पूर्ण आशंका के रूप में आ जाती है। जैसा कि हम पहले दिखा आए हैं, भक्ति के लिए भगवान् कृष्ण की केवल बालक्रीड़ा और यौवनलीला ही ली गई है। उनका धर्म की स्थापनावाला रूप—जो गीता के अनुसार प्रधान स्वरूप है—नहीं लिया गया है। भगवान् का वह स्वरूप जिससे हृदय की उच्च और उदात्त वृत्तियों का रंजन होता है, पीछे डाल देने से हृदय के लिए उच्चभूमि पर पहुँचने का परिष्कृत अभ्यास पथ न निकल सका। अतः सामान्य जनता के हृदय पर केवल भोगविलास, क्रीड़ा-कुतूहल का संस्कार जम सकता है। परलोक में भी भक्तों के लिए इसी ढंग की लीला अखंड और नित्य रूप में करके रखी गई है। इस प्रकार यहाँ से वहाँ तक क्रीड़ा, खेल, मनोरंजन इत्यादि की हलकी वृत्ति ही सामने पाकर जीवन के व्यापक और गंभीर लक्ष्य की ओर दृष्टि कैसे जा सकती है?

(लौकिक क्रीड़ा या लीला को) वल्लभाचार्यजी ने 'आनंद' का लक्षण माना

है और (इस क्रीड़ा या लीला का जिस रूप में) पूर्ण आविर्भाव हो उसे ब्रह्म का असली या पारमार्थिक (रूप कहा है। यह बताया जा चुका) है कि शंकराचार्य ने ब्रह्म को चित्स्वरूप कहकर 'ज्ञान' (को उसका पारमर्थिक)[1] स्वरूप कहा था, पर वल्लभाचार्यजी ने 'हृदय' को प्रधानता दी। हृदयपक्ष पर जोर देना तो भक्तिमार्ग के लिए बहुत आवश्यक है। उपास्य में हृदय मानकर ही प्रेम किया जा सकता है। पर क्रीड़ा या लीला का लौकिक स्वरूप लेकर उसी को ब्रह्म की लीला या क्रीड़ा के रूप में रखना ब्रह्म के 'आनंद' स्वरूप को बहुत परिमित करना है। जिन व्यापारों को मनुष्य क्रीड़ा या लीला मानता है—जैसे स्त्री-पुरुष का हासविलास, नाचरंग, लुकनाछिपना इत्यादि—उन्हीं व्यापारों तक ब्रह्म की लीला नहीं कही जा सकती। ब्रह्म की विराट् लीला है। सारा विश्वव्यापार ब्रह्म की लीला है। यह कहा जा चुका है कि जगत्प्रवाह नित्य और अखंड है। यह संपूर्ण जगत्प्रवाह ब्रह्म के रक्षण, पालन और रंजन से चल रहा है। अतः ये तीनों ब्रह्म की लीला के अंतर्गत हैं; केवल रंजन ही नहीं।

यह कहा जा चुका है कि लोक के रक्षण और पालन में ब्रह्म अपने 'सत्' स्वरूप का प्रकाश करता है और रंजन द्वारा अपने 'आनंद' स्वरूप का। 'आनंद' स्वरूप को 'सत्' स्वरूप से विच्छिन्न नहीं कर सकते। गीता में जिस भक्ति का उपदेश है, वह 'सदानंद' स्वरूप को लेकर चलनेवाली भक्ति है। रामभक्तिशाखा में भी 'सदानंद' स्वरूप लिया गया है। पर जितने कृष्णोपासक संप्रदाय चले, सब 'आनंद' की सिद्धावस्था या उपभोग पक्ष को ही लेकर चले। आनंद की साधनावस्था, जिसमें 'असत्' के बीच से 'सत्' अपना प्रकाश करता है, उनमें नहीं ली गई है। कृष्णभक्त अपने उपास्य को केवल प्रेमक्रीड़ा के एकांत क्षेत्र में रखकर देखना चाहते हैं। लोक के बीच उनके रक्षक और पालक स्वरूप के प्रति आकर्षित होने का अभ्यास वे नहीं करते। इस स्वरूप की ओर पूर्णतया आकर्षित हुए बिना भक्त भगवान् के स्वरूप के मेल में नहीं आ सकता और भगवान् की लीला में योग देनेवाला नहीं कहा जा सकता। जो अपना सारा पराक्रम अत्याचार पीड़ितों की रक्षा में, अपना सारा वित्त दीनों के पालनपोषण में, अपना सारा शरीर लोक की सेवा में अर्पित कर देते हैं वे ही यथार्थ में भगवान् की विराट् लीला में योग देनेवाले सच्चे सखा और सेवक हैं। रामभक्ति के क्षेत्र में हनुमान् इसी प्रकार के भक्त हैं।

x x x

---

1. अंतिम पृष्ठ का बायाँ कोना ऊपर की ओर से फटकर निकल गया है। छोटे कोष्ठकों के बीच की पदावली अनुमित है।

भक्ति की साधना के लिए वल्लभ ने उसके 'श्रद्धा' के अवयव को छोड़कर जो महत्व की भावना में मग्न करता है, केवल 'प्रेम' लिया। प्रेमलक्षणा भक्ति ही उन्होंने ग्रहण की। 'चौरासी वैष्णवों की वार्ता' में सूरदास की एक वार्ता के अंतर्गत प्रेम को ही मुख्य और श्रद्धा या पूज्यबुद्धि को आनुषंगिक या सहायक कहा है—

'श्री आचार्यजी महाप्रभु के मार्ग को कहा स्वरूप है? माहात्म्य ज्ञानपूर्वक सुदृढ़ स्नेह को तो परम काष्ठा है। स्नेह आगे भगवान् को राहत नाहीं ताते भगवान् बेर बेर माहात्म्य जनावत हैं। x x x इन ब्रजभक्तन को स्नेह परम काष्ठापन्न है। ताही समय तो माहात्म्य रहे, पीछे विस्मृत होय जाय।'

वल्लभ संप्रदाय में जो उपासनापद्धति या सेवापद्धति ग्रहण की गई उसमें भोगराग तथा विलास की प्रभूत सामग्री के प्रदर्शन की प्रधानता रही। भोगविलास के इस आकर्षण का प्रभाव सेवक-सेविकाओं पर कहाँ तक अच्छा पड़ सकता था। जनता पर चाहे जो प्रभाव पड़ा हो पर उक्त गद्दी के भक्त शिष्यों ने सुंदर-सुंदर पदों द्वारा जो मनोहर प्रेमसंगीत धारा बहाई, उसने मुरझाते हुए हिंदू जीवन को सरस और प्रफुल्ल किया। इस संगीतधारा में दूसरे संप्रदायों के कृष्णभक्तों ने भी पूरा योग दिया।

सब संप्रदायों के कृष्णभक्त भागवत् में वर्णित कृष्ण की ब्रजलीला को ही लेकर चले क्योंकि उन्होंने अपनी प्रेमलक्षणा भक्ति के लिए कृष्ण का मधुर रूप ही पर्याप्त समझा। महत्व की भावना से उत्पन्न श्रद्धा या पूज्य बुद्धि का अवयव छोड़ देने के कारण कृष्ण के लोकरक्षक और धर्मसंस्थापक स्वरूप को सामने रखने की आवश्यकता उन्होंने न समझी। भगवान् के धर्मस्वरूप को इस प्रकार किनारे रख देने से उनकी ओर आकर्षित होने और आकर्षित करने की प्रवृत्ति का विकास कृष्ण भक्तों में न हो पाया। फल यह हुआ कि कृष्ण भक्त कवि अधिकतर फुटकल शृंगारी पदों की रचना में ही लगे रहे। उनकी रचनाओं में न तो जीवन के अनेक गंभीर पक्षों के मार्मिक रूप स्फुरित हुए, न अनेकरूपता आई। श्रीकृष्ण का इतना चरित ही उन्होंने न लिया जो खंडकाव्य, महाकाव्य आदि के लिए पर्याप्त होता। राधाकृष्ण की प्रेमलीला ही सबने गाई।

भागवत धर्म का उदय यद्यपि महाभारत काल में ही हो चुका था और अतवारों की भावना देश में बहुत प्राचीन काल से चली आती थी, पर वैष्णव धर्म के सांप्रदायिक स्वरूप का संगठन दक्षिण में ही हुआ। वैदिक परंपरा के अनुकरण पर अनेक संहिताएँ, उपनिषद्, सूत्रग्रंथ इत्यादि तैयार हुए। श्रीमद्भागवत में श्रीकृष्ण के मधुर रूप का विशेष वर्णन होने से भक्तिक्षेत्र में गोपियों के ढंग के प्रेम का; माधुर्य भाव का रास्ता खुला। इसके प्रचार में दक्षिण के मंदिरों की

देवदासी प्रथा विशेष रूप में सहायक हुई। माता-पिता लड़कियों को मंदिरों में चढ़ा आते थे, जहाँ उनका विवाह भी ठाकुरजी के साथ हो जाता था। उनके लिए मंदिर में प्रतिष्ठित भगवान् की उपासना पतिरूप में विधेय थी। इन्हीं देवदासियों में कुछ प्रसिद्ध भक्तिनें भी हो गई हैं।

दक्षिण में अंदाल इसी प्रकार की एक प्रसिद्ध भक्तिन हो गई हैं, जिनका जन्म संवत् 773 में हुआ था। अंदाल के पद द्राविड़ भाषा में 'तिरुप्पावइ' नामक पुस्तक में मिलते हैं। अंदाल एक स्थल पर कहती हैं—'अब मैं पूर्ण यौवन को प्राप्त हूँ और स्वामी कृष्ण के अतिरिक्त और किसी को अपना पति नहीं बना सकती।' इस भाव की उपासना यदि कुछ दिन चले तो उसमें गुह्य और रहस्य की प्रवृत्ति हो ही जाएगी। रहस्यवादी सूफियों का उल्लेख ऊपर हो चुका है जिनकी उपासना भी 'माधुर्य भाव' की थी। मुसलमान जमाने में इन सूफियों का प्रभाव देश की भक्तिभावना के स्वरूप पर बहुत कुछ पड़ा। 'माधुर्य भाव' को प्रोत्साहन मिला। माधुर्य भाव की जो उपासना चली आ रही थी, उसमें सूफियों के प्रभाव से 'आभ्यंतर मिलन', 'मूर्छा', 'उन्माद' आदि की भी रहस्यमयी योजना हुई। मीराबाई और चैतन्य महाप्रभु दोनों पर सूफियों का प्रभाव पाया जाता है।

सूरदास

जीवनवृत्त

सूरदासजी का वृत्त 'चौरासी वैष्णवों की वार्ता' से केवल इतना ज्ञात होता है कि वे पहले गऊघाट (आगरे और मथुरा के बीच) पर एक साधु या स्वामी के रूप में रहा करते थे और शिष्य किया करते थे। गोवर्धन पर श्रीनाथजी का मंदिर बन जाने के पीछे एक बार जब वल्लभाचार्यजी गऊघाट पर उतरे तब सूरदास उनके दर्शन को आए और उन्हें अपना बनाया एक पद गाकर सुनाया। आचार्यजी ने उन्हें अपना शिष्य किया और भागवत की कथाओं को गाने योग्य पदों में करने का आदेश दिया। उनकी सच्ची भक्ति और पदरचना की निपुणता देख वल्लभाचार्यजी ने उन्हें अपने श्रीनाथजी के मंदिर की कीर्तनसेवा सौंपी। इस मंदिर को पूरनमल खत्री ने गोवर्धन पर्वत पर संवत् 1576 में पूरा बनवाकर खड़ा किया था। मंदिर पूरा होने के 11 वर्ष पीछे अर्थात् संवत् 1587 में वल्लभाचार्यजी की मृत्यु हुई।

श्रीनाथजी के मंदिर निर्माण के थोड़ा ही पीछे सूरदासजी वल्लभ संप्रदाय में आए, यह 'चौरासी वैष्णवों की वार्ता' के इन शब्दों से स्पष्ट हो जाता है—

'औरहु पद गाए तब श्री महाप्रभु जी अपने मन में बिचारे जो श्रीनाथ जी के यहाँ और तो सब सेवा को मंडान भयो है, पर कीर्तन को मंडान नाहीं कियो है; तातें अब सूरदास जी को दीजिए।'

अतः संवत् 1580 के आसपास सूरदासजी वल्लभाचार्य के शिष्य हुए होंगे और शिष्य होने के कुछ ही पीछे उन्हें कीर्तनसेवा मिली होगी। तब से वे बराबर गोवर्धन पर्वत पर ही मंदिर की सेवा में रहा करते थे, इसका स्पष्ट आभास उनकी 'सूरसारावली' के भीतर मौजूद है। x x x भक्त लोग कभी-कभी किसी ढंग से अपने को अपने इष्टदेव की कथा के भीतर डालकर उनके चरणों तक अपने पहुँचने की भावना करते हैं। इसी भावना के अनुसार तुलसी और सूर दोनों ने कथाप्रसंग के भीतर अपने को गुन या प्रकट रूप में राम और कृष्ण के समीप तक पहुँचाया है। जिस स्थल पर ऐसा हुआ है, वहीं कवि के निवासस्थान का पूरा संकेत भी है। 'रामचरितमानस' के अयोध्याकांड में वह स्थल देखिए जहाँ

प्रयाग से चित्रकूट जाते हुए राम जमुना पार करते हैं और भरद्वाज के द्वारा साथ लगाए हुए शिष्यों को विदा करते हैं। राम-सीता तट पर लोगों से बातचीत कर ही रहे हैं कि–

तेहि अवसर एक तापस आवा। तेजपुंज लघु बयस सुहावा।।
कवि अलषित गति वेष बिरागी। मन क्रम बचन राम अनुरागी।।
सजल नयन तन पुलक निज इष्ट देव पहिचानि।
परेउ दंड जिमि धरनितल दसा न जाइ बखानि।।

यह तापस एकाएक आता है। कब जाता है, कौन है, इसका कहीं कोई उल्लेख नहीं। बात यह है कि इस ढंग से कवि ने अपने को ही तापस रूप में राम के पास पहुँचाया है और ठीक उसी प्रदेश में जहाँ के वे निवासी थे, अर्थात् राजापुर के पास।

तुलसी ने तो अपने को कुछ प्रच्छन्न रूप में पहुँचाया है, पर सूर ने प्रकट रूप में। यह तो निर्विवाद है कि वल्लभाचार्यजी से दीक्षा लेने के उपरांत सूरदासजी गोवर्धन पर श्रीनाथजी के मंदिर में कीर्तन किया करते थे। अपने सूरसागर के दशमस्कंध के आरंभ में सूरदास ने श्रीकृष्ण के दर्शन के लिए अपने को ढाढ़ी के रूप में नंद के द्वार पर पहुँचाया है। कृष्णजन्म के उपरांत नंद के घर बराबर आनंदोत्सव हो रहे हैं। उसी बीच एक ढाढ़ी आकर कहता है–

नंद जू मेरे मन आनंद भयो, हौं गोवर्धन ते आयो।
तुम्हरे पुत्र भयो, मैं सुनि कै अति आतुर उठि धायो।।
x x x
जब तुम मदन मोहन करि टेरौं, यह सुनि के घर जाऊँ।
हौं तो तेरे घर को ढाढ़ी, सूरदास मेरो नाऊँ।।

वल्लभाचार्यजी के पुत्र गोसाईं विट्ठलनाथ के सामने गोवर्धन की तलहटी के पारसोली ग्राम में सूरदास की मृत्यु हुई, इसका पता भी उक्त 'वार्ता' से लगता है। गोसाईं विट्ठलनाथ की मृत्यु सं. 1642 में हुई। इसके कितने पहले सूरदास का परलोकवास हुआ, यह निश्चित रूप से नहीं कहा जा सकता।

'सूरसागर' समाप्त करने पर सूर ने जो 'सूरसागर सारावली' लिखी है, उसमें अपनी अवस्था 67 वर्ष की कही है–

गुरु परसाद होत यह दरसन सरसठ बरस प्रबीन।

तात्पर्य यह कि 67 वर्ष के होने के कुछ पहले वे 'सूरसागर' समाप्त कर चुके

थे। सूरसागर समाप्त होने के थोड़ा ही पीछे उन्होंने 'सारावली' लिखी होगी। एक और ग्रंथ सूरदास का 'साहित्य लहरी' है, जिसमें अलंकारों और नायिका भेदों के उदाहरण प्रस्तुत करनेवाले कूट पद हैं। इसका रचनाकाल सूर ने इस प्रकार व्यक्त किया है—

मुनि सुनि रसन के रस लेख।
दसन गौरीनंद को लिखि सुबल संबत पेख।।

इसके अनुसार संवत् 1607 में 'साहित्य लहरी' समाप्त हुई। यह तो मानना ही पड़ेगा कि साहित्यक्रीड़ा का यह ग्रंथ 'सूरसागर' से छुट्टी पाकर ही सूर ने संकलित किया होगा। उसके दो वर्ष पहले यदि 'सूरसारावली' की रचना हुई तो कह सकते हैं कि संवत् 1605 में सूरदासजी 67 वर्ष के थे। अब यदि उनकी आयु 80 या 82 वर्ष की मानें तो उनका जन्मकाल सं. 1540 के आसपास तथा मृत्युकाल सं. 1620 के आसपास अनुमित होता है।

'साहित्य लहरी' के अंत में एक पद है जिसमें सूर अपनी वंशपरंपरा देते हैं। उस पद के अनुसार सूर पृथ्वीराज के कवि चंदबरदाई के वंशज ब्रह्म भट्ट थे। चंद कवि के कुल में हरीचंद हुए जिनके सात पुत्रों में सबसे छोटे सूरजदास या सूरदास थे। शेष 6 भाई जब मुसलमानों से युद्ध करते हुए मारे गए तब अंधे सूरदास बहुत दिनों तक इधर-उधर भटकते रहे। एक दिन वे कुएँ में गिर पड़े और छह दिन उसी में पड़े रहे। सातवें दिन कृष्ण भगवान उनके सामने प्रकट हुए और दृष्टि देकर अपना दर्शन दिया। भगवान ने कहा कि दक्षिण के एक प्रबल ब्राह्मण कुल द्वारा शत्रुओं का नाश होगा और तूँ सब विद्याओं में निपुण होगा। इस पर सूरदास ने वर माँगा कि जिन आँखों से मैंने आपका दर्शन किया उनसे अब और कुछ न देखूँ और सदा आपका भजन करूँ। कुएँ से जब भगवान ने बाहर निकाला तब वे ज्यों के त्यों अंधे हो गए और ब्रज में आकर भजन करने लगे। वहाँ गोसाईंजी ने उन्हें 'अष्टछाप' में लिया। वह पद यह है—

प्रथम ही प्रथु यज्ञ तें भे प्रकट अद्भुत रूप।
ब्रह्मराव विचारि ब्रह्मा राखु नाम अनूप।।
पान पय देवी दियो सिव आदि सुर सुख पाय।
कह्यो दुर्गा पुत्र तेरो भयो अति अधिकाय।।
पारि पायँन सुरन के सुर सहित अस्तुति कीन।
तासु बंस प्रसंस में भौ चंद चारु नवीन।।
भूप पृथ्वीराज दीन्हों तिन्हें ज्वाला देस।

तनय ताके चार कीनो प्रथम आप नरेस।।
दूसरे गुनचंद ता सुत सीलचंद सरूप।
वीरचंद प्रताप पूजन भयो अद्‌भुत रूप।।
रंथभौर हमीर भूपति सँगत खेलत जात।
तासु वंस अनूप भो हरिचंद अति विख्यात।।
आगरे रहि गोपचल में रह्यो ता सुत वीर।
पुत्र जनमे सात ताके महा भट गंभीर।।
कृष्णचंद उदारचंद जु रूपचंद सुभाइ।
बुद्धिचंद प्रकाश चौथे भे सुखदाइ।।
देवचंद प्रबोध संसृतचंद ताको नाम।
भयो सप्तो नाम सूरजचंद मंद निकाम।।
(सो समर करि साहि सेवक गए बिधि के लोक।
रहो सूरजचंद दृग तें हीन भरि वर सोक।।
परो कूप पुकार काहू सुनी ना संसार।
सातएँ दिन आइ जदुपति कियौ आप उधार।।
दियौ चष दै कही सिसु सुनु माँग वर जो चाइ।
हौं कही प्रभु भगति चाहत सत्रु नास सुथाइ।।
दूसरो ना रूप देखौ देखि राधा स्याम।
सुनत करुनासिंधु भाषी एवमस्तु मुदाम।।
प्रबल दच्छिन विप्रकुल तें सत्रु ह्वैहै नास।
अमित बुद्धि विचारि विद्यावन माने मास।।
नाम राखे मोर सूरजदास सूर सुस्याम।
भए अंतर्धान बीते पाछली निसि याम।।
मोहि पन सो इहै ब्रज की बसे सुख चित थाप।
थपि गोसाईं करी मेरी आठ मद्धे छाप।।
विप्र है प्रथ जागते को भाव पूर निकाम।
'सूर' है नँदनंद जू को लिया मोल गुलाम।।)

हमारा अनुमान है कि 'साहित्य लहरी' में यह पद पीछे किसी भाट के द्वारा जोड़ा गया है। यह पंक्ति ही–

'प्रबल दच्छिन विप्रकुल ते सत्रु ह्वैहै नास'

इसे सूर के बहुत पीछे की रचना बता रही है। 'प्रबल दच्छिन विप्रकुल' से साफ

पेशवाओं की ओर संकेत है। इसे खींचकर अध्यात्म पक्ष की ओर मोड़ने का प्रयत्न व्यर्थ है।

सारांश यह है कि हमें सूरदास का जो थोड़ा-सा वृत्त 'चौरासी वैष्णवों की वार्ता' में मिलता है, उसी पर संतोष करना पड़ता है। यह 'वार्ता' भी यद्यपि वल्लभाचार्यजी के पौत्र गोकुलनाथजी की लिखी कही जाती है, पर उनकी लिखी नहीं जान पड़ती। इसमें कई जगह गोकुलनाथजी के श्रीमुख से कही हुई बातों का बड़े आदर और सम्मान के शब्दों में उल्लेख है और वल्लभाचार्य की शिष्या न होने के कारण मीराबाई को बहुत बुरा-भला कहा गया है और गालियाँ तक दी गई हैं। रंग-ढंग से यह वार्ता गोकुलनाथजी के पीछे उनके किसी गुजराती शिष्य की रचना जाना पड़ती है।

'भक्तमाल' में सूरदास के संबंध में केवल एक ही छप्पय मिलता है—

> उक्ति चोज अनुप्रास बरन अस्थिति अति भारी।
> बचन प्रीति निर्वाह अर्थ अद्‌भुत तुकधारी।।
> प्रतिबिंबित दिवि दिष्टि, हृदय हरिलीला भासी।
> जनम करम गुन रूप सबै रसना परकासी।।
> विमल बुद्धि गुन और की जो यह गुन श्रवननि धरै।
> सूर कबित्त सुनि कौन कवि जो नहि सिर चालन करै।।

इस छप्पय में सूर के अंधे होने का संकेत है, जो परंपरा से प्रसिद्ध चला आता है।

जीवन का कोई विशेष प्रामाणिक वृत्त न पाकर इधर कुछ लोगों ने सूर के समय के आसपास के किसी ऐतिहासिक लेख में जहाँ कहीं सूरदास नाम मिला है, वहीं का वृत्त प्रसिद्ध सूरदास पर घटाने का प्रयत्न किया है। ऐसे दो उल्लेख लोगों को मिले हैं—

(1) 'आईन अकबरी' में अकबर के दरबार में नौकरों, गवैयों, बीनकारों आदि कलावंतों की जो फिहरिस्त है उसमें बाबा रामदास और उनके बेटे सूरदास दोनों के नाम दर्ज हैं। उसी ग्रंथ में यह भी लिखा है कि सब कलावंतों की सात मंडलियाँ बना दी गई थीं। प्रत्येक मंडली सप्ताह में एक बार दरबार में हाजिर होकर बादशाह का मनोरंजन करती थी। अकबर सं॰ 1613 में गद्दी पर बैठा। हमारे सूरदास सं॰ 1580 के आसपास ही वल्लभाचार्यजी के शिष्य हो गए थे और उसके पहले भी विरक्त साधु के रूप में गऊघाट पर रहा करते थे। इस दशा में सं॰ 1613 के बहुत बाद वे नौकरी करने कैसे पहुँचे? अतः 'आईन अकबरी'

के सूरदास और सूरसागर के सूरदास एक ही व्यक्ति नहीं ठहरते।

(2) 'मुंशियात अब्बुलफजल' नामक अब्बुलफजल के पत्रों का एक संग्रह है जिसमें बनारस के किसी संत सूरदास के नाम अब्बुलफजल का एक पत्र है। बनारस का करोड़ी इन सूरदास के साथ अच्छा बर्ताव नहीं करता था, इससे उसकी शिकायत लिखकर इन्होंने शाही दरबार में भेजी थी। उसी के उत्तर में अब्बुलफजल का पत्र है। बनारस के ये सूरदास बादशाह से इलाहाबाद में मिलने के लिए इस तरह बुलाए गए हैं।

'हजरत बादशा इलाहाबाद में तशरीफ लाएँगे। उम्मीद है कि आप भी सर्फ मुलाजमत से मुशर्रफ होकर मुरीद हकीकी होंगे और खुदा का शुक्र है कि हजरत भी आपको हकशिनाश जानकर दोस्त रखते हैं।' (फारसी का अनुवाद)

इन शब्दों से ऐसी ध्वनि निकलती है कि ये कोई ऐसे संत थे जिनके अकबर के 'दीनइलाही' में दीक्षित होने की संभावना अब्बुलफजल समझता था। संभव है कि ये कबीर के अनुयायी कोई संत न हों। अकबर का दो बार इलाहाबाद जाना बताया जाता है। एक तो संवत् 1640 में, फिर संवत् 1661 में। पहली यात्रा के समय का लिखा हुआ भी यदि इस पत्र को मानें तो भी उस समय हमारे सूर का गोलोकवास हो चुका था। यदि उन्हें तब तक जीवित मानें तो वे 100 वर्ष के ऊपर रहे होंगे। मृत्यु के इतने समीप आकर वे इन सब झमेलों में क्यों पड़ने जाएँगे, या उनके 'दीनइलाही' में दीक्षित होने की आशा कैसे की जाएगी?

श्रीवल्लभाचार्यजी के पीछे उनके पुत्र गोसाईं विट्ठलनाथजी गद्दी पर बैठे। उस समय तक पुष्टिमार्गी कई कवि बहुत-से सुंदर-सुंदर पदों की रचना कर चुके थे। इससे गोसाईं विट्ठलनाथजी ने उनमें से आठ सर्वोत्तम कवियों को चुनकर 'अष्टछाप' की प्रतिष्ठा की। 'अष्टछाप' के आठ कवि ये हैं—सूरदास, कुंभनदास, परमानंददास, कृष्णदास, छीत स्वामी, गोविंद स्वामी, चतुर्भुजदास और नंददास।

कृष्णभक्ति परंपरा में कृष्ण की प्रेममयी मूर्ति को ही लेकर प्रेमतत्व की बड़े विसतार के साथ व्यंजना हुई है; उनके लोकपक्ष का समावेश उसमें नहीं है। इन कृष्णभक्तों के कृष्ण प्रेमोन्मत्त गोपिकाओं से घिरे हुए गोकुल के श्रीकृष्ण हैं, बड़े-बड़े भूपालों के बीच लोक व्यवस्था की रक्षा करते हुए द्वारका के श्रीकृष्ण नहीं। कृष्ण के जिस रूप को लेकर ये भक्त कवि चले हैं, वह हासविलास की तरंगों से परिपूर्ण अनंत सौंदर्य का समुद्र है। उस सार्वभौम प्रेमालंबन के सम्मुख मनुष्य का हृदय निराले प्रेमलोक में फूला-फूला फिरता है। अतः इन कृष्णभक्त कवियों के

संबंध में यह कह देना आवश्यक है कि ये अपने रंग में मस्त रहनेवाले जीव थे, तुलसीदासजी के समान लोकसंग्रह का भाव इनमें न था। समाज किधर जा रहा है, इस बात की ये परवा नहीं करते थे, यहाँ तक कि अपने भगवत्प्रेम की पुष्टि के लिए जिस शृंगारमयी लोकोत्तर छटा और आत्मोत्सर्ग की अभिव्यंजना से इन्होंने जनता को रसोन्मत्त किया, उसका लौकिक स्थूल दृष्टि रखनेवाले विषय-वासनापूर्ण जीवों पर कैसा प्रभाव पड़ेगा, इसकी ओर इन्होंने ध्यान न दिया। जिस राधा और कृष्ण के प्रेम को इन भक्तों ने अपनी गूढ़ातिगूढ़ चरम भक्ति का व्यंजक बनाया, उसको लेकर आगे के कवियों ने शृंगार की उन्मादकारिणी उक्तियों से हिंदी काव्य को भर दिया।

कृष्णचरित के गाने में गीत काव्य की जो धारा पूरब में जयदेव और विद्यापति ने बहाई, उसी का अवलंबन ब्रज के भक्त कवियों ने भी किया। आगे चलकर अलंकार काल के कवियों ने अपनी शृंगारमयी मुक्तक कविता के लिए राधा और कृष्ण का ही प्रेम लिया। इस प्रकार कृष्ण संबंधिनी कविता का स्फुरण मुक्तक के क्षेत्र में हुआ, प्रबंध क्षेत्र में नहीं। बहुत पीछे 1809 में ब्रजवासीदास ने रामचरितमानस के ढंग पर दोहा-चौपाइयों में प्रबंधकाव्य के रूप में कृष्णचरित वर्णन किया, पर ग्रंथ बहुत साधारण कोटि का हुआ और उसका वैसा प्रसार न हो सका। कारण स्पष्ट है। कृष्णभक्त कवियों ने श्रीकृष्ण भगवान के चरित का जितना अंश लिया वह एक अच्छे प्रबंधकाव्य के लिए पर्याप्त न था। उसमें मानव जीवन की वह अनेकरूपता न थी जो अच्छे प्रबंधकाव्य के लिए आवश्यक है। कृष्णभक्त कवियों की परंपरा अपने इष्टदेव की केवल बाललीला और यौवनलीला लेकर ही अग्रसर हुई जो गीत और मुक्तक के लिए ही उपयुक्त थी। मुक्तक क्षेत्र में कृष्ण भक्त कवियों तथा आलंकारिक कवियों ने शृंगार और वात्सल्य रसों को पराकाष्ठा पर पहुँचा दिया, इसमें कोई संदेह नहीं।

पहले कहा गया है कि श्रीवल्लभाचार्य जी की आज्ञा से सूरदासजी ने श्रीमद्भागवत की कथा को पदों में गाया। इनके सूरसागर में वास्तव में भागवत के दशमस्कंध की कथा ही ली गई; उसी को इन्होंने विस्तार से गाया। शेष स्कंधों की कथा संक्षेपतः इतिवृत्त के रूप में थोड़े से पदों में कह दी गई है। सूरसागर में कृष्णजन्म से लेकर श्रीकृष्ण के मथुरा जाने तक की कथा अत्यंत विस्तार से फुटकल पदों में गाई गई है। भिन्न-भिन्न लीलाओं के प्रसंग लेकर इस सच्चे रसमग्न कवि ने अत्यंत मधुर और मनोहर पदों की झड़ी-सी बाँध दी है। इन पदों के संबंध में सबसे पहली बात ध्यान देने की यह है कि चलती हुई ब्रजभाषा में सबसे पहली साहित्यिक रचना होने पर भी ये इतने सुडौल और परिमार्जित हैं। यह

रचना इतनी प्रगल्भ और काव्यांगपूर्ण है कि आगे होनेवाले कवियों की श्रृंगार और वात्सल्य की उक्तियाँ सूर की जूठी-सी जान पड़ती हैं। अतः सूरसागर किसी चली आती हुई गीतिकाव्य परंपरा का—चाहे वह मौखिक ही रही हो—पूर्ण विकास-सा प्रतीत होता है।

गीतों की परंपरा तो सभ्य-असभ्य सब जातियों में अत्यंत प्राचीन काल से चली आ रही है। सभ्य जातियों ने लिखित साहित्य के भीतर भी उनका समावेश किया है। लिखित रूप में आकर उनका रूप पंडितों की काव्यपरंपरा की रूढ़ियों के अनुसार बहुत कुछ बदल जाता है। इससे जीवन के कैसे-कैसे योग सामान्य जनता का मर्मस्पर्श करते आए हैं और भाषा की किन-किन पद्धतियों पर वे अपने गहरे भावों की व्यंजना करते आए हैं, इसका ठीक पता हमें बहुत काल से चले आते हुए मौखिक गीतों से ही लग सकता है। किसी देश की काव्यधारा के मूल प्राकृतिक स्वरूप का परिचय हमें चिरकाल से चले आते हुए इन्हीं गीतों से मिल सकता है। घर-घर प्रचलित स्त्रियों के घरेलू गीतों में श्रृंगार और करुणा दोनों का बहुत स्वाभाविक विकास हम पाएँगे। इसी प्रकार आल्हा, कड़खा आदि पुरुषों के गीतों में वीरता की व्यंजना की सरल स्वाभाविक पद्धति मिलेगी। देश की अंतवर्तिनी मूल भावधारा के स्वरूप के ठीक-ठीक परिचय के लिए ऐसे गीतों का पूर्ण संग्रह बहुत आवश्यक है। पर इस संग्रह कार्य में उन्हीं का हाथ लगाना ठीक है जिन्हें भारतीय संस्कृति के मार्मिक स्वरूप की परख हो, और जिन्हें पूरी ऐतिहासिक दृष्टि हो।

स्त्रियों के बीच चले आते हुए बहुत पुराने गीतों को ध्यान से देखने पर पता लगेगा कि उनमें स्वकीया के ही प्रेम की सरल गंभीर व्यंजना है। परकीया प्रेम के जो गीत हैं वे कृष्ण और गोपिकाओं की प्रेमलीला को ही लेकर चले हैं, इससे उन पर भक्ति या धर्म का भी कुछ रंग चढ़ा रहता है। इस प्रकार के मौखिक गीत देश के प्रायः सब भागों में गाए जाते थे। मैथिल कवि विद्यापति (संवत् 1460) की पदावली में हमें उनका साहित्यिक रूप मिलता है। सूर के श्रृंगारी पदों की रचना बहुत कुछ विद्यापति की पद्धति पर हुई है। कुछ पदों के तो भाव भी बिलकुल मिलते हैं; जैसे—

अनुखन माधव माधव सुमिरइत सुंदरि भेलि मधाई।
ओ निज भाव सुभावहि बिसरल अपने गुन लुबधाई।।

x x x

भोरहि सहचरि कातर दिठि हेरि छल-छल लोचन पानि।
अनुखन राधा राधा रटइत आधा आधा वानि।।

राधा सयँ जब पनितहि माधव, माधव सयँ जब राधा।
दारुन प्रेम तबहि नहिं टूटत बाढत बिरह का बाधा।।
दुहु दिसि दारु दहन जइसे दगधई, आकुल कीट परान।
ऐसन बल्लभ हेरि सुधामुखि कबि विद्यापति भान।।

इस पद का भावार्थ यह है कि प्रतिक्षण कृष्ण का स्मरण करते-करते राधा कृष्णरूप हो जाती हैं और अपने को कृष्ण समझकर राधा के वियोग में 'राधा राधा' रटने लगती हैं। फिर जब होश में आती हैं तब कृष्ण के विरह में संतृप्त होकर फिर 'कृष्ण कृष्ण' करने लगती हैं। इस प्रकार अपनी सुध में रहती हैं तब भी, नहीं रहती हैं तब भी, दोनों अवस्थाओं में उन्हें विरह का ताप सहना पड़ता है। उनकी दशा उस लकड़ी के भीतर के कीड़े की-सी रहती है जिसके दोनों छोरों पर आग लगी हो। अब इसी भाव का सूर का यह पद देखिए—

सुनौ स्याम! यह बात और कोउ क्यों समझाय कहै।
दुहुँ दिसि की रति बिरह बिरहिनी कैसे कै जो सहै।।
जब राधे, तब ही मुख 'माधौ माधौ' रटति रहै।
जब माधौ है जाति, सकल तनु राधा बिरह दहै।।
उभय अग्र दव दारुकीट ज्यों सीतलताहि चहै।
सूरदास अति बिकल बिरहिनी कैसेहु सुख न लहै।।

—सूरसागर, पृ॰ 564, वेंकटेश्वर

'सूरसागर' में जगह-जगह दृष्टिकूटवाले पद मिलते हैं। यह भी विद्यापति का अनुकरण है। 'सारंग' शब्द को लेकर सूर ने कई जगह कूट पद कहे हैं। विद्यापति की पदावली में इसी प्रकार का एक कूट देखिए—

साराँगनयन, बयन पुनि साराँग, साराँग तासु समधाने।
साराँग उपर उगल दस साराँग, केलि करथि मधुपाने।।

पच्छिमी हिंदी बोलनेवाले सारे प्रदेशों में गीतों की भाषा ब्रज ही थी, दिल्ली के आसपास भी गीत ब्रजभाषा में ही गाए जाते थे, खुसरो (संवत् 1340) के गीत और दोहे बिलकुल ब्रजभाषा में हैं। कबीर (संवत् 1560) की 'साखी' की भाषा तो 'सधुक्कड़ी' है, पर पदों की भाषा काव्य में प्रचलित ब्रजभाषा है। यह एक पद तो कबीर और सूर दोनों की रचनाओं के भीतर ज्यों का त्यों मिलता है—

है हरि भजन को परवाँन।
नीच पावै ऊँच पदवी, बाजते नीसान।

भजन को परताप ऐसो तिरे जल पाषान।
अधमभील अंजाति गनिका चढ़े जात बिवाँन।
नव लाख तारा चलै मंडल, चलै ससहर भान।
दास धू कौं अटल पदवी राम को दीवान।
निगम जाकी साखि बोलैं कथ संत सुजान।
जन कबीर तेरी सरनि आयौ, राखि लेहु भगवान्।।

—कबीरग्रंथावली, पृ. 190

है हरि भजन को परमान।
नीच पावै ऊँच पदवी, बाजते नीसान।
भजन को परताप ऐसो जल तरै पाषान।
अजामिल अरु भील गनिका चढ़े जात विमान।
चलत तारे सकल मंडल, चलत ससि अरु भान।
भक्त ध्रुव को अटल पदवी राम को दीवान।
निगम जाको सुजस गावत, सुनत संत सुजान।
सूर हरि की सरन आयौ, राखि ले भगवान।।

—सूरसागर, पृ. 19, वेंकटेश्वर

कबीर की सबसे प्राचीन प्रति में भी यह पद मिलता है, इससे नहीं कहा जा सकता है कि सूर की रचनाओं के भीतर यह कैसे पहुँच गया।

राधाकृष्ण की प्रेमलीला के गीत सूर के पहले से चले आते थे, यह तो कहा ही जा चुका है। बैजू बावरा एक प्रसिद्ध गवैया हो गया है जिसकी ख्याति तानसेन के पहले देश में फैली हुई थी। उसका एक पद देखिए—

मुरली बजाय रिझाय लई मुख मोहन तें।
गोपी रीझि रही रसतानन सों सुधबुध सब बिसराई।
धुनि सुनि मन मोहे, मगन भई देखत हरि आनन।
जीव जंतु पसु पंछी सुर नर मुनि मोहे, हरे सब के प्रानन।
बैजू बनवारी बंसी अधर धरि बृंदावनचंद बस किए सुनत ही कानन।

जिस प्रकार रामचरित गान करनेवाले भक्त कवियों में गोस्वामी तुलसीदासजी का स्थान सर्वश्रेष्ठ है, उसी प्रकार कृष्णचरित गानेवाले भक्त कवियों में महात्मा सूरदासजी का। वास्तव में ये हिंदी काव्य गगन के सूर्य और चंद्र हैं। जो तन्मयता इन दोनों भक्तशिरोमणि कवियों की वाणी में पाई जाती है, वह अन्य कवियों में कहाँ? हिंदी काव्य इन्हीं के प्रभाव से अमर हुआ; इन्हीं की सरसता से उसका

स्रोत सूखने न पाया। सूर की स्तुति में, एक संस्कृत श्लोक के भाव को लेकर, यह दोहा कहा गया है—

उत्तम पद कवि गंग के, कविता को बल बीर।
केशव अर्थगँभीर को, सूर तीन गुन धीर।।

इसी प्रकार यह दोहा भी बहुत प्रसिद्ध है—

किधौं सूर को सर लग्यो, किधौं सूर की पीर।
किधौं सूर को पद लग्यो, बेध्यो सकल सरीर।।

यद्यपि तुलसी के समान सूर का काव्यक्षेत्र इतना व्यापक नहीं कि उसमें जीवन की भिन्न-भिन्न दशाओं का समावेश हो पर जिस परिमित पुण्यभूमि में उनकी वाणी ने संचरण किया, उसका कोई कोना अछूता न छूटा। श्रृंगार और वात्सल्य के क्षेत्र में जहाँ तक इनकी दृष्टि पहुँची वहाँ तक और किसी कवि की नहीं। इन दोनों क्षेत्रों में तो इस महाकवि ने मानो औरों के लिए कुछ छोड़ा ही नहीं। गोस्वामी तुलसीदास ने 'गीतावली' में बाललीला को इनकी देखा-देखी बहुत अधिक विस्तार दिया सही, पर उसमें बालसुलभ भावों और चेष्टाओं की वह प्रचुरता नहीं आई, उसमें रूपवर्णन की ही प्रचुरता रही। बालचेष्टा के स्वाभाविक मनोहर चित्रों का इतना बड़ा भंडार और कहीं नहीं।

सूर की बड़ी भारी विशेषता है नवीन प्रसंगों की उद्भावना। प्रसंगोद्भावना करनेवाली ऐसी प्रतिभा हम तुलसी में नहीं पाते। बाललीला और प्रेमलीला दोनों के अंतर्गत कुछ दूर तक चलनेवाले न जाने कितने छोटे-छोटे मनोरंजक वृत्तों की कल्पना सूर ने की है। जीवन के एक क्षेत्र के भीतर कथावस्तु की यह रमणीय कल्पना ध्यान देने योग्य है।

राधाकृष्ण के प्रेम को लेकर कृष्णभक्ति की जो काव्यधारा चली, उसमें लीलापक्ष अर्थात् बाह्यार्थविधान की प्रधानता रही है! उसमें केलि, विलास, रास, छेड़छाड़, मिलन की युक्तियों आदि बाहरी बातों का ही विशेष वर्णन है। प्रेमलीन हृदय की नाना अनुभूतियों की व्यंजना कम है। वियोगवर्णन में कुछ संचारियों का समावेश मिलता है, पर वे रूढ़ और परंपरागत हैं, उनमें नूतन उद्भावना बहुत थोड़ी पाई जाती है। भ्रमरगीत के अंतर्गत अलबत सूर ने आभ्यंतर पक्ष का भी विस्तृत उद्घाटन किया है। प्रेमदशा के भीतर की न जाने कितनी मनोवृत्तियों की व्यंजना गोपियों के वचनों द्वारा होती है।

काव्य में लोकमंगल

आत्मबोध और जगद्बोध के बीच ज्ञानियों ने गहरी खाई खोदी पर हृदय ने कभी उसी परवा न की; भावना दोनों को एक ही मानकर चलती रही। इस दृश्य जगत् के बीच जिस आनंदमंगल की विभूति का साक्षात्कार होता रहा उसी के स्वरूप की नित्य और चरम भावना द्वारा भक्तों के हृदय में भगवान् के स्वरूप की प्रतिष्ठा हुई। लोक में इसी स्वरूप के प्रकाश को किसी ने 'रामराज्य' कहा, किसी ने 'आसमान की बादशाहत'। यद्यपि मूसाइयों और उनके अनुगामी ईसाइयों की धर्मपुस्तक में आदम खुदा की प्रतिमूर्ति बताया गया पर लोक के बीच नर में नारायण की दिव्य कला का सम्यक् दर्शन और उसके प्रति हृदय का पूर्ण निवेदन भारतीय भक्तिमार्ग में ही दिखाई पड़ा।

सत्, चित् और आनंद—ब्रह्म के इन तीन स्वरूपों में से काव्य और भक्ति मार्ग 'आनंद' स्वरूप को लेकर चले। विचार करने पर लोक में इस आनंद की अभिव्यक्ति की दो अवस्थाएँ पाई जाएँगी—साधनावस्था और सिद्धावस्था। अभिव्यक्ति के क्षेत्र में ब्रह्म के 'आनंद' स्वरूप का सतत आभास नहीं रहता, उसका आविर्भाव और तिरोभाव होता रहता है। इस जगत् में न तो सदा और सर्वत्र लहलहाता वंसतविकास रहता है, न सुख-समृद्धिपूर्ण हासविलास। शिशिर के आतंक से सिमटी और झोंके झेलती वनस्थली की खिन्नता और हीनता के बीच से ही क्रमशः आनंद की अरुण आभा धुँधली-धुँधली फूटती हुई अंत में वसंत की पूर्ण प्रफुल्लता और प्रचुरता के रूप में फैल जाती है। इसी प्रकार लोक की पीड़ा, बाधा, अन्याय, अत्याचार के बीच दबी हुई आनंदज्योति भीषण शक्ति में परिणत होकर अपना मार्ग निकालती है और फिर लोकमंगल और लोकरंजन के रूप में अपना प्रकाश करती है।

कुछ कवि और भक्त तो जिस प्रकार आनंदमंगल के सिद्ध या आविर्भूत स्वरूप को लेकर सुख सौंदर्यमय, माधुर्य, सुषमा, विभूति, उल्लास, प्रेमव्यापार इत्यादि उपभोग पक्ष की ओर आकर्षित होते हैं उसी प्रकार आनंदमंल की साधनावस्था या प्रयत्नपक्ष को लेकर पीड़ा, बाधा, अन्याय, अत्याचार आदि के दमन में तत्पर

शक्ति के संचरण में भी—उत्साह, क्रोध, करुणा, भय, घृणा इत्यादि की गतिविधि में भी—पूरी रमणीयता देखते हैं। वे जिस प्रकाश को फैला हुआ देखकर मुग्ध होते हैं, उसी प्रकार फैलने के पूर्व उसका अंधकार को हटाना देखकर भी। ये ही पूर्ण कवि हैं, क्योंकि जीवन की अनेक परिस्थितियों के भीतर ये सौंदर्य का साक्षात्कार करते हैं; साधनावस्था या प्रयत्नपक्ष को ग्रहण करनेवाले कुछ ऐसे कवि भी होते हैं जिनका मन सिद्धावस्था या उपभोग पक्ष की ओर नहीं जाता, जैसे भूषण। इसी प्रकार कुछ कवि या भावुक आनंद के केवल सिद्ध स्वरूप या उपभोग पक्ष में ही अपनी वृत्ति रमा सकते हैं। उनका मन सदा सुख-सौंदर्यमय माधुर्य, दीप्ति, उल्लास, प्रेमक्रीड़ा इत्यादि के प्राचुर्य ही की भावना में लगता है। इसी प्रकार की भावना या कल्पना उन्हें कलाक्षेत्र के भीतर समझ पड़ती है।

उपर्युक्त दृष्टि से हम काव्यों के दो विभाग कर सकते हैं—

(1) आनंद की साधनावस्था या प्रयत्नपक्ष को लेकर चलनेवाले।

(2) आनंद की सिद्धावस्था या उपभोगपक्ष को लेकर चलनेवाले।

डंटन (थियोटर वैट्स) ने जिसे शक्तिकाव्य (पोएट्री ऐज ऐन एनर्जी)[1] कहा है, वह हमारे प्रथम प्रकार के अंतर्गत आ जाता है जिसमें लोकप्रवृत्ति को परिचालित करनेवाला प्रभाव होता है, जो पाठकों या श्रोताओं के हृदय में भावों की स्थाई प्रेरणा उत्पन्न कर सकता है। पर डंटन ने शक्तिकाव्य से भिन्न को जो कलाकाव्य (पोएट्री ऐज ऐन आर्ट) कहा है, वह कला का उद्देश्य केवल मनोरंजन मानकर। वास्तव में कला की दृष्टि दोनों प्रकार के काव्यों में अपेक्षित है। साधनावस्था या प्रयत्नपक्ष को लेकर चलनेवाले काव्यों में भी यदि कला में चूक हुई तो लोकगीत को परिचालित करनेवाला स्थाई प्रभाव न उत्पन्न हो सकेगा। यहीं तक नहीं, व्यंजित भावों के साथ पाठकों की सहानुभूति या साधारणीकरण तक, जो रस की पूर्ण अनुभूति के लिए आवश्यक है, न हो सकेगा। यदि 'कला' का वही अर्थ लेना है जो कामशास्त्र की चौंसठ कलाओं में है—अर्थात् मनोरंजन या उपभोग मात्र का विधायक—तो काव्य के संबंध में दूर ही से इस शब्द को नमस्कार करना चाहिए। काव्यसमीक्षा में फरांसीसियों की प्रधानता के कारण इस शब्द को इसी अर्थ में ग्रहण करने से योरोप में काव्यदृष्टि इधर कितनी संकुचित हो गई, इसका निरूपण हम किसी अन्य प्रबंध में करेंगे।

आनंद की साधनावस्था या प्रयत्नपक्ष को लेकर चलनेवाले काव्यों के उदाहरण हैं—रामायण, महाभारत, रघुवंश, शिशुपालवध, किरातार्जुनीय। हिंदी में रामचरितमानस, पद्मावत (उत्तराध), हम्मीररासो, पृथ्वीराजरासो, छत्रप्रकाश इत्यादि प्रबंधकाव्य, भूषण

1. देखिए, पोयट्री एंड दि रिनेसाँ आव् वंडर।

आदि कवियों के वीररसात्मक मुक्तक तथा आल्हा आदि प्रचलित वीरगाथात्मक गीत। उर्दू के वीररसात्मक मरसिये। योरोपीय भाषाओं में इलियट, ओडेसी, पैराडाइज लास्ट; रिवोल्ट आफ इसलाम इत्यादि प्रबंधकाव्य तथा पुरने बैलड।

आनंद की सिद्धावस्था या उपभोग पक्ष को लेकर चलनेवाले काव्यों के उदाहरण हैं—आर्यासप्तशती, गाथासप्तशती, अमरुकशतक, गीतगोविंद तथा शृंगाररस के फुटकल पद्य। हिंदी में सूरसागर, कृष्णभक्त कवियों की पदावली, बिहारी सतसई, रीतिकाल के कवियों के फुटकल शृंगारी पद, रासपंचाध्यायी ऐसे वर्णनात्मक काव्य तथा आजकल की अधिकांश छायावादी कविताएँ। फारसी उर्दू के शेर और गजलें। अँगरेजी की लीरिक कविताएँ तथा कई प्रकार की वर्णनात्मक कविताएँ।

आनंद की साधनावस्था

लोक में फैली दुःख की छाया को हटाने में ब्रह्म की आनंदकला जो शक्तिमय रूप धारण करती है उसकी भीषणता में भी अद्भुत मनोहरता, कटुता में भी अपूर्व मधुरता, प्रचंडता में भी गहरी आर्द्रता साथ लगी रहती है। विरुद्धों का यही सामंजस्य कर्मक्षेत्र का सौंदर्य है जिसकी ओर आकर्षित हुए बिना मनुष्य का हृदय नहीं रह सकता। इस सामंजस्य का और कई रूपों में भी दर्शन होता है। किसी कोट- पतलून-हैटवाले को धाराप्रवाह संस्कृत बोलते अथवा किसी पंडितवेश-धारी सज्जन को अंग्रेजी की प्रगल्भ वक्तृता देते सुन व्यक्तित्व का जो एक चमत्कार-सा दिखाई पड़ता है उसकी तह में भी सामंजस्य का यही सौंदर्य समझना चाहिए। भीषणता और सरसता, कोमलता और कठोरता, कटुता और मधुरता, प्रचंडता और मृदुता का सामंजस्य ही लोकधर्म का सौंदर्य है। आदिकवि वाल्मीकि की वाणी इसी सौंदर्य के उद्घाटन महोत्सव का दिव्य संगीत है। सौंदर्य का यह उद्घाटन असौंदर्य का आवरण हटाकर होता है। धर्म और मंगल की यह ज्योति अधर्म और अमंगल की घटा को फाड़ती हुई फूटती है। इससे कवि हमारे सामने असौंदर्य, अमंगल, अत्याचार, क्लेश इत्यादि भी रखता है; रोष, हाहाकार और ध्वंस का दृश्य भी लाता है, पर सारे भाव, सारे रूप और सारे व्यापार भीतर-भीतर आनंद कला के विकास में ही योग देते पाए जाते हैं। यदि किसी ओर उन्मुख ज्वलंत रोष है तो उसके और सब ओर करुणा दृष्टि फैली दिखाई पड़ती है। यदि किसी ओर ध्वंस और हाहाकार है तो और सब ओर उसका सहगामी रक्षा और कल्याण है। व्यास ने भी अपने 'जयकाव्य'[1] में अधर्म

1. महाभारत।

के पराभव और धर्म की जय का सौंदर्य प्रत्यक्ष किया था।

वह व्यवस्था या वृत्ति, जिससे लोक में मंगल का विधान होता है, 'अभ्युदय' की सिद्धि होती है, धर्म है। अतः अधर्मवृत्ति को हटाने में धर्मप्रवृत्ति की तत्परता—चाहे वह उग्र और प्रचंड हो, चाहे कोमल और मधुर—भगवान् की आनंदकला के विकास की ओर बढ़ती हुई गति है। यह गति यदि सफल हुई तो 'धर्म की जय' कहलाती है। इस गति में भी सुंदरता है और इसकी सफलता में भी। यह बात नहीं है कि जब यह गति सफल होती है तभी इसमें सुंदरता आती है। गति में सुंदरता रहती ही है; आगे चलकर चाहे यह सफल हो, चाहे विफल; विफलता में भी एक निराला ही विषण्ण सौंदर्य होता है। तात्पर्य यह कि यह गति आदि से अंत तक सुंदर होती है—अंत चाहे सफलता के रूप में हो चाहे विफलता के। उपर्युक्त दोनों आर्ष कवियों ने पूर्णता के विचार से धर्म की गति का सौंदर्य दिखाते हुए उसका सफलता में पर्यवसान किया है। ऐसा उन्होंने उपदेशक की बुद्धि से नहीं किया है; धर्म की जय के बीच भगवान् की मूर्ति के साक्षात्कार पर मुग्ध होकर किया है। यदि राम द्वारा रावण का वध तथा कृष्ण के साहाय्य द्वारा जरासंध और कौरवों का दमन न हो सकता तो भी रामकृष्ण की गतिविधि में पूरा सौंदर्य रहता, पर उनमें भगवान् की पूर्ण कला का दर्शन न होता, क्योंकि भगवान् की शक्ति अमोघ है।

आनंदकला के प्रकाश की ओर बढ़ती हुई गति की विफलता में भी सौंदर्य का दर्शन करनेवाले अनेक कवि हुए हैं। अँगरेजी कवि शेली संसार में फैले पाषंड, अन्याय और अत्याचार के दमन तथा मनुष्य-मनुष्य के बीच सीधे सरल प्रेमभाव के सार्वभौम संचार का स्वप्न देखनेवाले कवि थे। उनके 'इस्लाम का विप्लव' (द रिवोल्ट अव इस्लाम) नामक द्वादश सर्गबद्ध महाकाव्य से मनुष्यजाति के उद्धार में रत नायक और नायिका (लाओ ऐंड सिद्‌ना) में मंगलशक्ति के अपूर्व संचय की छटा दिखाकर तथा उनके द्वारा एक बार दुर्दांत अत्याचार के पराभव के मनोरम आभास से अनुरंजित करके अंत में उस शक्ति की विफलता की विषादमयी छाया से लोक को फिर आवृत दिखाकर छोड़ दिया है।

जैसा कि ऊपर कह आए हैं, मंगल-अमंगल के द्वंद्व में कवि लोग अंत में मंगलशक्ति की जो सफलता दिखा दिया करते हैं उसमें सदा शिक्षावाद (डिडैक्टिसिज्म) या अस्वाभाविकता की गंध समझकर नाक-भौं सिकोड़ना ठीक नहीं। अस्वाभाविकता तभी आएगी जब बीच का विधान ठीक न होगा अर्थात् जब प्रत्येक अवसर पर सत्पात्र सफल और दुष्ट पात्र विफल या ध्वस्त दिखाए जाएँगे। पर सच्चे कवि ऐसा कभी नहीं करते। इस जगत् में अधर्म प्रायः दुर्दमनीय शक्ति प्राप्त करता

है जिसके सामने धर्म की शक्ति बार-बार उठकर व्यर्थ होती रहती है। कवि जहाँ मंगलशक्ति की सफलता दिखाता है वहाँ कला की दृष्टि से सौंदर्य का प्रभाव डालने के लिए; धर्मशासक की हैसियत से डराने के लिए नहीं कि यदि ऐसा कर्म करोगे तो ऐसा फल पाओगे। कवि कर्मसौंदर्य के प्रभाव द्वारा प्रवृत्ति या निवृत्ति अंतःप्रकृति में उत्पन्न करता है, उसका उपदेश नहीं देता।

कवि सौंदर्य से प्रभावित रहता है और दूसरों को भी प्रभावित करना चाहता है। किसी रहस्यमयी प्रेरणा से उसकी कल्पना में कई प्रकार के सौंदर्यों का जो मेल आपसे आप हो जाया करता है, उसे पाठक के सामने भी वह प्रायः रख देता है जिस पर कुछ लोग कह सकते हैं कि ऐसा मेल क्या संसार में बराबर देखा जाता है। मंगलशक्ति के अधिष्ठान राम और कृष्ण जैसे पराक्रमशाली और धीर हैं, वैसा ही उनका रूपमाधुर्य और उनका शील भी लोकोत्तर है। लोकहृदय आकृति और गुण, सौंदर्य और सुशीलता, एक ही अधिष्ठान में देखना चाहता है। इसी से 'यत्राकृतिस्तत्र गुणवसंत' सामुद्रिक की यह उक्ति लोकोक्ति के रूप में चल पड़ी। 'नैषध' में नल हंस से कहते हैं—

न तुलाविषये तवाकृतिर्न वचो वर्त्मनि ते सुशीलता।
त्वदुदाहरणाऽकृतौ गुण इति सामुद्रिकसारमुद्रण।।[1]

—नैषधीय चरित, द्वितीय सर्ग, 5

भीतरी और बाहरी सौंदर्य, रूपसौंदर्य और कर्मसौंदर्य के मेल की यह आदत धीरोदात्त आदि भेदनिरूपण से बहुत पुरानी है और बिलकुल छूट भी नहीं सकती। यह हृदय की एक भीतरी वासना की तुष्टि के हेतु कला की रहस्यमयी प्रेरणा है। 19वीं शताब्दी के कवि शेली—जो राजशासन, धर्मशासन, समाजशासन आदि सब प्रकार की शासन व्यवस्था के घोर विरोधी थे—इस प्ररेणा से पीछा न छुड़ा सके। उन्होंने भी अपने प्रबंध काव्य में रूपसौंदर्य और कर्मसौंदर्य का ऐसा ही मेल किया है। उनके नायक (या नायिका) जिस प्रकार पीड़ा, अत्याचार आदि से मनुष्यजाति का उद्धार करने के लिए अपना प्राण तक उत्सर्ग करनेवाले घोर से घोर कष्ट और यंत्रणा से मुँह न मोड़नेवाले, पराक्रमी, दयालु और धीर हैं उसी प्रकार रूपमाधुर्यसंपन्न भी।[2]

---

1. आपकी आकृति का न तो कोई उपमान है और न आपकी सुशीलता ही वाणी के पथ पर आ सकती—वाणी द्वारा कही जा सकती। 'आकृति में गुणों का निवास होता है' सामुद्रिकशास्त्र रहस्य के इस नियम के उदाहरण आप ही हैं।
2. सर्टेन इट इज दैट विद शेली गुडनेस इज एवर नियर टु सेंसुअस ब्यूटी ऐंड पासेज ईजिली इंटू पैशन। हेंस हिज च्वाएस अव हिरोइक टाइप रादर दैन सिंपुल वन्स, अव लाओ ऐंड सिद्ना ऐंड प्रोमेथिअस

आज भी किसी कवि से राम की शारीरिक सुंदरता कुंभकर्ण को और कुंभकर्ण की कुरूपता राम को न देते बनेगी। माइकेल मधुसूदन दत्त ने मेघनाद को अपने काव्य का रूपगुणसंपन्न नायक बनाया पर लक्ष्मण को वे कुरूप न कर सके। उन्होंने जो उलटफेर किया वह कला या काव्यानुभूति की किसी प्रकार की प्रेरणा से नहीं, बल्कि एक पुरानी धारणा तोड़ने की बहादुरी दिखाने के लिए, जिसका शौक किसी विदेशी नई शिक्षा के पहले-पहल प्रचलित होने पर प्रायः सब देशों में कुछ दिन रहा करता है। इसी प्रकार बंगभाषा के एक दूसरे कवि नवीनचंद्र ने 'अपने कुरुक्षेत्र' नामक काव्य में कृष्ण का आदर्श ही बदल दिया है। उसमें वे ब्राह्मणों के अत्याचार से पीड़ित जनता के उद्धार के लिए उठ खड़े हुए एक क्षत्रिय महात्मा के रूप में अंकित किए गए हैं। अपने समय में उठी हुई किसी खास हवा की झोंक में प्राचीन आर्य काव्यों के पूर्णतया निर्दिष्ट स्वरूपवाले आदर्श पात्रों को एकदम कोई नया मनमाना रूप देना भारती के पवित्र मंदिर में व्यर्थ गड़बड़ मचाना है।

शुद्ध मर्मानुभूति द्वारा प्रेरित कुशल कवि भी प्राचीन आख्यानों को बराबर लेते आए हैं और अब भी लेते हैं। वे उनके पात्रों में अपनी नवीन उद्भावना का, अपनी नई कल्पित बातों का बराबर आरोप करते हैं, पर वे बातें उन पात्रों के चिरप्रतिष्ठित आदर्शों के मेल में होती हैं। केवल अपने समय की परिस्थिति विशेष को लेकर जो भावनाएँ उठती हैं उनके आश्रय के लिए जब कि नए आख्यानों और नए पात्रों की उद्भावना स्वच्छंदतापूर्वक की जा सकती है, तब पुराने आदर्शों को विकृत या खंडित करने की क्या आवश्यकता है?

कर्मसौंदर्य के जिस स्वरूप पर मुग्ध होना मनुष्य के लिए स्वाभाविक है और जिसका विधान कविपरंपरा बराबर करती चली आ रही है, उसके प्रति उपेक्षा प्रकट करने और कर्मसौंदर्य के एक दूसरे पक्ष में ही—केवल प्रेम और भ्रातृभाव के प्रदर्शन और आचरण में ही—काव्य का उत्कर्ष मानने का जो एक नया फैशन टालस्टाय के समय से चला है, वह एकदेशीय है। दीन और असहाय जनता को निरंतर पीड़ा पहुँचाते चले जानेवाले क्रूर आततायियों को उपदेश देने, उनसे दया की भिक्षा माँगने और प्रेम जताने तथा उनकी सेवा-सुश्रूषा करने में ही कर्तव्य की सीमा नहीं मानी जा सकती, कर्मक्षेत्र का एकमात्र सौंदर्य नहीं कहा जा सकता। मनुष्य के कठोर, मधुर और तीक्ष्ण, दो पक्ष हैं और बराबर रहेंगे। काव्यकला की पूरी

रादर दैन माइकेल, मैथ्य एटसेटरा। लाओ ऐंड सिद्ना पजेस यूथ, स्ट्रेंथ ऐंड ब्यूटी नो लेस दैन करेज ऐंड द इंस्टिक्ट फार सेल्फ—सेक्रिफाइस ऐंड देयर पेंशन फार फ्रीडम। ए फर्दर ऐंडमिरेबुल इंस्टैंस अव दिस हारमनी अव गुडनेस ऐंड ब्यूटी इज सीन इन द डेस्क्रिशन अव लेडी बेनी फिशेंट हू टेंडेड द गार्डेन अव 'द सेंजिटिव प्लैंट'। —'स्टडीज इन शेली, ए॰ टी॰ स्ट्रांग कृत।

रमणीयता इन दोनों पक्षों के समन्वय के बीच मंगल या सौंदर्य के विकास में दिखाई पड़ती है।

भावों की प्रक्रिया की समीक्षा से पता चलता है कि उदय से अस्त तक भाव-मंडल का कुछ भाग तो आश्रय की चेतना के प्रकाश (कांशस) में रहता है और कुछ अंतस्संज्ञा के क्षेत्र (सबकांशस रीजन) में छिपा रहता है। संचारी भावों के संचरण काल में कभी-कभी उनके स्थाई भाव कारणरूप में अंतस्संज्ञा के भीतर पड़ जाते हैं। रतिभाव में संचारी होकर आई हुई असूया या ईर्ष्या ही को लीजिए। जिस क्षण में वह अपनी चरम सीमा पर पहुँची हुई होती है उस क्षण में आश्रय को ही रति भाव की कोमल सत्ता का ज्ञान नहीं रहता, उस क्षण में उसके भीतर ईर्ष्या की ही तीक्ष्ण प्रतीति रहती है और बाहर ईर्ष्या के ही लक्षण दिखाई देते हैं। जिस प्रकार किसी आश्रय के भीतर कोई एक भाव स्थाई रहता है और अनेक भाव तथा अंतर्दशाएँ उसके संचारी के रूप में आती हैं, उसी प्रकार किसी प्रबंधकाव्य के प्रधान पात्र में कोई मूल प्रेरक भाव या बीजभाव रहता है जिसकी प्रेरणा से घटनाचक्र चलता है और अनेक भावों के स्फुटन के लिए जगह निकलती चलती है। इस बीजभाव को साहित्य ग्रंथों में निरूपित स्थाईभाव और अंगीभाव[1] दोनों से भिन्न समझना चाहिए।

बीजभाव द्वारा स्फुरित भावों में कोमल और मधुर-कठोर और तीक्ष्ण—दोनों प्रकार के भाव रहते हैं। यदि बीजभाव की प्रकृति मंगलविधायिनी होती है तो उसकी व्यापकता और निर्विशेषता के अनुसार सारे प्रेरित भाव तीक्ष्ण और कठोर होने पर भी सुंदर होते हैं। ऐसे बीजभाव की प्रतिष्ठा जिस पात्र में होती है उसके सब भावों के साथ पाठकों की सहानुभूति होती है, अर्थात् पाठक या श्रोता भी रसरूप में उन्हीं भावों का अनुभव करते हैं जिन भावों की वह व्यंजना करता है। ऐसे पात्र की गति में बाधा डालनेवाले पात्रों के उग्र या तीक्ष्ण भावों के साथ पाठकों का वास्तव में तादात्म्य नहीं होता; चाहे उनकी व्यंजना में रस की निष्पत्ति करनेवाले तीनों अवयव वर्तमान हों। राम यदि रावण के प्रति क्रोध, या घ्रणा की व्यंजना करेंगे तो पाठक या श्रोता का भी हृदय उस क्रोध या घृणा की अनुभूति में योग देगा। इस क्रोध या घृणा में भी काव्य का पूर्ण सौंदर्य होगा। पर रावण यदि राम के प्रति क्रोध की व्यंजना करेगा तो रस के तीनों अवयवों के कारण 'शास्त्रस्थिति संपादन'[2] चाहे हो जाय पर उस व्यंजित भाव के

1. प्रधान भाव, नाटकों के लक्षण में कथित अंगी रस।
2. रसव्यक्तिमपेक्ष्यैषामङ्गानां सन्निवेशनम।
न तु केवलया शास्त्रस्थिति सम्पादनेच्छया। —साहित्यदर्पण।

साथ पाठक के भाव का तादात्म्य कभी न होगा, पाठक केवल चरित्रद्रष्टा मात्र रहेगा; उसका केवल मनोरंजन होगा, भाव में लीन करनेवाली प्रथम कोटि की रसानुभूति उसकी न होगी।

ऊपर कहा गया है कि किसी शुभ बीजभाव की प्रेरणा से प्रवर्तित तीक्ष्ण और उग्र भावों की सुंदरता की मात्रा उस बीजभाव की निर्विशेषता और व्यापकता के अनुसार होती है। जैसे, यदि करुणा किसी व्यक्ति की विशेषता पर अवलंबित होगी—कि पीड़ित व्यक्ति हमारा कुटुंबी मित्र आदि है—तो उस करुणा के द्वारा प्रवर्तित तीक्ष्ण या उग्र भावों में उतनी सुंदरता न होगी। पर बीजरूप में अंतस्संज्ञा में स्थित करुणा यदि इस ढब की होगी कि इतने पुरवासी, इतने देशवासी, इतने मनुष्य पीड़ा पा रहे हैं तो उसके द्वारा प्रवर्तित तीक्ष्ण या उग्र भावों का सौंदर्य उत्तरोत्तर अधिक होगा। यदि किसी काव्य में वर्णित दो पात्रों में से एक तो अपने भाई को अत्याचार और पीड़ा से बचाने के लिए अग्रसर हो रहा है और दूसरा किसी बड़े भारी जनसमूह को, गति में बाधा डालनेवालों के प्रति दोनों के प्रदर्शित क्रोध के सौंदर्य के परिमाण में बहुत अंतर होगा।

भावों की छानबीन करने पर मंगल का विधान करनेवाले दो भाव ठहरते हैं—करुणा और प्रेम। करुणा की गति रक्षा की ओर होती है और प्रेम की रंजन की ओर। लोक में प्रथम साध्य रक्षा है। रंजन का अवसर उसके पीछे आता है। अतः साधनावस्था या प्रयत्नपक्ष को लेकर चलनेवाले काव्यों का बीजभाव करुणा ही ठहरता है। इसी से शायद अपने दो नाटकों में रामचरित को लेकर चलनेवाले महाकवि भवभूति ने 'करुणा' को ही एकमात्र रस कह दिया।[1] रामायण का बीजभाव करुणा है, जिसका संकेत क्रौंच को मारनेवाले निषाद के प्रति वाल्मीकि के मुँह से निकले वचन द्वारा आरंभ ही में मिलता है। उसके उपरांत भी बालकांड के 15वें सर्ग में इसका आभास दिया गया है जहाँ देवताओं ने ब्रह्मा से रावण द्वारा पीड़ित लोक की दारुण दशा का निवेदन किया है। उक्त आदिकाव्य के भीतर लोकमंगल की शक्ति के उदय का आभास ताड़का और मारीच के दमन के प्रसंग में ही मिल जाता है। पंचवटी से वह शक्ति जोर पकड़ती दिखाई देती है। सीताहरण होने पर उसमें आत्मगौरव और दांपत्य प्रेम की प्रेरणा का भी योग हो जाता है। ध्यान देने की बात यह है कि इस आत्मगौरव और दांपत्य प्रेम की प्रेरणा बीच से प्रकट होकर वह उस विराट् मंगलोन्मुखी

1. एको रसः करुणा एव निमित्तभेदात्
भिन्नः पृथक् पृथगिवाश्रयते विवर्त्तान्।
आवर्तबुद्बुतरङ्गमयान् विकरान्
अम्भो यथा सलिलमेव हि तत्समस्तम्।। —उत्तररामचरित, 347।

गति में समन्वित हो जाती है। यदि राक्षसराज पर चढ़ाई करने का मूल कारण केवल आत्मगौरव या दांपत्य प्रेम होता तो राम के 'कालाग्नि सदृश क्रोध' में काव्य का वह लोकोत्तर सौंदर्य न होता। लोक के प्रति करुणा जब सफल हो जाती है; लोक जब पीड़ा और विघ्नबाधा से मुक्त हो जाता है तब रामराज्य में जाकर लोक के प्रति प्रेमप्रवर्तन का, प्रजा के रंजन का, उसके अधिकाधिक सुख के विधान का, अवकाश मिलता है।

जो कुछ ऊपर कहा गया है उससे यह स्पष्ट है कि काव्य का उत्कर्ष केवल प्रेमभाव की कोमल व्यंजना में ही नहीं माना जा सकता, जैसा कि टालस्टाय के अनुयायी या कुछ कलावादी कहते हैं। क्रोध आदि उग्र और प्रचंड भावों के विधान में भी, यदि उनकी तह में करुण भाव अव्यक्त रूप में स्थित हो, पूर्ण सौंदर्य का साक्षात्कार होता है। स्वतंत्रता के उन्मत्त उपासक, घोर परिवर्तनवादी शेली के महाकाव्य 'दि रिवोल्ट आव् इस्लाम' के नायक-नायिका अत्याचारियों के पास जाकर उपदेश देनेवाले, गिडगिड़ानेवाले, अपनी साधुता, सहनशीलता और शांत वृत्ति का चमत्कारपूर्ण प्रदर्शन करनेवाले नहीं हैं। वे उत्साह की उमंग में प्रचंड वेग से युद्धक्षेत्र में बढ़नेवाले, पाषंड, लोकपीड़ा और अत्याचार देख पुनीत क्रोध के सात्विक तेज से तमतमानेवाले, भय या स्वार्थवश आततायियों की सेवा स्वीकार करनेवालों के प्रति उपेक्षा प्रकट करनेवाले हैं। शेली ने भी काव्यकला का मूलतत्व प्रेमभाव ही माना था पर अपने को सुख-सौंदर्यमय माधुर्यभाव तक ही बद्ध न रखकर प्रबंधक्षेत्र में भी अच्छी तरह घुसकर भावों की अनेकरूपता का विन्यास किया था। स्थिर (स्टैटिक) सौंदर्य और गत्यात्मक (डायनैमिक) सौंदर्य, उपभोगपक्ष और प्रयत्नपक्ष, दोनों उनमें पाए जाते हैं।

टालस्टाय के मनुष्य में भ्रातृप्रेम संचार को ही एकमात्र काव्यतत्व कहने का बहुत कुछ कारण सांप्रदायिक मनोरंजन मात्र की हलकी रुचि और दृष्टि की परिमिति के कारण समझना चाहिए। टालस्टाय के अनुयायी प्रयत्नपक्ष को लेते अवश्य हैं पर केवल पीड़ितों की सेवासुश्रूषा की दौड़धूप, आततायियों पर प्रभाव डालने के लिए साधुता के लोकोत्तर प्रदर्शन, त्याग, कष्टसहिष्णुता इत्यादि में ही उसका सौंदर्य स्वीकार करते हैं। साधुता की इस मृदुल गति को वे 'आध्यात्मिक शक्ति' कहते हैं। पर भारतीय दृष्टि से हम इसे भी प्राकृतिक शक्ति—मनुष्य की अंतःप्रकृति की सात्विक विभूति—मानते हैं। विदेशी अर्थ में इस 'आध्यात्मिक' शब्द का प्रयोग हमारी देशभाषाओं में भी प्रचार पा रहा है। 'अध्यात्म' शब्द की, मेरी समझ में, काव्य या कला के क्षेत्र में कहीं कोई जरूरत नहीं है।

पूर्ण प्रभविष्णुता के लिए काव्य में हम भी सत्त्वगुण की सत्ता आवश्यक

मानते हैं पर दोनों रूपों में—दूसरे भावों की तह में अर्थात् अंतस्संज्ञा में स्थित अव्यक्त बीजरूप में भी और प्रकाशरूप में भी। हम पहले कह आए हैं कि लोक में मंगलविधान की ओर प्रवृत्त करनेवाले दो भाव हैं—करुणा और प्रेम। यह भी दिखा आए हैं कि क्रोध, युद्धोत्साह आदि प्रचंड और उग्र वृत्तियों की तह में यदि इन दोनों में से कोई भाव बीजरूप में स्थित होगा, तभी सच्चा साधारणीकरण और पूर्ण सौंदर्य का प्रकाश होगा। उच्च दशा का प्रेम और करुणा दोनों सत्वगुणप्रधान हैं। त्रिगुणों में सत्वगुण सबके ऊपर है। यहाँ तक कि उसकी ऊपरी सीमा नित्य पारमार्थिक सत्ता के पास तक—व्यक्त और अव्यक्त की संधि तक—जा पहुँचती है। इसी से शायद वल्लभाचार्यजी ने सच्चिदानंद के सत् स्वरूप का प्रकाश करनेवाली शक्ति को 'संधिनी' कहा है। व्यवहार में भी 'सत्' शब्द के दो अर्थ लिए जाते हैं—'जो वास्तव में हो', तथा 'अच्छा या शुभ'।

जबकि अव्यक्तावस्था से छूटी हुई प्रकृति के व्यक्त स्वरूप जगत् में आदि से अंत तक सत्व, रजस् और तमस् तीनों गुण रहेंगे, तब समष्टिरूप लोक के बीच मंगल का विधान करनेवाले ब्रह्म की आनंदकला के प्रकाश की यही पद्धति हो सकती है कि तमोगुण और रजोगुण दोनों सत्त्वगुण के अधीन होकर इशारे पर काम करें। इस दशा में किसी ओर अपनी प्रवृत्ति के अनुसार काम करने पर भी समष्टिरूप में और सब ओर वे सत्त्वगुण के लक्ष्य की ही पूर्ति करेंगे। सत्त्वगुण के इस शासन में कठोरता, उग्रता और प्रचंडता भी सात्विक तेज के रूप में भासित होगी। इसी से अवताररूप में हमारे यहाँ भगवान् की मूर्ति एक ओर तो 'वज्रादपि कठोर' और दूसरी ओर 'कुसुमादपि मृदु' रखी गई है—

'कुलिसहु चाहि कठोर अति, कोमल कुसुमहु चाहि'।

आनंद की सिद्धावस्था

साधना या प्रयत्न में तत्पर रहने के लिए फल की सुंदरता या सुखदता की पूर्ण भावना जागरित करने की आवश्यकता हुआ करती है। साध्य आनंद की प्रचुरता तथा उस आनंद के विषय की सुंदरता या सुखदता हमारे मन में जितना ही घर करेगी उतनी ही अधिक तन्मयता के साथ हम उस आनंद तथा उसके विषय तक पहुँचनेवाली साधना में प्रवृत्त होंगे। एक बहुत ही ऊँचे प्रकार का सुख देनेवाली वस्तु का नाम सुंदरता है। लड्डू खाना, इत्र सूँघना, मुलायम गद्दे पर सोना, कोमल संगीत सुनना, सुंदर रूप देखना—ये सब सुखद होते हैं। इनमें से पिछली दो बातों का सुख पहली तीन बातों के सुख से ऊँचे दरजे का जान पड़ता है।

कारण विचारने पर यही सुझाई पड़ता है कि आँख और कान दोनों का ज्ञानव्यापार में प्रधान योग रहता है। अतः इनका सुख शेष इंद्रियों के सुखों से ऊँचे दरजे का होना चाहिए। वास्तव में यदि यह सुख अपने शुद्ध रूप में रखा जाय, और प्रकार के स्थूल सुखों से मिलाया न जाय, तो ऊँचा जरूर दिखाई देता है।

दर्शनवृत्ति की बोधदशा भी होती है और रागात्मिका दशा भी। नई वस्तुओं को देखकर जानकारी भी हो सकती है; प्रेम, क्रोध आदि भी। मन की दर्शनवृत्ति की रागात्मिका दशा ही सौंदर्य की अनुभूति कहलाती है। जो सुदर्शन हो, जिसकी आकृति रुचिकर हो, वही सुंदर होता है, यद्यपि इस शब्द का प्रयोग लक्षणा से और विस्तृत अर्थ में भी किया जाता है। उदाहरण के लिए कर्मसौंदर्य शब्द लीजिए जिसका व्यवहार हमने अन्यत्र अनेक स्थलों पर किया है। रूपसौंदर्य से मध्यम कोटि की वस्तु नादसौंदर्य या शब्दमाधुर्य है। जिस प्रकार दर्शनवृत्ति की बोधदशा और रागात्मिका दशाएँ दो दशाएँ होती हैं, उसी प्रकार श्रवण वृत्ति की भी। शब्द द्वारा ज्ञानसंचार और माधुर्यसंचार दोनों होते हैं। वार्तालाप, उपदेश, व्याख्यान इत्यादि में शब्द द्वारा हमें नई बातों की जानकारी होती है? संगीत में हमें शब्द द्वारा माधुर्य की अनुभूति होती है। कहने की आवश्यकता नहीं कि नाम के संबंध में 'सुंदर', 'मधुर', 'कोमल' आदि शब्दों का प्रयोग भी लाक्षणिक ही होता है। शास्त्रीय दृष्टि से इस प्रकार के लाक्षणिक प्रयोग भाषा की त्रुटि सूचित करते हैं। श्रवण के विषय शब्द की रुचिरता के लिए यदि कोई अलग शब्द होता तो दर्शनेंद्रिय, रसनेंद्रिय और त्वगिंद्रिय की अनुभूतियों से लिए हुए 'सुंदर', 'मधुर', और 'कोमल' शब्द अधिकतर कवियों और साहित्य समीक्षकों के ही काम में आते हैं।

रूप और गति दोनों दृष्टि के विषय हैं। अतः दर्शनवृत्ति को तुष्ट करनेवाले दो प्रकार के विषय ठहरते हैं—रूप और गति। प्रयत्नपक्ष में गति की रुचिरता का वर्णन साधनावस्था के अंतर्गत हो चुका है। उपभोगपक्ष में गति की रुचिरता हमें नृत्यकला आदि में दिखाई पड़ती है। इस प्रकार दर्शन और श्रवण दोनों के उपभोगपक्ष लेकर कई कलाओं का प्रादुर्भाव हुआ। दर्शन की तुष्टि के लिए चित्रकला, मूर्तिकला और नृत्यकला का; श्रवण की तुष्टि के लिए संगीत का। काव्य का इतना व्यापक विधान होता है कि उसमें इन सबका थोड़ा बहुत योग रहा करता है पर इससे यह न समझना चाहिए कि उपभोगपक्ष की तुष्टि ही काव्य का एकांत लक्ष्य है। रसात्मक तुष्टि का क्षेत्र उपयोगवृत्ति से और आगे तक है, यह बात साधनावस्था के अंतर्गत कही जा चुकी है। गोस्वामी तुलसीदासजी का रामचरितमानस मनोरंजन करके या जी बहलाकर ही नहीं रह जाता। वह हृदय के मूल में सत्व की ज्योति जगाता है।

पर यहाँ हमें उस काव्यभूमि का वर्णन करना है जिसमें 'आनंद' अपनी सिद्धावस्था में दिखाई पड़ता है; जहाँ सब प्रकार के प्रयत्नों की अशांति तिरोहित और उपभोग की कला जगी रहती है। 'आनंद' का ध्वज यहाँ चलता नहीं दिखाई पड़ता, गड़ा दिखाई पड़ता है। यहाँ नगाड़े की धमक, गर्जन-तर्जन और हुंकार नहीं; विप्लव, ध्वंस और हाहाकार नहीं; वेग और तेज की तिग्मता नहीं। यह दीप्ति, माधुर्य और कोमलता की स्निग्ध भूमि है, लहलहाते सरस प्रसार और परिमल घटित पुष्पहास कलकंठकूजित क्षेत्र है; मद और उल्लास की मृदुलतरंगमयी संगीतधार का मानसलोक है। इस भूमि का प्रवर्तक भाव है प्रेम।

देश के विस्तार और काल की दौड़ के बीच ऐसी भूमियाँ कहीं-कहीं और कभी-कभी मिल जाया करती हैं। सच पूछिए तो मनुष्य अपने जीवनपथ पर इन्हीं के लोभ में बराबर दौड़ता चला जाता है।[1] यहीं तक नहीं; 'सगुन छीर और अवगुन जल' मिले इस महाप्रपंच से कल्पना द्वारा इन्हें अलग करके वह एक निराला आनंदलोक खड़ा करता है जो शुष्क धार्मिकों का स्वर्ग और कवियों का स्वप्न ठहरता है। जिनके भीतर सत्व की ज्योति अत्यंत क्षीण या मंद होती है, जिन्हें धर्म के सौंदर्य का साक्षात्कार नहीं होता, जिनका मन कर्म की भावना में न लगकर फल की ही भावना में लगता है, वे इसी स्वर्ग की कामना से बहुत-से गिनाए हुए पुण्यकार्य, बिना उनके संपादन का प्रकृत सुख अनुभव किए यों ही रूखे ढंग से करते पाए जाते हैं।

ऊपर कह आए हैं कि उस काव्यभूमि में जहाँ आनंद अपनी सिद्धावस्था में दिखाई पड़ता है, प्रवर्तक भाव है प्रेम। इसी भाव के विविध प्रकार के आलंबनों और उद्दीपनों का चित्रण इस भूमि के विभाव पक्ष में पाया जाता है। दीप्ति, माधुर्य और कोमलता के नाना रूप यहाँ मिलते हैं। बाहर नयनाभिराम रूपरेखा, विकसित वर्णवैचित्र्य, दीप्ति, विभूति-प्रभूति, चमक-दमक, शीतल-स्निग्ध छाया, कल कंठस्वर स्पंदित सौरभ समन्वित समीर, स्मित आनन, चपल भ्रूविलास, हास-परिहास, संगीतसज्जा, वीणा की झंकार इत्यादि है तो भीतर सौंदर्य की मादक अनुभूति, प्रेमोल्लास, स्वप्न, स्मृति, विस्मृति, ब्रीड़ा, क्रीड़ा, दर्शनपिपासा, उत्कंठा, मुग्धता इत्यादि है।

इस भूमि के मानस या आभ्यंतर पक्ष की एक खासी उलझन हमारे पुराने

1. मेनी ए ग्रीन आइल नीड्स मस्ट बी
इन द डीप वाइड सी अव मिजरी;
आर द मैराइनर, बर्न ऐंड वैन,
नेवर दस कुड वाएज आन।
—शेली

आचार्य सुलझा गए हैं। यद्यपि प्रेमदशा के भीतर सुखात्मक और दुःखात्मक दोनों प्रकार के भाव पाए जाते हैं पर कान में 'प्रेमानंद' शब्द ही पड़ता है, 'प्रेमापन्न' नहीं। इससे 'प्रेम आनंद स्वरूप है' यह लोकधारणा प्रकट होती है, जो साहित्यमीमांसकों को भी मान्य है। वियोगकाल की सारी अश्रुधारा इस आनंदस्वरूप को नहीं धो सकती; अश्रुधारा के तल में आनंद की रेखाएँ दिखाई पड़ती रहती हैं। विरह में आनंद नष्ट नहीं हुआ रहता, केवल 'आवृत' रहता है। विरहियों का रोना एक प्रकार का हँसना ही है। उनके तीव्र ताप और प्रचंड ज्वाला की जड़ में एक रसमयी शीतलता रहती है। जबतक प्रिय इस जगत् में रहता है तब तक उसके कहीं दूर चले जाने पर भी, उसका कहीं पता न रहने पर भी, जो दुःख और वेदना होती है, वह प्रेमभाव की ही अनुभूति समझी जाती है और साहित्य में विप्रलंभ शृंगार के ही अंतर्गत मानी जाती है। बात यह है कि वियोगकाल चाहे कितना ही दारुण हो उसके बीच-बीच में मिलने की लालसा जगती रहती है, संयोग की कल्पना के सुख का अनुभव होता रहता है, प्रिय के रूप आदि का ध्यान आने पर मन लुभाता रहता है। यह लालसा या यह लुब्धता, आनंद के ढंग की चीज है, दुःख के ढंग की नहीं। आनंद के रूप में ही प्रेम का उदय होता है और उसका यह भीतरी रूप बराबर बना रहता है। किसी के रूपसौंदर्य और शीलसौंदर्य का पहले-पहल साक्षात्कार या परिचय होते ही सबसे पहली अनुभूति आनंद की होती है; सबसे पहले हृदय विकसित और लुब्ध होता है। सारांश यह कि प्रेमकाल जीवन का आनंदकाल ही है। इसी से भक्तिमार्ग में वल्लभाचार्यजी ने भक्ति या प्रेम ही को साध्य कह दिया है।

प्रेम वास्तव में राग का ही पूर्ण विकसित रूप है। राग और द्वेष दोनों की स्थिति वासना के रूप में प्रत्येक प्राणी में होती है। वासनात्मक अवस्था में इन दोनों के विषय सामान्य रहते हैं। सामान्यतः सुख देनेवाली या चिरकाल से साथ रहनेवाली वस्तुओं के प्रति राग और दुःख देनेवाली वस्तुओं के प्रति द्वेष का बीज सबके हृदयक्षेत्र में ढँका रहता है। यही राग जब व्यक्त होकर किसी विशेष व्यक्ति की ओर पहले-पहल उन्मुख होता है तब 'लुभाना' कहलाता है और जब उस विशेष में जाकर स्थिर हो जाता है तब प्रेम कहा जाता है। सीधी बात यह कि वासनात्मक अवस्था से भावात्मक अवस्था में आया हुआ राग ही अनुराग या प्रेम है। राग वास्तव में व्यक्तिबद्ध नहीं होता। किसी के रूप, गुण आदि का उत्कर्ष सुनकर जो पूर्वराग होता है वह भी उत्तेजित राग ही रहता है, यद्यपि उत्तेजना व्यक्ति विशेष के ही उत्कर्ष का परिचय पाकर होती है पर पूर्वराग की दशा में प्रेम की अनन्यता और पूर्ण एकनिष्ठता नहीं रहती, वह पीछे प्राप्त होती है। किसी के

प्रति पूर्वराग उत्पन्न होने पर यह संभावना रहती है कि अन्य समय उससे अधिक उत्कर्षवाले किसी दूसरे का परिचय पाकर वह उस पर हो जाय।

राग मिलानेवाली वासना है और द्वेष अलग करनेवाली। रासायनिक मूल द्रव्यों के राग से ही सृष्टि का विकास होता है। राग की अभिव्यक्ति विशेष, दांपत्य और वात्सल्य भाव, से ही सजीव प्राणियों की परंपरा चिरकाल से चलती आ रही है। प्रेम में पालन की प्रवृत्ति प्रत्यक्ष है। माता का प्रेम, शिशु का पालन अबोध और निर्विघ्न दशा में ही संभव है। विघ्न और बाधा की दशा में प्रेम काम करता हुआ नहीं दिखाई देता; एक ओर करुणा और दूसरी ओर क्रोध का प्रवर्तन ही देखा जाता है। जब तक शांति है, कहीं से अत्याचार आदि की बाधा नहीं उपस्थित हुई है तब तक तो माता प्रेम के बल से अपने शिशुओं का पालन करती चली चलती है। पर जब कोई बच्चों को मारता है, कष्ट या पीड़ा पहुँचाता है तब रक्षा अपेक्षित होती है, अतः प्रेम तो हृदय के किसी कोने में जा छिपता है, क्रोध और करुणा का उदय होता है। तात्पर्य यह कि अत्याचार द्वारा उपस्थित घोर विघ्नबाधा की दशा में प्रेमपात्र की भी रक्षा का सीधा लगाव प्रेम से नहीं रहता, करुणा से रहता है।

उपर्युक्त विवेचन से यह स्पष्ट है कि आनंद की सिद्धावस्था–शांति, सुख की अवस्था–लेकर चलनेवाले कवियों का ही 'प्रेम' को बीजभाव मानना ठीक है, 'आनंद' की साधनावस्था लेकर चलनेवालों का ही नहीं। पर आनंद की साधनावस्था या प्रयत्नपक्ष को लेकर चलनेवाले योरोपीय लोकमंगलवादियों का एक दल, जिसके अनुयायी हमारे यहाँ के श्री रवींद्रनाथ ठाकुर भी हैं, मनुष्य मनुष्य के बीच भ्रातृप्रेम को ही काव्यभूमि का एकमात्र आधिकारिक भाव मानता है। इस दल के लोग साधनावस्था को लेकर भी माधुर्य और कोमलता के बाहर नहीं जाना चाहते। ये अपने हृदयंगत काव्यदेश की कोमलता और मधुरता के साथ तीक्ष्णता, कठोरता और उग्रता का सामंजस्य नहीं कर सकते, अतः काव्य के कोमल और मधुर पक्ष में ही लीन रहते हैं। ऐसे लोग लोकरक्षा की साधनावस्था के विधान में भी 'प्रेम' को ही बीजभाव बनाना चाहते हैं। पर साधनावस्था के वर्णन में हम कह आए हैं कि उक्त विधान में हमारे यहाँ के कवियों ने 'करुणा' को ही बीजभाव रखा है। इन दोनों मतों में, सच पूछिए तो, तत्वभेद नहीं है; दृष्टिभेद है। 'प्रेम' को बीजभाव माननेवालों की दृष्टि उसके मूल वासनात्मक रूप 'राग' की ओर रहती है जो मनुष्य की अंतःप्रकृति में निहित संपूर्ण सजीव सृष्टि के साथ किसी गूढ़ संबंध की अनुभूति के रूप में समय-समय पर जगा करता है। अच्छी तरह देखा जाय तो मनुष्य की प्रकृति के भीतर अव्यक्त रूप में यह रागात्मक संबंधसूत्र

चर-अचर सारे प्राणियों के साथ जुड़ा हुआ है। केवल मनुष्य को ही जोड़नेवाला नहीं है। पर इतने असीम और व्यापक रूप से वासनात्मक राग ही रह सकता है, उसका व्यक्त और स्फुरित स्वरूप प्रेम नहीं। प्रेम का आलंबन—परिमित, परिचित और निर्दिष्ट होगा; अपरिमित, अपरिचित और अनिर्दिष्ट नहीं।

राग की वासना दो भावों का प्रवर्तन करती है—प्रेम का और करुणा का। इनमें से प्रेम का व्यापार तो परिमित, परिचित और निर्दिष्ट के प्रति होता है। प्रेम के लिए व्यक्ति की कोई विशेषता अपेक्षित होती है। अपने प्रवर्तक 'राग' के समान उसमें निर्विशेषता नहीं होती। इस प्रकार की निर्विशेषता करुणा ही में होती है।

यदि किसी अत्याचारपीड़ित अपरिचित को देख कोई व्याकुल होकर सहायता के लिए दौड़ पड़े तो प्रेम को बीजभाव माननेवाला कहेगा 'उसके हृदय में बड़ा प्रेम है', पर करुणा को बीजभाव माननेवाला कहेगा 'वह बड़ा दयालु' है। इनमें से प्रथम जिसे 'प्रेम' कहता है वह वास्तव में प्रत्यक्ष प्रेरणा करनेवाले करुण भाव के मूल में रहनेवाली 'राग' नाम की वासना है। यह पहले कहा जा चुका है कि राग नाम की वासना का विषय सामान्य होता है और प्रेम नामक भाव का आलंबन कोई निर्दिष्ट विशेष होता है। आर्द्र होकर सहायता करनेवाले का उस अपरिचित पीड़ित व्यक्ति से प्रेम था, यह न कहा जाता है न कहा जा सकता है। कहा यहाँ तक जा सकता है कि अंतःप्रकृति में सामान्यतः सब जीवों के प्रति जो राग की वासना निहित थी, उसी प्रभाव से करुणा उत्पन्न हुई जिसने उसे व्याकुल और सहायता के लिए सन्नद्ध किया। यह कहा जा चुका है कि शुद्ध करुणा के उद्रेक के लिए पीड़ित आलंबन में किसी प्रकार की विशेषता अपेक्षित नहीं। यह बात नहीं है कि जिससे प्रेम हो उसी की पीड़ा देख करुणा उत्पन्न हो। करुणा वैर, प्रीति कुछ नहीं देखती। करुणा करनेवाले के मन में केवल यही रहता है कि उसके समान ही सुख-दुःख अनुभव करनेवाला कोई प्राणी है जिसे कष्ट या पीड़ा पहुँच रही है। इससे स्पष्ट है कि करुणा प्रेम से एक स्वतंत्र भाव है। वह रक्षा का कार्य प्रेम के संचारी के रूप में करती हो, यह बात भी नहीं है। यह कार्य उसका अपना है। उसका मूल चाहे अंतर्निहित राग की वासना में हो, पर कविता अव्यक्त मूल को लेकर नहीं चलती, व्यक्त प्रसार को लेकर चलती है।

कविता अभिव्यंजना है। वह अभिव्यक्ति या विकास को लेकर चलती है। इस दृष्टि से हमारे यहाँ के कवियों ने लोकरक्षा के विधान में करुणा को ही बीजभाव रखा है। करुणा से रक्षा का विधान होता है; प्रेम से पालन और रंजन का। रक्षा और पालन में अंतर अच्छी तरह समझ लेना चाहिए। विष्णु भगवान् जगत् का पालन तो हर समय करते रहते हैं, पर रक्षा समय-समय पर किया करते

हैं। रक्षा आपद्ग्रस्त की होती है, पालन रक्षित का होता है। बच्चे को समय पर दूध पिलाना पालन है; भूख से मरते को खिला देना रक्षा है। लोकरक्षा का विधान किसी आई हुई आपत्ति से बचाने का विधान है। अतः लोकमंगल की साधनावस्था या प्रयत्न पक्ष को लेकर चलनेवाले कवियों या समीक्षकों को 'करुणा' ही को बीजभाव कहना चाहिए। सिद्धावस्था की प्रशांत भूमि पर चलनेवाले कवियों का ही 'प्रेमतत्त्व' को बीजभाव कहना ठीक है।

यहाँ पर अब हमें सिद्धावस्था के संबंध में ही विचार करना है जो काव्य की प्रशांत, निर्विघ्न और अबाध भूमि है। इस भूमि में पालन और रंजन का ही पूर्ण प्रसाद दिखाई पड़ता है। इस भूमि का एकमात्र अधिष्ठाता देवता प्रेम है। उसी के द्वारा पालन और रंजन दोनों संपन्न होते हैं। वात्सल्य भाव द्वारा पालन का और दापंत्य भाव द्वारा रंजन का विधान होता है। इसका तात्पर्य यह नहीं कि इनके अतिरिक्त अन्य प्रकार के प्रेम द्वारा पालन और रंजन नहीं होता। इन दोनों भावों को रसपद्धति में मुख्य रूप से ग्रहण करने का अभिप्राय केवल इतना ही है कि इनमें पालन और रंजन दोनों चरम उत्कर्ष को पहुँचते हैं। आनंद की सिद्धावस्था पर ही दृष्टि रखनेवाले कवियों का 'प्रेम' को ही प्रवर्तक या बीजभाव मानना ठीक है किंतु पालन और रंजन दोनों पक्षों के सहित। पर महाराज भोज ने रंजन पक्ष ही लेकर शृंगार (दांपत्य भाव) को ही एकमात्र रस कहा है।[1] इससे यह प्रकट होता है कि काव्यसमीक्षा के क्षेत्र में सिद्धांत या 'वाद' बहुत कुछ रुचिवैचित्र्य के इशारे पर खड़े हुआ करते हैं; सम्यक् दृष्टि के अनुरोध से कम। काव्य के जिस देश की ओर किसी की रुचि अधिक होती है, उसी को वह काव्य का संपूर्ण देश मानना मनाना चाहता है।

आरंभ में ही यह कहा जा चुका है कि आनंद की सिद्धावस्था या उपभोगपक्ष का दर्शन करनेवाली काव्यभूमि दीप्ति, माधुर्य और कोमलता की भूमि है जिसमें प्रवर्तक या बीजभाव प्रेम है। काव्य की इस भोगभूमि में दुःखात्मक भावों को बेधड़क चले आने की इजाजत नहीं। आने के पहले उन्हें प्रेम का पूरा शासन स्वीकार करना पड़ता है और बहुत दबकर आना पड़ता है। पड़ोसियों का नाकों दम करनेवाले, माघ में लू चलानेवाले विरहताप की अपेक्षा बीच-बीच में छानेवाली आशासुख की शीतलता अधिक मानी गई है।[2]

---

1. शृंगार एवैकश्चतुर्वर्गैककारणं रस इति। —शृंगारप्रकाश, प्रथम प्रकाश - 3।
2. सीरै जतननु सिसिर रितु सहि बिरहिनि तन तापु।
बसिबे कौं ग्रीषम दिननु पर्‌यौ परोसिमि पापु।। 266।।
सुनत पथिक मुँह, माह निसि चलति लुवै उहि गाम।
बिनु बूझै, बिनुही कहैं, जियति बिचारी बाम।। 285।। —बिहारीरत्नाकर

यहाँ अधर्म, ईर्ष्या, त्रास इत्यादि स्वतंत्र सिर नहीं उठा सकते। हास्य और आश्चर्य नामक आनंदात्मक भाव अलबत स्वतंत्र विचर सकते हैं। आश्चर्य असामान्यता पर होता है अतः उसका आविर्भाव काव्य की कर्मभूमि और योगभूमि—आनंद की साधनावस्था और सिद्धावस्था—दोनों में देखा जाता है। यहाँ हमें केवल भोगभूमि की चर्चा करना है। इस भूमि में आश्चर्य के विषय असामान्य शोभा, सौंदर्य, दीप्ति, आत्मोत्सर्ग, विरहवेदना इत्यादि पाए जाते हैं।

बहुत-से लोग इस असामान्य या विरल को ही काव्य की एकमात्र सामग्री मानते हैं जिनमें से कुछ तो उसे प्रस्तुत अर्थ या विषय के स्वरूप में और कुछ उक्ति के स्वरूप में देखना चाहते हैं। आनंद की सिद्धावस्था लेकर चलनेवाले काव्यों में अर्थात् काव्य की भोगभूमि में आश्चर्य अधिकतर रंजन का अंग होकर आया करता है। विभाव पक्ष में असामान्य शोभा, दीप्ति, प्राचुर्य, प्रफुल्लता, कोमलता, सौकुमार्य इत्यादि के द्वारा अद्भुत या अलौकिक रंजन की योजना की जाती है। सारांश यह कि मन और इंद्रियों के सुखद विषय ही काव्य की इस भूमि में लिए जाते हैं, अतः उन विषयों की प्रचुरता और असामान्यता की भावना रंजन की अनुभूति में योग देती है। असामान्यता या चमत्कार की रुचिवाले कार्य बाह्य प्रकृति का चित्रण उसकी असाधारण विभूति को—उसकी चमक-दमक, सजावट, वैचित्र्य, अनोखेपन इत्यादि को—लेकर ही करते हैं। इसी रुचि को बहुत-से लोककला की रुचि मानते हैं। उनके मत से जगत् के साधारण और अरुचि के बीच से असाधारण और रुचिर को छाँट-छाँटकर सजाना ही और कलाओं के समान काव्यकला का भी काम है। श्रीयुत रवींद्रनाथ ठाकुर अपने 'साहित्य धर्म' नामक निबंध में कहते हैं—

'कोठार और रसोईघर की गृहस्थ को रोज आवश्यकता पड़ती है, पर संसार के लोगों से वह उन्हें छिपाए रखने की कोशिश करता है। बैठक के बिना भी काम चल सकता है, फिर भी उसी घर में सारा साज-सामान रहता है; पूरी सजावट रहती है। घर का मालिक उसी घर में तसवीरें टाँगकर, कार्पेट बिछाकर उस पर सदा के लिए अपनी छाप लगा देना चाहता है। उस घर को उसने खासतौर से छाँटा है। उसी के द्वारा वह सबसे परिचित होना चाहता है—अपनी व्यक्तिगत महिमा से। इसीलिए उसकी बैठक अलंकृत रहती है।'

इस कथन का अभिप्राय यह है कि इसी 'सजावट की रुचि' का ही एक रूप काव्य की रुचि है : इसी रुचि की प्रेरणा से कवि की कल्पना काम करती है और इसी रुचि की तुष्टि के लिए कविता पढ़ी या सुनी जाती है। पर जो कुछ अब तक कहा जा चुका है उसके अनुसार ऊपर उद्धृत कथन काव्य के केवल एक पक्षविशेष का निरूपण करता है। यह अवश्य है कि इस पक्ष पर खड़े होनेवाले

पहले भी रहे हैं और अब भी बहुत-से लोग हैं। शृंगार को ही एकमात्र रस माननेवाले महाराज भोज का जिक्र हो चुका है। भोज ऐसे राजाओं के दरबार में रत्नों की जगमगाहट और यश की चाँदनी फैलानेवाली वाणी का बहुत ही अनुरंजनकारी संग्रह हमारे साहित्य में है। फारस की शायरी भी अधिकतर चुनी हुई सजावट लेकर चली है। फ्रांस और इटली के प्रभाव से योरप में भी 'सजावट और अनूठेपन' की वासना को ही कला की मूल वासना समझनेवाले बहुत-से हैं।

कहना न होगा कि 'सजावट और अनूठेपन' का वह सिद्धांत असामान्यतावाद के ही अंतर्गत है। काव्य का यह असामान्यतावाद धीरे-धीरे उस लोकोत्तरवाद तक पहुँचा जिसका प्रतिपादन काव्य को आध्यात्मिक क्षेत्र में ले जाने के लिए किया गया। श्रीयुत रवींद्र कहते हैं–

'जिसे सीमा में बाँध सकें उसका नाम भी रखा जा सकता है, किंतु जो सीमा के बाहर है, जो पकड़ने या छूने में नहीं आ सकता, उसे बुद्धि द्वारा नहीं पाते, बोध के अंदर–किसी भीतरी तह में–पाते हैं। उपनिषद् में ब्रह्म के संबंध में कहा है–न तो उसे मन में पाते हैं, न वचन में। उसे जब पाते हैं तब आनंद के अनुभव में। हमारी इस अनुभव की भूख आत्मा की भूख है। वह इसी अनुभव से अपने को पहचानती है। जिस प्रेम में, जिस ध्यान में, जिस दर्शन में केवल इस अनुभव की भूख मिटती है वही स्थान पाता है साहित्य में, रूपकला में।'

श्रीयुत रवींद्र के उपर्युक्त दोनों कथनों को मिलाकर विचार करने पर यह स्पष्ट हो जाता है कि उनका लक्ष्य आनंद ही सिद्धावस्था या उपभोगपक्ष को भासित करनेवाली काव्यभूमि की ओर है। यह कहा जा चुका है कि इस भूमि में शोभा, दीप्ति, प्राचुर्य, प्रफुल्लता, कोमलता इत्यादि द्वारा रंजन की योजना की जाती है। प्रथम उद्धरण इसी भूमि की ओर स्पष्ट संकेत करता है। उसमें सजावट की रुचि का–शोभन, दीप्त और रुचिर के चुनाव की प्रवृत्ति का–पूरा आभास मिलता है। इस उपभोग या रंजन की जो वृत्ति आश्चर्य के मेल में होती है उसकी ओर दूसरा उद्धरण इशारा करता है। उस उद्धरण में शोभा सौंदर्य की असीमता के आनंद का उल्लेख है जो आगे चलकर इस प्रकार बताया गया है–

'बाहर जिस अखंड आकाश में ग्रह-ताराओं का मेला लगा रहता है उसकी असीमता का आनंद सिर्फ हमारे अनुभव में ही है। जीवनलीला के लिए वह आकाश बिल्कुल फालतू है। जमीन के भीतर रहनेवाला कीड़ा इस बात का सबूत है।'

विभाव पक्ष में शोभन और दीप्त को चुनकर उनकी असामान्यता द्वारा अद्भुत रंजन की सामग्री तैयार करना तथा भावपक्ष में अनुभूति और व्यंजना का वैचित्र्य प्रदर्शित करना काव्य में कलावान् के नए और पुराने अनुयायियों का लक्ष्य रहा

है। शोभा और दीप्ति की लोकोत्तर कल्पना हमारे यहाँ के भक्तों में भी भगवान् की विभूति की भावना मानी जाती है और विलायती ढंग की 'आध्यात्मिक कविता' में भी असीम और अनंत की झाँकी समझी जाती है। हमारे यहाँ के भक्तिमार्ग में इसे 'अचिंत्यैश्वर्य योग' कहते हैं।

माधुर्य पक्ष

असामान्यता, दीप्ति, चमत्कार इत्यादि से सर्वथा स्वतंत्र आकर्षण माधुर्य का है। इस गुण के अधिष्ठान का असामान्य, अलौकिक या दीप्त होना आवश्यक नहीं। सामान्य से सामान्य, तुच्छ से तुच्छ वस्तुओं और दृश्यों में माधुर्य का पूरा आकषर्ण रहता है। महाकवि कालिदास ने बरसात में चारों ओर दिखाई पड़नेवाले खुमी के पौधों,[1] तुरंत के जुते खेतों की मिट्टी और 'भ्रूविलासानभिज्ञ' गाँव की सीधी-सादी स्त्रियों और पुरानी कहानी कहते हुए बुड्ढों तक में इस माधुर्य का साक्षात्कार किया है। परम भावुक अँगरेज कवि वर्ड्सवर्थ का हृदय पगडंडी के किनारे उगे हुए गर्द से मैले तुच्छ से तुच्छ फूल के पौधे (मीनेस्ट फ्लावर) को भी अपनाता था।[2] हृदय की पूरी व्यापकता हम दीप्ति और माधुर्य, असामान्य और सामान्य, दोनों पक्षों के रसात्मक ग्रहण में मानते हैं। साहित्य की पुस्तकों में 'सब अवस्थाओं में पाई जानेवाली रमणीयता' को माधुर्य कहा है—

सर्वावस्थाविशेषेषु माधुर्य रमणीयता। —साहित्यदर्पण-3/97

सामान्य से सामान्य प्राकृतिक वस्तुओं में, नगण्य के जीवनव्यापार में इस माधुर्य का अनुभव होता है। अतीत की स्मृति में, कौमार अवस्था के परिचित पुराने पेड़ों और उजाड़ टीलों में, किसानों के झोंपड़ों में, काई और कीचड़ भरे तालों में, चरकर लौटती हुई गायों के धूल उड़ाते हुए झुंड में, गड़रियों और ग्वालों की कमली में, ऊसर की पगडंडियों में मन को लीन करनेवाले जो गुण हैं, वह माधुर्य है। प्रत्येक देश के सच्चे कवियों ने सीधे-सादे और सामान्य में भी बराबर इस माधुर्य का अनुभव किया है। इस माधुर्य की अनुभूति के स्वरूप को दीप्ति और सज्जा की अनुभूति के स्वरूप से सर्वथा भिन्न समझना चाहिए। जैसे घास के चौरस मैदान को मखमली कालीन या पन्ने का फर्श कहने से माधुर्य की अनुभूति के ठीक स्वरूप की व्यंजना नहीं होगी। ऐसे कथन में केवल दीप्ति और सजावट की भावना पाई जाएगी।

1. मेघदूत, पूर्वमेघ, 11,16,32।
2. टु मी द मीनेस्ट फ्लावर दैट ब्लोज कैन गिव थाट्स दैट डू आफेन लाइ टू डीप फार टीयर्स। ओड आन इंटिमेशंस अव—इन्मार्टैलिटी फ्राम रिकलेक्शंज अव अर्ली चाइल्डहुड।

रूपसौंदर्य के अंतर्गत प्रायः दीप्ति और माधुर्य दोनों मिले रहते हैं। दीप्ति चकित और स्तंभित करती है। प्रेमकाव्यों में कहीं-कहीं नायिका के रूप को देखते ही नायक जो मूर्छित होकर गिर जाया करते हैं, उसे दीप्ति का प्रभाव समझना चाहिए। जायसी की पद्मावत में शिवमंदिर में प्रवेश करती हुई पद्मिनी को देखते ही राजा रत्नसेन तो मूर्छित हो ही गए, शिव और देवता लोग भी स्तब्ध हो गए।[1] रूप में लोभ उत्पन्न करनेवाली या लुभानेवाली वस्तु, मन को पास खींचनेवाली शक्ति माधुर्य है। दीप्ति मात्र में चिपक नहीं होती। लोग न जाने कितने दमकते हुए रूप देखते हैं, चकित होते हैं पर सब जगह उनका मन नहीं चिपका करता। प्रेम के रूप में राग का आविर्भाव माधुर्य पाकर ही होता है। पर इस माधुर्य की अनुभूति व्यक्तिगत होती है। दीप्ति को स्वीकार तो बहुत-से आदमी एक साथ करते हैं, पर किसी व्यक्ति या वस्तु में माधुर्य दस-पाँच आदमियों में एक या दो ही आदमी देखेंगे। लैला में मजनूँ की ही आँख ने माधुर्य देखा था। सान्निध्य और संपर्क की प्रबल प्रवृत्ति जगानेवाली दशा, जिसे आसक्ति कहते हैं, माधुर्य भावना के संचार से ही प्राप्त होती है। भवधारा के भीतर चलनेवाली जो भावधारा है, मनुष्य के हृदय को द्रवीभूत करके उसमें मिलनेवाली भावना माधुर्य की है। 'कविता क्या है' नामक प्रबंध[2] में काव्य को हमने भावयोग कहा है।[3] इस भावयोग की चरम साधना से हृदय को जो मुक्तावस्था प्राप्त होती है, वह इसी माधुर्य की अनुभूति के सहारे। भेद में अभेद की रसात्मक प्रतीति इसी माधुर्य का स्वाद है जिसे हमारे यहाँ के भक्तों ने भगवान् का प्रसाद बताया है—ऐसा प्रसाद जिससे आत्मा का पोषण होता है।

---

1. देखिए, पद्मावत, बसंत खंड।
2. देखिए, 'विचार वीथी'।
3. देखिए, चिंतामणि, प्रथम भाग।

आलोचना

हिंदुओं के स्वातंत्र्य के साथ ही वीरगाथाओं की परंपरा भी काल के अँधेरे में जा छिपी। उस हीन दशा के बीच वे अपने पराक्रम के गीत किस मुँह से गाते और किन कानों से सुनते? जनता पर गहरी उदासी छा गई थी। राम और रहीम को एक बतानेवाली बानी मुरझाए मन को हरा न कर सकी, क्योंकि उसके भीतर उस कट्टर एकेश्वरवाद का सुर मिला हुआ था, जिसका ध्वंसकारी स्वरूप लोग नित्य अपनी आँखों देख रहे थे। सर्वस्व गँवाकर भी हिंदू जाति अपनी स्वतंत्र सत्ता बनाए रखने की वासना नहीं छोड़ सकी थी। इससे उसने अपनी सभ्यता, अपने चिरसंचित संस्कार आदि की रक्षा के लिए राम और कृष्ण का आश्रय लिया; और उनकी भक्ति का स्रोत देश के एक कोने से दूसरे कोने तक फैल गया। जिस प्रकार बंग देश में कृष्ण चैतन्य ने, उसी प्रकार उत्तर भारत में वल्लभाचार्यजी ने परम भाव का उस आनंदविधायिनी कला का दर्शन कराकर, जिसे प्रेम कहते हैं, जीवन में सरसता का संचार किया। दिव्य प्रेमसंगीत की धारा में इस लोक का सुखद पक्ष निखर आया और जमती हुई उदासी या खिन्नता बह गई।

जयदेव की देववाणी की स्निग्ध पीयूषधारा, जो काल की कठोरता में दब गई थी, अवकाश पाते ही लोकभाषा की सरलता में परिणत होकर मिथिला की अमराइयों में विद्यापति के कोकिल कंठ से प्रकट हुई और आगे चलकर ब्रज के करीलकुंजों के बीच फैल मुरझाए मनों को सींचने लगी। आचार्यों की छाप लगी हुई आठ वीणाएँ श्रीकृष्ण की प्रेमलीला का कीर्तन करने उठीं, जिनमें सबसे ऊँची, सुरीली और मधुर झनकार अंधे कवि सूरदास की वीणा की थी। ये भक्त कवि सगुण उपासना का रास्ता साफ करने लगे। निर्गुण उपासना की नीरसता और अग्राह्यता दिखाते हुए ये उपासना का हृदयग्राही स्वरूप सामने लाने में लग गए। इन्होंने भगवान् का प्रेममय रूप ही लिया, इसने हृदय की कोमल वृत्तियों के ही आश्रय और आलंबन खड़े किए। आगे जो इनके अनुयायी कृष्णभक्त हुए, वे भी उन्हीं वृत्तियों में लीन रहे। हृदय की अन्य वृत्तियों (उत्साह आदि) के रंजनकारी रूप भी यदि वे चाहते, तो कृष्ण में ही मिल जाते; पर उनकी ओर वे न बढ़े। भगवान् का यह व्यक्त स्वरूप

यद्यपि एकदेशीय था—केवल प्रेममय था—पर उस समय नैराश्य के कारण जनता के हृदय में जीवन की ओर से एक प्रकार की जो अरुचि-सी उत्पन्न हो रही थी, उसे हटाने में उपयोगी हुआ। मनुष्यता के सौंदर्यपूर्ण और माधुर्यपूर्ण पक्ष को दिखाकर इन कृष्णोपासक वैष्णव कवियों ने जीवन के प्रति अनुराग जगाया, या कम से कम जीने की चाह बनी रहने दी।

बाल्यकाल और यौवनकाल कितने मनोहर हैं। उसके बीच की नाना मनोरम परिस्थितियों के विशद चित्रण द्वारा सूरदासजी ने जीवन की जो रमणीयता सामने रखी उससे गिरे हुए हृदय नाच उठे। 'वात्सल्य' और 'शृंगार' के क्षेत्रों का जितना अधिक उद्घाटन सूर ने अपनी बंद आँखों से किया, उतना किसी और कवि ने नहीं। इन क्षेत्रों का कोना-कोना वे झाँक आए। उक्त दोनों रसों के प्रवर्तक रति भाव के भीतर की जितनी मानसिक वृत्तियों और दशाओं का अनुभव और प्रत्यक्षीकरण सूर कर सके, उतनी का और कोई नहीं। हिंदी साहित्य में शृंगार का रसराजत्व यदि किसी ने पूर्ण रूप से दिखाया, तो सूर ने।

उनकी उमड़ती हुई वाग्धारा उदाहरण रचनेवाले कवियों के समान गिनाए हुए संचारियों से बँधकर चलनेवाली न थी। यदि हम सूर के केवल विप्रलंभ शृंगार को ही लें, अथवा भ्रमरगीत को ही लें, तो न जाने कितने प्रकार की मानसिक दशाएँ ऐसी मिलेंगी, जिनके नामकरण तक नहीं हुए हैं। मैं इसी को कवियों की पहुँच कहता हूँ। यदि हम मनुष्यजीवन के संपूर्ण क्षेत्र को लेते हैं तो सूरदासजी की दृष्टि परिमित दिखाई पड़ती है। पर यदि उनके चुने हुए क्षेत्रों (शृंगार और वात्सल्य) को लेते हैं, तो उनके भीतर उनकी पहुँच का विस्तार बहुत अधिक पाते हैं। उन क्षेत्रों में इतना अंतर्दृष्टि विस्तार और किसी कवि का नहीं। बात यह है कि सूर को 'गीतकाव्य' की जो परंपरा (जयदेव और विद्यापति की) मिली, वह शृंगार की ही थी। इसी से सूर के संगीत में भी उसी की प्रधानता रही। दूसरी बात है उपासना का स्वरूप। सूरदासजी वल्लभाचार्यजी के शिष्य थे, जिन्होंने भक्तिमार्ग में भगवान् का प्रेममय स्वरूप प्रतिष्ठित करके उसके आकर्षण द्वारा 'सायुज्य मुक्ति' का मार्ग दिखाया था। भक्तिसाधना के इस चरम लक्ष्य का फल (सायुज्य) की ओर सूर ने कहीं-कहीं संकेत भी किया है, जैसे—

सीत उष्ण सुख दुख नहिं मानै, हानि भए कछु स्रोच न राचै।
जाय समाय सूर वा निधि में बहुरि, न उलटि जगत में नाचै।।

जिस प्रकार ज्ञान की चरम सीमा ज्ञाता और ज्ञेय की एकता है, उसी प्रकार प्रेमभाव की चरम सीमा आश्रय और आलंबन की एकता है। अतः भगवद्भक्ति

की साधना के लिए इसी प्रेमतत्व को वल्लभाचार्य ने सामने रखा और उसके अनुयायी कृष्णभक्त कवि इसी को लेकर चले। गो॰ तुलसीदासजी की दृष्टि व्यक्तिगत साधना के अतिरिक्त लोकपक्ष पर भी थी; इसी से वे मर्यादा पुरुषोत्तम के चरित्र को लेकर चले; और उसमें लोकरक्षा के अनुकूल जीवन की और-और वृत्तियों का भी उन्होंने उत्कर्ष दिखाया और अनुरंजन किया।

उक्त प्रेमतत्व की पुष्टि में ही सूर की वाणी मुख्यतः प्रयुक्त जान पड़ती है। रतिभाव के तीनों प्रबल और प्रधान रूप—भगद्विषयक रति, वात्सल्य और दांपत्य रति—सूर ने लिए हैं। यद्यपि पिछले दोनों प्रकार के रतिभाव भी कृष्णोन्मुख होने के कारण तत्वतः भगवत्प्रेम के अंतर्भूत ही हैं, पर निरूपणभेद से और रचनाविभाग की दृष्टि से वे अलग रखे गए हैं। इस दृष्टि में विभाग करने से विनय के जितने पद हैं, वे भगद्विषयक रति के अंतर्गत आएँगे; बाललीला के पद वात्सल्य के अंतर्गत और गोपियों के प्रेम संबंधी पद दांपत्य रतिभाव के अंतर्गत होंगे। हृदय से निकली हुई प्रेम की इन तीनों प्रबल धाराओं से सूर ने बड़ा भारी सागर भरकर तैयार किया है।

कविकर्म विधान के दो पक्ष होते हैं—विभाव पक्ष और भाव पक्ष। कवि एक ओर तो ऐसी वस्तुओं का चित्रण करता है, जो मन में कोई भाव उठाने या उठे भाव को और जगाने में समर्थ होती हैं, और दूसरी ओर उन वस्तुओं के अनुरूप भावों के अनेक स्वरूप शब्दों द्वारा व्यक्त करता है। एक विभाव पक्ष है, दूसरा भाव पक्ष। कहने की आवश्यकता नहीं कि काव्य में ये दोनों अन्योन्याश्रित हैं, अतः दोनों रहते हैं। जहाँ एक ही पक्ष का वर्णन रहता है, वहाँ भी दूसरा पक्ष अव्यक्त रूप में रहता है। जैसे नायिका के रूप का नखशिख का कोरा वर्णन लें, तो उसमें भी आश्रय का रतिभाव अव्यक्त रूप में वर्तमान रहता है। भावपक्ष में सूर की पहुँच का उल्लेख ऊपर हो चुका है। सूरदास जी ने शृंगार और वात्सल्य ये ही दो रस लिए हैं। अतः विभावपक्ष में भी उनका वर्णन उन्हीं वस्तुओं तक परिमित है, जो उक्त दोनों रसों के आलंबन या उद्दीपन के रूप में आ सकती हैं, जैसे, राधा और कृष्ण के नाना रूप, देश और चेष्टाएँ तथा करील कुंज, उपवन, जमुना, पवन, चंद्र, ऋतु इत्यादि।

विभावपक्ष के अंतर्गत भी वस्तुएँ दो रूपों में लाई जाती हैं—वस्तु रूप में और अलंकार रूप में; अर्थात् प्रस्तुत रूप में और अप्रस्तुत रूप में। मान लीजिए कि कोई कवि कृष्ण का वर्णन कर रहा है, पहले वह कृष्ण के श्याम या नीलवर्ण शरीर को, उस पर पड़े हुए पीतांबर को, त्रिभंगी मुद्रा को, स्मित आनन को, हाथ में ली हुई मुरली को, सिर के कुंचित केश और मोर-मुकुट आदि को सामने रखता है।

यह विन्यास वस्तुरूप में हुआ। इसी प्रकार का विन्यास यमुना तट निकुंज की लहराती लताओं, चंद्रिका, कोकिलकूजन आदि का होगा। इनके साथ ही यदि कृष्ण के शोभा वर्णन में घन और दामिनी, सनाल कमल आदि उपमान के रूप में वह लाता है, तो यही विन्यास अलंकार रूप में होगा। वर्ण्य विषय की परिमिति के कारण वस्तुविन्यास का जो संकोच सूर की रचना में दिखाई पड़ता है, उसकी बहुत कुछ कसर अलंकार रूप में लाए हुए पदार्थों के प्राचुर्य द्वारा पूरी हो जाती है। कहने का तात्पर्य यह कि प्रस्तुत रूप में लाए हुए पदार्थों की संख्या बहुत अधिक है। यह दूसरे प्रकार की (आलंकारिक) रूपयोजना या व्यापारयोजना किसी और (प्रस्तुत) रूप के भाव को बढ़ाने के लिए ही होती है, अतः इसमें लाए हुए रूप या व्यापार ऐसे ही होने चाहिए जो प्रभाव में उन प्रस्तुत रूपों या व्यापारों के समान हों। सूर अलंकार योजना के लिए अधिकतर ऐसे ही पदार्थ लाए हैं।

सारांश यह कि यदि हम बाह्य सृष्टि के लिए रूपों और व्यापारों के संबंध में सूर की पहुँच का विचार करते हैं तो यह बात स्पष्ट देखने में आती है कि प्रस्तुत रूप में लिए हुए पदार्थों और व्यापारों की संख्या परिमित है। उन्होंने कृष्ण और राधा के अंग-प्रत्यंग, मुद्राओं और चेष्टाओं, यमुना तट, वंशीवट, निकुंज, गोचारण, वनविहार, बाललीला, चोरी, नटखटी तथा कविपरिपाटी में परिगणित ऋतुसुलभ वस्तुओं तक ही अपने को रखा है।

इसके कारण दो हैं—पहली बात तो यह है कि इनकी रचना 'गीतकाव्य' है जिसमें मधुर ध्वनिप्रवाह के बीच कुछ चुने हुए पदार्थों और व्यापारों की झलक-भर काफी होती है। गोस्वामी तुलसीदासजी के समान सूरसागर प्रबंध काव्य नहीं है; जिसमें कथाक्रम से अनेक पदार्थों और व्यापारों की शृंखला जुड़ती चली चलती है। सूरदासजी ने प्रत्येक लीला या प्रसंग पर फुटकल पद कहे हैं। एक पद दूसरे पद से संबद्ध नहीं है। प्रत्येक पद स्वतंत्र है। इसी से किसी एक प्रसंग पर कहे हुए पदों को यदि हम लेते हैं; तो एक ही घटना से संबंध रखनेवाली एक ही बात भिन्न-भिन्न रागिनियों में कुछ फेरफार के साथ बहुत-से पदों में मिलती है, जिससे पढ़नेवाले का जी कभी-कभी ऊब-सा जाता है। यह बात प्रकृत प्रबंधकाव्य में नहीं होती।

परिमिति का दूसरा कारण पहले ही कहा जा चुका है कि सूरदासजी ने जीवन की वास्तव में दो ही वृत्तियाँ ली हैं—बालवृत्ति और यौवनवृत्ति। इन दोनों के अंतर्गत आए हुए व्यापार क्रीड़ा, उमंग और उद्रेक के रूप में ही हैं। प्रेम भी घटनापूर्ण नहीं है। उसमें किसी प्रकार का प्रयत्न विस्तार नहीं है, जिसके भीतर नई-नई वस्तुओं और व्यापारों का सन्निवेश होता चलता है। लोकसंघर्ष से उत्पन्न विविध व्यापारों की योजना सूर का उद्देश्य नहीं है। उनकी रचना जीवन की अनेकरूपता की ओर नहीं

गई है; बालक्रीड़ा प्रेम के रंग-रहस्य और उसकी अतृप्त वासना तक ही रह गई है। जीवन की गंभीर समस्याओं से तटस्थ रहने के कारण उसमें वह वस्तुगांभीर्य नहीं है जो गोस्वामीजी की रचनाओं में है। परिस्थिति की गंभीरता के अभाव से गोपियों के वियोग में भी वह गंभीरता नहीं दिखाई पड़ती जो सीता के वियोग में है। उनका वियोग खाली बैठे का काम-सा दिखाई पड़ता है। सीता अपने प्रिय से वियुक्त होकर कई सौ कोस दूर दूसरे द्वीप में राक्षसों के बीच पड़ी हुई थी। गोपियों के गोपाल केवल दो-चार कोस के एक नगर में राजसुख भोग रहे थे। सूर का वियोगवर्णन वियोगवर्णन के लिए है, परिस्थिति के अनुरोध में नहीं। कृष्ण गोपियों के साथ क्रीड़ा करते-करते किसी कुंज या झाड़ी में जा छिपते हैं, या यों कहिए कि थोड़ी देर के लिए अंतर्धान हो जाते हैं। बस गोपियाँ मूर्छित होकर गिर पड़ती हैं। उनकी आँखों से आँसुओं की धारा उमड़ चलती है। पूर्ण वियोग दशा उन्हें आ घेरती है। यदि परिस्थिति का विचार करें, तो ऐसा विरहवर्णन असंगत प्रतीत होगा; पर जैसा कहा जा चुका है, सूरसागर प्रबंधकाव्य नहीं है, जिसमें वर्णन की उपयुक्तता या अनुपयुक्तता के निर्णय में घटना या परिस्थिति के विचार का बहुत कुछ योग रहता है।

पारिवारिक और सामाजिक जीवन के बीच हम सूर के बालकृष्ण को ही थोड़ा-बहुत देखते हैं। कृष्ण के केवल बालचरित्र का प्रभाव नंद, यशोदा आदि परिवार के लोगों और पड़ोसियों पर पड़ता दिखाई देता है। सूर का बाललीला वर्णन ही पारिवारिक जीवन से संबद्ध है। कृष्ण के छोटे-छोटे पैरों से चलने, मुँह में मक्खन लिपटाकर भागने या इधर-उधर नटखटी करने पर नंद बाबा और यशोदा मैया का कभी पुलकित होना, कभी खीझना, कभी पड़ोसियों का प्रेम से उलाहना देना आदि बातें एक छोटे-से जनसमूह के भीतर आनंद का संचार करती दिखाई गई हैं। इसी बाललीला के भीतर कृष्णचरित का लोकपक्ष अधिकतर आया है; जैसे कंस के भेजे हुए असुरों के उत्पात से गोपों को बचाना, काली नाग को नाथकर लोगों का भय छुड़ाना। इंद्र के क्रोध से डूबती हुई बस्ती की रक्षा करने और नंद को वरुण लोक से लाने का वृतांत यद्यपि प्रेमलीला आरंभ होने के पीछे आया है, पर उससे संबद्ध नहीं है। कृष्ण के चरित में जो यह थोड़ा-बहुत लोकसंग्रह दिखाई पड़ता है, उसके स्वरूप में सूर की वृत्ति लीन नहीं हुई है। जिस शक्ति से उस बाल्यावस्था में ऐसे प्रबल शत्रुओं का दमन किया गया, उसके उत्कर्ष का अनुरंजनकारी और विस्तृत वर्णन उन्होंने नहीं किया है। जिस ओज और उत्साह से तुलसीदासजी ने मारीच, ताड़का, खर-दूषण आदि के निपात का वर्णन किया है, उस खोज और उत्साह से सूरदासजी ने बकासुर, अघासुर, कंस आदि के वध और इंद्र के गर्वमोचन

का वर्णन नहीं किया है। कंस और उसके साथी असुर भी कृष्ण के शत्रु के रूप में ही सामने आते हैं। लोकशत्रु या लोकपीड़क के रूप में नहीं। रावण के साथी राक्षसों के समान वे ब्राह्मणों को चबा-चबाकर उनकी हड्डियों का ढेर लगानेवाले या स्त्री चुरानेवाले नहीं दिखाई पड़ते। उनके कारण वैसा हाहाकार नहीं सुनाई पड़ा। उनका अत्याचार 'सभ्य अत्याचार' जान पड़ता है। शक्ति, शील और सौंदर्य भगवान् की इन तीन विभूतियों में से सूर ने केवल सौंदर्य तक ही अपने को रखा है, जो प्रेम को आकर्षित करता है। शेष दो विभूतियों को भी लेकर भगवान् के लोकरंजनकारी स्वरूप की पूर्ण प्रतिष्ठा हमारे हिंदी साहित्य में गोस्वामी तुलसीदासजी ने की। श्रद्धा या महत्वबुद्धि को तुष्ट करने के लिए कृष्ण की शक्ति या लौकिक महत्व की प्रतिष्ठा में आग्रह न दिखाने के कारण ही सूर की उपासना सख्य भाव की कही जाती है।

पारिवारिक और सामाजिक जीवन के साथ सूरदास द्वारा वर्णित कृष्णचरित का जो थोड़ा-बहुत संबंध दिखाई पड़ता है उसका सम्यक् स्फुरण नहीं हुआ है। रहा प्रेमपक्ष; वह एकांतिक है। सूर का प्रेमपक्ष लोक से न्यारा है। गोपियों के प्रेमभाव की गंभीरता आगे चलकर उद्धव का ज्ञानगर्व मिटाती हुई दिखाई पड़ती है। वह भक्ति की एकांत साधना का आदर्श प्रतिष्ठित करती हुई जान पड़ती है; लोकधर्म के किसी अंग का नहीं। सूरदास सच्चे प्रेममार्ग के त्याग और पवित्रता को ज्ञानमार्ग के त्याग और पवित्रता के समक्ष रखने में खूब समर्थ हुए हैं, और साथ ही उन्होंने उस त्याग को रागात्मिका वृत्ति द्वारा प्रेरित दिखाकर भक्तिमार्ग या प्रेममार्ग की सुगमता भी प्रतिपादित की है।

तुलसी के समान लोकव्यापी प्रभाववाले कर्म और लोकव्यापिनी दशाएँ सूर ने वर्णन के लिए नहीं ली हैं। असुरों के अत्याचार से दुखी पृथ्वी की प्रार्थना पर भगवान् का कृष्णावतार हुआ, इस बात को उन्होंने केवल एक ही पद में कह डाला है। इसी प्रकार कागासुर, बकासुर, सकटासुर आदि को हम लोकपीड़कों के रूप में नहीं पाते हैं। केवल प्रलंब और कंस के वध पर देवताओं का फूल बरसाना देखकर उक्त कर्म के लोकव्यापी प्रभाव का कुछ आभास मिलता है। पर वह वर्णन विस्तृत नहीं है। सूरदास का मन जितना नंद के घर की आनंद बधाई, बालक्रीड़ा, मुरली की मोहनी तान, रास नृत्य, प्रेम के रंग-रहस्य और संयोग-वियोग की नाना दशाओं में लगा है, उतना ऐसे प्रसंगों में नहीं। ऐसे प्रसंगों को उन्होंने किसी प्रकार चलता कर दिया है। कुछ लोग रामचरितमानस में राम के प्रत्येक कर्म पर देवताओं का फूल बरसाना देखकर ऊबते-से हैं। उन्हें समझना चाहिए कि गोस्वामीजी ने राम के प्रत्येक कर्म को ऐसे व्यापक प्रभाव को चित्रित किया है, जिस पर तीनों लोकों

की दृष्टि लगी रहती थी। कृष्ण का गोचारण और रासलीला आदि देखने को भी देवगण एकत्र हो जाते हैं, पर केवल तमाशबीन की तरह।

सूरदासजी को मुख्यतः शृंगार और वात्सल्य का कवि समझना चाहिए, यद्यपि और रसों का भी एक-आध जगह अच्छा वर्णन मिल जाता है; जैसे दावानल के इस वर्णन में भयानक रस का—

भहरात झहरात दावानल आयो।
घेरे चहुँ ओर करि सोर अंदीर बन
धरनि आकास चहुँ पास छायो।
बरत बन बाँस, थरहरत कुस काँस,
जरि उड़त बहु झाँस, अति प्रबल धायो।
झपटि झटपट लपट, फूल फूटत पटकि,
चटकि लट लटकि द्रुम फटि नवायो।
अति अगिनि झार भंभार धुंधार करि
उचटि अंगार झंझार छायो।
बात बनपात,, भहरात, झहरात,
अररात तरु महा धरनी गिरायो।।

पर जैसा कहते आ रहे हैं, मुख्यता शृंगार और वात्सल्य की ही है। पर इसमें संदेह नहीं कि इन दोनों रसों के वे सबसे बड़े कवि हैं।

यहाँ तक तो सूर की रचना की सामान्य दृष्टि से समीक्षा हुई। अब इन महाकवि की उन विशेषताओं का थोड़ा-बहुत दिग्दर्शन होना चाहिए जिनके कारण हिंदी साहित्य में इनका स्थान इतना ऊँचा है। ध्यान देने की सबसे पहली बात यह है कि चलती हुई ब्रजभाषा में सबसे पहली साहित्यिक कृति इन्हीं की मिलती है, जो अपनी पूर्णता के कारण आश्चर्य में डाल देती है। पहली साहित्यिक रचना और इतनी प्रचुर, प्रगल्भ और काव्यांगपूर्ण कि अगले कवियों की शृंगार और वात्सल्य की उक्तियाँ इनकी जूठी जान पड़ती हैं। यह बात हिंदी साहित्य का इतिहास लिखनेवालों को उलझन में डालनेवाली होगी। सूरसागर किसी चली आती हुई परंपरा का—चाहे वह मौखिक ही रही हो—पूर्ण विकास-सा जान पड़ता है, आगे चलनेवाली परंपरा का मूल रूप नहीं।

यदि भाषा को लेकर देखते हैं, तो वह ब्रज की चलती बोली होने पर भी एक साहित्यिक भाषा के रूप में मिलती है, जो और प्रांतों के कुछ प्रचलित शब्दों और प्रत्ययों के साथ ही साथ पुरानी काव्यभाषा या अपभ्रंश के शब्दों को लिए हुए

हैं। सूर की भाषा बिल्कुल बोलचाल की ब्रजभाषा नहीं है। 'जाकों', 'तासों', 'वाकों', चलती ब्रजभाषा के रूपों के समान ही 'जेहि' 'तेहि' आदि पुराने रूपों का प्रयोग बराबर मिलता है, जो अवधी की बोलचाल में तो अब तक हैं, पर ब्रज की बोलचाल में सूर के समय में भी नहीं थे। पुराने निश्चयार्थक 'पै' का व्यवहार भी पाया जाता है; जैसे, 'जाहि लगै सोई पै जानै, प्रेम बान अनियारो'। 'गोड़', 'आपन', 'हमार' आदि पूरबी प्रयोग भी बराबर पाए जाते हैं। कुछ पंजाबी प्रयोग भी मौजूद हैं, जैसे, महँगी के अर्थ में 'प्यारी' शब्द। ये बातें सब एक व्यापक काव्यभाषा के अस्तित्व की सूचना देती हैं।

अब हम संक्षेप में उन प्रसंगों को लेते हैं जिनमें सूर की प्रतिभा पूर्णतया लीन हुई है। कृष्ण जन्म की आनंद बधाई के उपरांत ही बाललीला का आरंभ हो जाता है। जितने विस्तृत और विशद रूप में बाल्यजीवन का चित्रण इन्होंने किया हैं, उतने विस्तृत रूप में और किसी कवि ने नहीं किया। शैशव से लेकार कौमार अवस्था तक के क्रम से लगे हुए न जाने कितने चित्र मौजूद हैं। उनमें केवल बाहरी रूपों और चेष्टाओं का ही विस्तृत और सूक्ष्म वर्णन नहीं है, कवि ने बालकों की अंतः-प्रकृति में भी पूरा प्रवेश किया है और अनेक बाल्य भावों की सुंदर स्वाभाविक व्यंजना की है। देखिए, 'स्पर्द्धा' का भाव, जो बालकों में स्वाभाविक होता है, इन वाक्यों से किस प्रकार व्यंजित हो रहा है—

मैया कबहिं बढ़ैगी चोटी?
किती बार मोहिं दूध पियत भई, यह अजहूँ है छोटी।
तू जो कहति 'बल' की बेनी ज्यों ह्वैहै लाँबी मोटी।।

बालचेष्टा के स्वाभाविक मनोहर चित्रों का इतना बड़ा भंडार और कहीं नहीं है, जितना बड़ा सूरसागर में है। दो-चार चित्र देखिए—

(1) कत हौ आरि करत मेरे मोहन यों तुम आँगन लोटी?
जो माँगहु सो देहुँ मनोहर यहै बात तेरी खोटी।
सूरदास को ठाकुर ठाढ़ो हाथ लकुटि लिए छोटी।।

(2) सोभित कर नवनीत लिए।
घुटरुन चलत, रेनु तन मंडित, मुख दधि लेप किए।

(3) सिखवत चलन जसौदा मैया।
अरबराय करि पानि गहावत, डगमगाय धरै पैयाँ।।

(4) पाहुनि करि दै तनक मह्यौ।
औरि करै मनमोहन मेरो, अंचल आनि गह्यौ।
ब्याकुल मथत मथनियाँ रीती, दधि भ्वै ढरकि रह्यौ।।

हारजीत के खेल में बालकों के 'क्षोभ' के कैसे स्वाभाविक वचन सूर ने रखे हैं–

खेलत में को काको गोसैयाँ।
हरि हारे, जीते श्रीदामा, बरबस ही कत करत रिसैयाँ।।
जाति पाँति हम तें कछु नाहीं, न बसत तुम्हारी छैयाँ।
अति अधिकार जनावत यातें, अधिक तुम्हारे हैं कछु गैयाँ।।

अब यहाँ पर थोड़ा इसका भी निर्णय हो जाना चाहिए कि इन बालचेष्टाओं का काव्यविधान में क्या स्थान होगा। वात्सल्य रस के अनुसार बालक कृष्ण आलंबन होंगे और नंद या यशोदा आश्रय। अतः ये चेष्टाएँ अनुभाव के अंतर्गत आती हैं; पर आलंबनगत चेष्टाएँ उद्दीपन के ही भीतर आ सकती हैं। इससे यह स्पष्ट है कि ऐसी चेष्टाओं का स्थान भावविधान के ही भीतर है। उन्हें अलंकारविधान के भीतर घसीटकर 'स्वाभावोक्ति' अलंकार कहना मेरी समझ में ठीक नहीं।

बाललीला के आगे फिर उस गोचारण का मनोरम दृश्य सामने आता है, जो मनुष्यजाति की अत्यंत प्राचीन वृत्ति होने के कारण अनेक देशों में काव्य का प्रिय विषय रहा है। यवन देश (यूनान) के 'पशुचारण काव्य' (पैस्टोरल पोएट्री) का मधुर संस्कार यूरोप की कविता पर अबतक कुछ न कुछ चला ही जाता है। कवियों को आकर्षित करनेवाली गोपजीवन की सबसे बड़ी विशेषता है–प्रकृति के विस्तृत क्षेत्र में विचरने के लिए सबसे अधिक अवकाश। कृषि, वाणिज्य आदि और व्यवसाय जो आगे चलकर निकले, वे अधिक जटिल हुए–उनमें उतनी स्वच्छंदता न रही। कविश्रेष्ठ कालिदास ने अपने रघुवंश काव्य के आरंभ में दिलीप को नंदिनी के साथ वन-वन फिराकर इसी मधुर जीवन का आभास दिखाया है। सूरदासजी ने जमुना के कछारों के बीच गोचारण के बड़े सुंदर-सुंदर दृश्यों का विधान किया है। यथा–

मैया री! मोहि दाऊ टेरत।
मोको बनफल तोरि देत हैं, आपुन गैयन घेरत।।

यमुना तट पर किसी बड़े पेड़ की शीतल छाया में बैठकर कभी सब सखा कलेऊ बाँटकर खाते हैं, कभी इधर-उधर दौड़ते हैं। कभी कोई चिल्लाता है–

द्रुम चढ़ि काहे न टेरत, कान्हा, गैया दूरि गई।
धाई जाति सबन के आगे जे वृषभान दई।।

'जे वृषभान दई' कहकर सूर ने पशुप्रकृति का अच्छा परिचय दिया है। नए खूँटे पर आई हुई गायें बहुत दिनों तक चंचल रहती हैं और भागने का उद्योग करती

हैं। इसी से वृषभानु की दी हुई गायें चरते समय भी भाग खड़ी होती हैं; और कुछ दूसरी गायें भी स्वभावानुसार उनके पीछे दौड़ पड़ती हैं।

वृंदावन के उसी सुखमय जीवन के हास-परिहास के बीच गोपियों के प्रेम का उदय होता है। गोपियाँ कृष्ण के दिन-दिन खिलते हुए सौंदर्य और मनोहर चेष्टाओं को देख मुग्ध होती चली आती हैं; और कृष्ण कौमार अवस्था की स्वाभाविक चपलतावश उनसे छेड़छाड़ करना आरंभ करते हैं। हास-परिहास और छेड़छाड़ के साथ-साथ प्रेम-व्यापार का अत्यंत स्वाभाविक आरंभ सूर ने दिखाया है। किसी की रूपचर्चा सुन, या अकस्मात् किसी की एक झलक पाकर हाय-हाय करते हुए इस प्रेम का आरंभ नहीं हुआ है। नित्य अपने बीच चलते-फिरते, हँसते-बोलते वन में गाय चराते देखते-देखते गोपियाँ कृष्ण में अनुरक्त होती हैं और कृष्ण गोपियों में। इस प्रेम को हम जीवनोत्सव के रूप में पाते हैं; सहसा उठ खड़े हुए तूफान या मानसिक विप्लव के रूप में नहीं, जिसमें अनेक प्रकार के प्रतिबंधों और विघ्नबाधाओं को पार करने की लंबी-चौड़ी कथा खड़ी होती है। सूर के कृष्ण और गोपियाँ पक्षियों के समान स्वच्छंद हैं। वे लोकबंधनों से जकड़े हुए नहीं दिखाए गए हैं। जिस प्रकार स्वच्छंद समाज का स्वप्न अँगरेज कवि शेली देखा करते थे, उसी प्रकार का यह समाज सूर ने चित्रित किया।

सूर के प्रेम की उत्पत्ति में रूपलिप्सा और साहचर्य दोनों का योग है। बाल-क्रीड़ा के सखा-सखी आगे चलकर यौवनक्रीड़ा के सखा-सखी हो जाते हैं। गोपियों ने उद्धव से साफ कहा—'लरिकाई को प्रेम कहौ अलि, कैसे छूटै?' केवल एक साथ रहते-रहते भी दो प्राणियों में स्वभावतः प्रेम हो जाता है? कृष्ण एक तो बाल्यावस्था से ही गोपियों के बीच रहे, दूसरे सुंदरता में भी अद्वितीय थे। अतः गोपियों के प्रेम का क्रमशः विकास दो प्राकृतिक शक्तियों के प्रभाव से होने के कारण बहुत ही स्वाभाविक प्रतीत होता है। बालक्रीड़ा इस प्रकार क्रमशः यौवनक्रीड़ा के रूप में परिणत होती गई है कि संधि का पता ही नहीं चलता। रूप का आकर्षण बाल्यवस्था से ही आरंभ हो जाता है। राधा और कृष्ण के विशेष प्रेम की उत्पत्ति सूर ने रूप के आकर्षण द्वारा ही कही है—

(क) खेलने हरि निकसे ब्रज खोरी।
गए श्याम रवि तनया के तट अंग लसति चंदन की खोरी।।
औचक ही देखी तहँ राधा, नैन बिसाल भाल दिए रोरी।
सूर श्याम देखत ही रीझे, नैन नैन मिलि परी ठगोरी।।

(ख) बूझत श्याम, 'कौन तू गोरी।
कहाँ रहति, काकी तू बेटी? देखी नाहिं कहूँ ब्रज खोरी'।

'काहे को हम ब्रज तन आवति खेलति रहति आपनी पौरी।
सुनति रहति श्रवनन नँद ढोटा करत रहत माखन दधि चोरी'।
'तुम्हरी कहा चोरि हम लैहैं? खेलन चलौ संग मिलि जोरी'।
'सूरदास' प्रभु रसिक सिरोमनि बातन भुरइ राधिका भोरी।।

इस खेल ही में इतनी बड़ी बात पैदा हो गई, जिसे प्रेम कहते हैं। प्रेम का आरंभ उभय पक्ष में सम है। आगे चलकर कृष्ण के मथुरा चले जाने पर उसमें कुछ विषमता दिखाई पड़ती है। कृष्ण यद्यपि गोपियों को भूले नहीं हैं, उद्धव के मुख से उनका वृत्तांत सुनकर वे आँखों में आँसू भर लाते हैं, पर गोपियों ने जैसा वेदनापूर्ण उपालंभ दिया है, उससे अनुराग की कमी ही व्यंजित होती है।

पहले कहा जा चुका है कि श्रृंगार और वात्सल्य के क्षेत्र में सूर की समता को और कोई कवि नहीं पहुँचा है। श्रृंगार के संयोग और वियोग दोनों पक्षों का इतना प्रचुर विस्तार और किसी कवि में नहीं मिलता। वृंदावन में कृष्ण और गोपियों का संपूर्ण जीवन क्रीड़ामय है और वह संपूर्ण क्रीड़ा संयोगपक्ष है। उसके अंतर्गत विभावों की परिपूर्णता, कृष्ण और राधा के अंग-प्रत्यंग की शोभा के अत्यंत प्रचुर और चमत्कारपूर्ण वर्णन में तथा वृंदावन के करील कुंजों, लोनी लताओं, हरे-भरे कछारों, खिली हुई चाँदनी, कोकिलकूजन आदि में देखी जाती है। अनुभावों और संचारियों का इतना बाहुल्य कहाँ मिलेगा। सारांश यह कि संयोगसुख के जितने प्रकार के क्रीड़ाविधान हो सकते हैं, वे सब सूर ने लाकर इकट्ठे कर दिए हैं। यहाँ तक कि कुछ ऐसी बातें भी आ गई हैं–जैसे, कृष्ण के कंधे पर चढ़कर फिरने का राधा का आग्रह–जो कम रसिक लोगों को अरुचिकर स्त्रैणता प्रतीत होगी।

सूर का संयोगवर्णन एक क्षणिक घटना नहीं है, प्रेम संगीतमय जीवन की एक गहरी चलती धारा है, जिसमें अवगाहन करनेवाले दिव्य माधुर्य के अतिरिक्त और कहीं कुछ नहीं दिखाई पड़ता। राधाकृष्ण के रंग-रहस्य के इतने प्रकार के चित्र सामने आते हैं कि सूर का हृदय प्रेम की नाना उमंगों का अक्षय्य भांडार प्रतीत होता है। प्रेमोदयकाल की विनोदवृत्ति और हृदयप्रेरित हाथों की छटा चारों ओर छलकी पड़ती है। राधा और कृष्ण का गाय चराते समय वन में भी साथ हो जाता है, एक दूसरे के घर आने-जाने भी लगे हैं, इसलिए ऐसी-ऐसी बातें नित्य न जाने कितनी हुआ करती हैं–

(क) करि ल्यो न्यारी, हरि, आपनि गैया।
नहिंन बसात लाल कछु तुमसों, सबें ग्वाल इक ठैया।।

(ख) धेनु दुहत अति ही रति बाढ़ी।

एक धार दोहनि पहुँचावत, एक धार जहँ प्यारी ठाढ़ी।
मोहनकर तें धार चलति पय मोहनी मुख अति ही छबि बाढ़ी।।

(ग) तुम पै कौन दुहाबै गैया?
इत चितवत, उत धार चलावत, एहि सिखयो है मैया?

यशोदा के इस कथन का कि बार-बार तू यहाँ क्यों उत्पात मचाने आती है, राधा जो उत्तर देती हैं उसमें प्रेम के आविर्भाव की कैसी सीधी-सादी और भोली-भाली व्यंजना है—

'बार बार तू ह्याँ जनि आवै'।
'मैं कहा करौं सुतहि नहिं बरजति, घर तें मोहिं बुलावै।।
मोसों कहत तोहि बिनु देखे रहत न मेरो प्रान।
छोह लगत मोको सुनि बानी, महरि! तिहारी आन'।।

कहने का सारांश यह कि प्रेम नाम की मनोवृत्ति का जैसा विस्तृत और पूर्ण परिज्ञान सूर को था, वैसा और किसी कवि को नहीं। इनका सारा संयोगवर्णन लंबी-चौड़ी प्रेमचर्या है जिसमें आनंदोल्लास के न जाने कितने स्वरूपों का विधान है। रासलीला, दानलीला, मानलीला इत्यादि सब उसी के अंतर्भूत हैं। पीछे देव कवि ने एक 'अष्टयाम' रचकर प्रेमचर्या दिखाने का प्रयत्न किया; पर वह अधिकतर एक घर के भीतर के भोगविलास की कृत्रिम दिनचर्या के रूप में है। उसमें न तो वह अनेकरूपता है न प्राकृतिक जीवन की वह उमंग।

आलंबन की रूपप्रतिष्ठा के लिए कृष्ण के अंग-प्रत्यंग का सूर ने जो सैकड़ों पदों में वर्णन किया है, वह तो किया ही है, आश्रय पक्ष में नेत्र व्यापार और उसके अद्भुत प्रभाव पर एक दूसरी ही पद्धति पर बड़ी ही रम्य उक्तियाँ और बहुत अधिक हैं। रूप को हृदय तक पहुँचानेवाले नेत्र ही हैं। इससे हृदय की सारी आकुलता, अभिलाषा और उत्कंठा का दोष इन्हीं रूपवाहकों के सिर मढ़कर सूर ने इनके प्रभाव-प्रदर्शन के लिए बड़े अनूठे ढंग निकाले हैं। कहीं इनकी न बुझनेवाली प्यास की परेशानी दिखाई है; कहीं इनकी चपलता और निरंकुशता पर इन्हें कोसा है; पीछे बिहारी, रामसहाय, गुलाम नबी और रसनिधि ने भी इस पद्धति का बहुत कुछ अनुकरण किया, पर यहाँ तो भांडार भरा हुआ है। इस प्रकार के नेत्र-व्यापार वर्णन आश्रय पक्ष और आलंबन पक्ष दोनों में होते हैं। सूर ने आश्रय पक्ष में ही इस प्रकार के वर्णन किए हैं; जैसे—

मेरे नैना बिरह की बेलि बई।
सींचत नीर नैन के सजनी मूल पताल गई।।

विगसति लता सुभाय आपने, छाया सघन भई।
अब कैसे निरुवारौं, सजनी! सब तन पसरि छई।।

आलंबन पक्ष में सूर के नेत्र-वर्णन उपमा-उत्प्रेक्षा आदि से भरी रूपचित्रण की शैली पर ही हैं; जैसे–

देखि, री! हरि के चंचल नैन।
खंजन मीन मृगज चपलाई नहिं पटतर एक सैन।।
राजिवदल, इंदीवर शतदल कमल कुशेशय जाति।
निसि मुद्रित, प्रातहि वै बिगसत, ये बिगसत दिन राति।।
अरुन असित सित झलक पलक प्रति को बरनै उपमाय।
मनौ सरस्वति गंग जमुन मिलि आगम कीन्ही आय।।

आलंबन में स्थित नेत्र क्या करते हैं; इसका वर्णन सूर ने बहुत ही कम किया है। पिछले कुछ कवियों ने इस पक्ष में भी चमत्कारपूर्ण उक्तियाँ कहीं हैं। जैसे–सूर ने तो 'अरुन, असित सित झलक' पर गंगा, यमुना और सरस्वती की उत्प्रेक्षा की है, पर गुलाम नबी (रसलीन) ने उसी झलक की यह करतूत दिखाई है–

अमिय हलाहल मद भरे श्वेत, स्याम, रतनार।
जियत, मरत, झुकि-झुकि परत जेहि चितवत एक बार।

मुरली पर कही हुई उक्तियाँ भी ध्यान देने योग्य हैं; क्योंकि उनमें प्रेम की सजीवता टपकती है। यह वह सजीवता है, जो भरे हुए हृदय से छलककर निर्जीव वस्तुओं पर भी अपना रंग चढ़ाती है। गोपियों की छेड़छाड़ कृष्ण ही तक नहीं रहती, उनकी मुरली तक भी–जो जड़ और निर्जीव है–पहुँचती है। उन्हें वह मुरली कृष्ण के संबंध से कभी इठलाती, कभी चिढ़ाती और कभी प्रेमगर्व दिखाती जान पड़ती है। उसी संबंध भावना से वे उसे कभी फटकारती हैं, कभी उसका भाग्य सराहती हैं और कभी उससे ईर्ष्या प्रकट करती हैं–

(क) माई री! मुरली अति गर्व काहू बदति नहिं आज।
हरि के मुख कमल देखु पायो सुखराज।।

(ख) मुरली तऊ गोपालहि भावति।
सुन, री सखी! जदपि नँदनंदहि नाना भाँति नचावति।
राखति एक पायँ ठाढ़े करि, अति अधिकार जनावति।।
आपुन पौढ़ि अधर सज्जा पर कर पल्लव सों पद पलुटावति।
भृकुटी कुटिल, कोप नासापुट हम पर कोपि कँपावति।।

हृदय के पारखी सूर ने संबंधभावना की शक्ति का अच्छा प्रसार दिखाया है। कृष्ण के प्रेम ने गोपियों में इतनी सजीवता भर दी है कि कृष्ण क्या; कृष्ण की मुरली तक से छेड़छाड़ करने को उनका जी चाहता है। हवा से लड़नेवाली स्त्रियाँ देखी नहीं, तो कम से कम सुनी बहुतों ने होंगी, चाहे उनकी जिंदादिली की कद्र न की हो। मुरली के संबंध में कहे हुए गोपियों के वचन से दो मानसिक तथ्य उपलब्ध होते हैं—आलंबन के साथ किसी वस्तु की संबंधभावना का प्रभाव तथा अत्यंत अधिक या फालतू उमंग के स्वरूप। मुरली संबंधिनी उक्तियों में प्रधानता पहली बात की है, यद्यपि दूसरे तत्व का भी मिश्रण है। फालतू उमंग के बहुत अच्छे उदाहरण उस समय देखने में आते हैं, जब कोई स्त्री अपने प्रिय को कुछ दूर पर देख कभी ठोकर खाने पर कंकड़-पत्थर को दो-चार मीठी गालियाँ सुनाती है, कभी रास्ते में पड़ती हुई पेड़ की टहनी पर भ्रूभंग सहित झुंझलाती है और कभी अपने किसी साथी को यों ही ढकेल देती है।

यह सूचित करने की आवश्यकता तो कदाचित् न हो कि रूप पर मोहित होना, दर्शन के लिए आकुल रहना, वियोग में तड़पना आदि गोपियों के पक्ष में जितना कहा गया है उतना कृष्ण के पक्ष में नहीं। यह यहाँ के शृंगारी कवियों—विशेषतः फुटकल पद्य रचनेवालों की—सामान्य प्रवृत्ति ही रही है। तुल्यानुराग होने पर भी स्त्रियों की प्रेमदशा या कामदशा का वर्णन करने में ही यहाँ के कवियों का मन अधिक लगा है। पुराने प्रबंधकाव्यों में तो यह भेद उतना लक्षित नहीं होता, पर पीछे के काव्यों में यह स्पष्ट झलकता है। वाल्मीकिजी ने रामायण में सीताहरण के उपरांत राम और सीता दोनों के वियोगदुःख वर्णन में प्रायः समान ही शब्द व्यय किया है। कालिदास ने मेघदूत का आरंभ यक्ष की विरहावस्था से करके उत्तर मेघ में यक्षिणी के विरह का वर्णन किया है। उनके नाटकों की प्रेमदशा या विरहदशा का प्राधान्य श्रीमद्भागवत और ब्रह्मवैवर्तपुराण की कृष्णलीला के अधिकाधिक प्रचार के साथ हुआ, जिसमें एक ओर तो अनंत सौंदर्य की स्थापना की गई और दूसरी ओर स्वाभाविक प्रेम का उदय दिखाया गया।

पुरुष आलंबन हुआ और स्त्री आश्रय। जनता के बीच प्रेम के इस स्वरूप ने यहाँ तक प्रचार पाया कि क्या नगरों में, क्या ग्रामों में सर्वत्र प्रेम के गीतों के नायक कृष्ण हुए और नायिका राधा। 'बनवारी' या 'कन्हैया' नायक का एक सामान्य नाम-सा हो गया। दिल्ली के पिछले बादशाह मुहम्मदशाह रँगीले तक को होली के दिनों में 'कन्हैया' बनने का शौक हुआ करता था!

और देशों की फुटकल शृंगारी कविताओं में प्रेमियों के ही विरह आदि के वर्णन की प्रधानता देखी जाती है। जैसे एशिया के अरब, फारस आदि देशों में वैसे

ही यूरोप के इटली आदि काव्यसंगीतप्रिय देशों में भी यही पद्धति प्रचलित रही। इटली में पीट्रार्क की शृंगारी कविता एक प्रेमिक के हृदय का उद्‌गार हैं। भारत में कृष्णकथा के प्रभाव से नायक के आकर्षक रूप में प्रतिष्ठित होने से पुरुषों की प्राधान्य वासना की अधिक तृप्ति हुई। आगे चलकर पुरुषत्व पर इसका कुछ बुरा प्रभाव भी पड़ा। बहुतरे शौर्य, पराक्रम आदि पुरुषोचित गुणों से मुँह मोड़ 'चटक मटक लटक' लाने में लगे—बहुत जगह तो माँगपट्टी, सुरमे, मिस्सी तक की नौबत पहुँची! यूरोप में, जहाँ स्त्री प्रधान आकर्षक के रूप में प्रतिष्ठित हुई; इसका उलटा हुआ। वहाँ स्त्रियों के बनाव, सिंगार और पहनावे के खर्च के मारे पुरुषों के नाकों दम हो गया!

सूर के संयोग वर्णन की बात हो चुकी। इनका विप्रलंभ भी ऐसा ही विस्तृत और व्यापक है। वियोग की जितनी अंतर्दशाएँ हो सकती हैं, जितने ढंगों से उन दशाओं का साहित्य में वर्णन हुआ है और सामान्यतः हो सकता है, वे उसके भीतर मौजूद हैं। आरंभ वात्सल्य रस के वियोगपक्ष से हुआ है। कृष्ण के मथुरा न लौटने पर नंद और यशोदा दुःख के सागर में मग्न हो गए हैं। अनेक दुःखात्मक भाव तरंग उनके हृदय में उठती हैं। कभी यशोदा नंद से खीझकर कहती हैं—

छाँड़ि सनेह चले मथुरा, कत दौरि न चीर गह्यो।
फाटि न गई बज्र की छाती, कत यह सूल सह्यो।।

इस पर नंद यशोदा पर उलट पड़ते हैं—

तब तू मारिबोई करति।
रिसनि आगे कहै जो आवत, अब लै भाँड़े भरति।।
रोस कै कर दाँवरी लै फिरति घर घर धरति।
कठिन हिय करि तब जो बांध्यो, अब बृथा करि मरति।।

यह 'झुँझलाहट' वियोगजन्य है, प्रेमभाव के ही अंतर्गत है, और कितनी स्वाभाविक है! सुख-शांति के भंग का कैसा यथातथ्य चित्र है।

आगे देखिए, गहरी 'उत्सुकता' और 'अधीरता' के बीच 'विरक्ति' (निर्वेद) और तिरस्कारमिश्रित 'खिझलाहट' का यह मेल कैसा अनूठा उतरा है। यशोदा नंद से कहती हैं—

नंद! ब्रज लीजै ठोंकि बजाय।
देहु बिदा मिलि जाहि मधुपुरी जहँ गोकुल के राय।।

'ठोंकि बजाय' में कितनी व्यंजना है! 'तुम अपना ब्रज अच्छी तरह सँभालो;

तुम्हें इसका गहरा लोभ है; मं जाती हूं'। एक-एक वाक्य के साथ हृदय लिपटा हुआ आता दिखाई दे रहा है। एक वाक्य दो-दो, तीन-तीन भावों से लदा हुआ है। श्लेष आदि कृत्रिम विधानों से मुक्त ऐसा ही भावगुरुत्व हृदय को सीधे जाकर स्पर्श करता है। इसे भावशवलता कहें या भावपंचामृत; क्योंकि एक ही वाक्य 'नंद! ब्रज लीजै ठोंकि बजाय' में कुछ निर्वेद, कुछ तिरस्कार और कुछ अमर्ष, इन तीनों की मिश्र व्यंजना–जिसे शवलता ही कहने से संतोष नहीं होता–पाई जाती है। शवलता के प्रदत्त उदाहरणों में प्रत्येक भाव अलग शब्दों या वाक्यों द्वारा निर्दिष्ट किया जा सकता है; पर उक्त वाक्य में यह बात नहीं है।

ग्वाल और सखाओं की भी यही दशा हो रही है। कभी वे व्याकुल अधीर होते हैं, कभी कृष्ण की निष्ठुरता पर क्षुब्ध होकर कहते हैं–

भए हरि मधुपुरी राजा, बड़े बंस कहाय।
सूत मागध विरुदहि बरनि बसुधौ तात।
राजभूषन अंग भ्राजत, अहिर कहत लजात।।

वियुक्त प्रिय पुत्र के सुख के अनिश्चय की 'शंका' तक न पहुँचती हुई भावना, 'दीनता' और क्षोभजन्य 'उदासीनता' किस प्रकार इन वचनों से टपक रही है–

सँदेसो देवकी सों कहियो।
हौं तो धाय तिहारे सुत की, कृपा करति ही रहियो।
तुम तो टेव जानतिहि ह्वैहौ, तऊ मोहि कहि आवै।
प्रात उठत मेरे लाल लड़ैतहि माखन रोटी भावै।।

कृष्ण राजभवन में जा पहुँचे हैं, यह जानते हुए भी यशोदा के प्रेमपूर्ण हृदय में यह बात जल्दी नहीं बैठती कि कृष्ण के सुख का ध्यान जितना वे रखती थीं, उतना संसार में और भी कोई रख सकता है। रसमग्न हृदय ही ऐसी दशाओं का अनुभव कर सकता है। केवल उदाहरण की लीक पीटनेवालों के भाग्य में यह बात कहाँ।

आगे चलकर गोपियों की वियोगदशा का जो धाराप्रवाह वर्णन है, उसका तो कहना ही क्या है। न जाने कितनी मानसिक दशाओं का संचार उसके भीतर है। कौन गिना सकता है? संयोग और वियोग दो अंग होने से श्रृंगार की व्यापकता बहुत अधिक है। इसी से वह रसराज कहलाता है। इस दृष्टि से यदि सूरसागर को हम रससागर कहें तो बेखटके कह सकते हैं। कृष्ण के चले जाने पर सायं-प्रभात तो उसी प्रकार होते हैं, पर 'मदन गोपाल बिना या तन की सबै बात बदली'। ब्रज में पहले सायंकाल में जो मनोहर दृश्य देखने में आया करता था वह अब बाहर

नहीं दिखाई पड़ता; पर मन से उसकी 'स्मृति' नहीं जाती–

एहि बेरियाँ बन तें ब्रज आवते।
दूरहिं तें वह बेनु अधर धरि बारंबार बजावते।।

संयोग के दिनों में आनंद की तरंगें उठानेवाले प्राकृतिक पदार्थों को वियोग के दिनों में देखकर जो दुःख होता है, उसकी व्यंजना के लिए कवियों में उपालंभ की चाल बहुत दिनों से चली आती है। चंद्रोपालंभ संबंधिनी बड़ी सुंदर कविताएँ संस्कृत साहित्य में हैं। देखिए, सागरमंथन के समय चंद्रमा को निकालनेवालों तक, इस उपालंभ में, किस प्रकार गोपियाँ अपनी दृष्टि दौड़ाती हैं–

या बिनु होत कहा अब सूनो?
लै किन प्रगट कियो प्राची दिसि, बिरहिनी को दुख दूनो?
सब निरदय सुर, असुर, शैल सखि! सायर सर्प समेत।।
धन्य कहो वर्षा ऋतु, तमचुर औ कमलन को हेत।
जुग जुग जीवै जरा बापुरी मिलै राहु अरु केत।।

इसी पद्धति के अनुसार वे वियोगिनी गोपियाँ अपने उजड़े हुए नीरस जीवन के मेल में न होने के कारण वृंदावन के हरे-भरे पेड़ों को कोसती हैं–

मधुबन! तुम कत रहत हरे?
बिरह बियोग श्यामसुंदर के ठाढ़े क्यों न जरे?
तुम है निलज, लाज नहिं तुमको फिर सिर पहुप धरे।।
ससा स्यार औ बन के पखेरू धिक धिक सबन करे।
कौन काज ठाढ़े रहे बन में, काहे न उकठि परे?

इसी प्रकार रात उन्हें साँपिन-सी लग रही है। साँपिन की पीठ काली और पेट सफेद होता है। ऐसा प्रसिद्ध है कि वह काटकर उलट जाती है जिससे सफेद भाग ऊपर हो जाता है। बरसात की अँधेरी रात में कभी-कभी बादलों के हट जाने से जो चाँदनी फैल जाती है, वह ऐसी ही लगती है–

पिया बिनु साँपिन कारी राति।
कबहुँ जामिनी होति जुन्हैया डसि उलटी है जाति।।

इस पद पर न जाने कितने लोग लट्टू हैं!

सूरदासजी का विरह स्थल जिस प्रकार घर की चहारदीवारी के भीतर तक ही न रहकर यमुना के हरे-भरे कछारों, करील के कुंजों और वनस्थलियों तक फैला, उसी प्रकार उनका विरहवर्णन भी 'बैरिन भइँ रतियाँ' और 'साँपिन भइ सेजिया' तक

ही न रहकर प्रकृति के खुले क्षेत्र के बीच दूर-दूर तक पहुँचता है। मनुष्य के आदिम वन्य जीवन के परंपरागत मधुर संस्कार को उद्दीप्त करनेवाले इन शब्दों में कितना माधुर्य है—'एक बन ढूँढ़ि सकल बन ढूँढ़ौं, कतहूँ न श्याम लहौं'। ऋतुओं का आना-जाना उसी प्रकार लगा है। प्रकृति पर उनका रंग वैसा ही चढ़ता-उतरता दिखाई पड़ता है। भिन्न-भिन्न ऋतुओं की वस्तुएँ देख जैसे गोपियों के हृदय में मिलने की उत्कंठा उत्पन्न होती है वैसे ही कृष्ण के हृदय में क्यों नहीं उत्पन्न होती? जान पड़ता है कि ये सब उधर जातीं ही नहीं, जिधर कृष्ण बसते हैं। सब वृंदावन में ही आ-आकर अपना अड्डा जमाती हैं—

मानौ, भाई! सबन्ह इतै ही भावत।
अब वहि देश नंदनंदन को कोउ न समौ जनावत।।
धरत न बन नवपत्र, फूल, फल पिक बंसत नहिं गावत।
मुदित न सर सरोज अलि गुंजत, पवन पराग उड़ावत।।
पावस बिधि बरन बर बादर उठि नहिं अंबर छावत।
चातक मोर चकोर सोर करैं, दामिनि रूप दुरावत।।

अपनी अंतर्दशा को ऋतुसुलभ व्यापारों के बीच बिंब-प्रतिबिंब रूप में देखना भावमग्न अंतःकरण की एक विशेषता है। इसके वर्णन में प्रस्तुत-अप्रस्तुत का भेद मिट-सा जाता है। ऐसे वर्णन पावस के प्रसंग में सूर ने बहुत अच्छे किए हैं। 'निसि दिन बरसत नैन हमारे' बहुत प्रसिद्ध पद है। विरहोन्माद में भिन्न-भिन्न प्रकार की उठती हुई भावनाओं से रंजित होकर एक ही वस्तु कभी किसी रूप में दिखाई पड़ती है, कभी किसी रूप में। उठते हुए बादल कभी तो ऐसे भीषण रूप में दिखाई पड़ते हैं—

देखियत चहुँ दिसि तें घन घोरे।
मानौ मत्त मदन के हथियन बल करि बंधन तोरे।।
कारे तन अति चुवत गंड मद, बरसत थोरे थोरे।
रुकत न पवन महावत हू पै, मुरत न अंकुस मोरे।।

कभी अपने प्रकृत लोकसुखदायक रूप में ही सामने आते हैं और कृष्ण की अपेक्षा कहीं दयालु और परोपकारी लगते हैं—

बरु ये बदराऊ बरसन आए।
अपनी अवधि जानि, नँदनंदन! गरजि गगन घन छाए।
कहियत है सुरलोक बसत, सखि! सेवक सदा पराए।।

चातक कुल की पीर जानि कै, तेउ तहाँ ते छाए।
तृण किए हरित, हरषि बेली मिलि, दादुर मृतक जिवाए।।

'बरु' और 'बदराऊ' के 'ऊ' में कैसी व्यंजना है! 'बादल तक'—जो जड़ समझे जाते हैं—आश्रितों के दुःख से द्रवीभूत होकर आते हैं!

प्रिय के साथ कुछ रूपसाम्य के कारण वे ही मेघ कभी प्रिय लगने लगते हैं—

आजु घन श्याम की अनुहारि।
उनै आए सवरे ते सजनी! देखि, रूप की आरि।।
इंद्रधनुष मनो नवल बसन छबि, दामिनि दसन बिचारि।
जनु बग पाँति माल मोतिन की चितवत हितहि निहारि।।

इसी प्रकार पपीहा कभी तो अपनी बोली के द्वारा प्रिय का स्मरण कराकर दुःख बढ़ाता हुआ प्रतीत होता है और वह फटकार सुनता है—

हौं तो मोहन के विरह जरी, रे तू कत जारत!
रे पापी तू पंखि पपीहा? 'पिउ पिउ पिउ' अधिराति पुकारत।।
सब जग सुखी-दुखी तू जल बिनु तऊ न तन की बिथहि बिचारत।
सूरस्याम बिनु ब्रज पर बोलत, हठि अगिलोऊ जनम बिगारत।।

और कभी समदुःखभोगी के रूप में अत्यंत सुहृद् जान पड़ता है और समान प्रेम व्रत पालन के द्वारा उनका उत्साह बढ़ाता प्रतीत होता है—

बहुत दिन जीवौं पपिहा प्यारो।
बासर रैनि नाँव लै बोलत, भयौ बिरह जुर कारो।।
आपु दुखित पर दुखित जानि जिय चातक[1] नाम तिहारो।
देखौ सकल बिचारि, सखी! जिय बिछुरन को दुख न्यारो।।
जाहि लगैं सोई पै जाने प्रेम बान अनियारो।
सूरदास प्रभु स्वाति बूँद लगि, तज्यो सिंधु करि खारो।।

काव्यजगत् की रचना करनेवाली कल्पना इसी को कहते हैं। किसी भावोद्रेक द्वारा परिचालित अंतर्वृत्ति जब उस भाव के पोषक स्वरूप गढ़कर या काट-छाँटकर सामने रखने लगती है तब हम उसे सच्ची कविकल्पना कह सकते हैं। यों ही सिर पच्ची करके—बिना किसी भाव में मग्न हुए—कुछ अनोखे रूप खड़े करना या कुछ को कुछ कहने लगना तो बावलापन है, या दिमागी कसरत; सच्चे कवि की कल्पना नहीं। वास्तव के अतिरिक्त या वास्तव के स्थान पर जो रूप सामने लाए

1. चातक=(चत्=माँगना) याचना करनेवाला।

गए हों, उनके संबंध में यह देखना चाहिए कि वे किसी भाव की उमंग में उस भाव को सँभालनेवाले या बढ़ानेवाले होकर आ खड़े हुए हैं या यों ही तमाशा दिखाने के लिए—कुतूहल उत्पन्न करने के लिए—जबरदस्ती पकड़कर लाए गए हैं। यदि ऐसे रूपों की तह में उनके प्रवर्तक या प्रेषक भाव का पता लग जाय तो समझिए कि कवि के हृदय का पता लग गया और वे रूप हृदयप्रेरित हुए। अँगरेज कवि कालरिज ने, जिसने कविकल्पना पर अच्छा विवेचन किया है, अपनी कविता[1] में ऐसे रूपावरण को आनंदस्वरूप आत्मा से निकला हुआ कहा है, जिसके प्रभाव से जीवन में रोचकता रहती है। जब तक यह रूपावरण (कल्पना का) जीवन में साथ लगा चलता है तब तक दुःख की परिस्थिति में भी आनंदस्वप्न नहीं टूटता। पर धीरे-धीरे यह दिव्य आवरण हट जाता है और मन गिरने लगता है। भावोद्रेक और कल्पना में इतना घनिष्ठ संबंध है कि एक काव्यमीमांसक ने दोनों को एक कहना ठीक समझकर कह दिया है—'कल्पना आनंद है' (इमैजिनेशन इज जाय[2])।

सच्चे कवियों की कल्पना की बात जाने दीजिए, साधारण व्यवहार में भी लोग जोश में आकर कल्पना का जो व्यवहार बराबर किया करते हैं, वह भी किसी पहाड़ को 'शिशु' और 'पांडव' कहनेवाले कवियों के व्यवहार से कहीं उचित होता है। किसी निष्ठुर कर्म करनेवाले को यदि कोई 'हत्यारा' कह देता है तो वह सच्ची कल्पना का उपयोग करता है; क्योंकि विरक्ति या घृणा के अतिरेक से प्रेरित होकर ही उसकी अंतर्वृत्ति हत्यारे का रूप सामने करती है, जिससे भाव की मात्रा के अनुरूप आलंबन खड़ा हो जाता है। 'हत्यारा' शब्द का लाक्षणिक प्रयोग ही विरक्ति की अधिकता का व्यंजक है। उसके स्थान पर यदि कोई उसे 'बकरा' कहे, तो या तो किसी भाव की व्यंजना न होगी या किसी ऐसे भाव की होगी जो प्रस्तुत विषय के मेल में नहीं। कहलानेवाला कोई भाव अवश्य चाहिए और उस भाव को प्रस्तुत वस्तु के अनुरूप होना चाहिए। 'भारी मूर्ख' को लोग जो 'गदहा' कहते हैं, वह इसीलिए कि 'मूर्ख' कहने से उनका जी नहीं भरता—उनके हृदय में उपहास अथवा तिरस्कार का जो भाव रहता है, उसकी व्यंजना नहीं होती।

कहने की आवश्यकता नहीं कि अलंकार विधान में उपयुक्त उपमान लाने में कल्पना ही काम करती है; जहाँ वस्तु, गुण या क्रिया के पृथक-पृथक् साम्य पर ही कवि की दृष्टि रहती है वहाँ वह उपमा, रूपक, उत्प्रेक्षा आदि का सहारा लेता

1. डिजेक्शन ओड, 4 अप्रैल 1802।

2. जी॰ डब्ल्यू॰ मैकेल्स, लेक्चर्स आन पोएट्री।

है, और जहाँ व्यापारसमिष्ट या पूर्ण प्रसंग का साम्य अपेक्षित होता है वहाँ दृष्टांत अर्थांतरन्यास और अन्योक्ति का। उपर्युक्त विवेचन से यह प्रकट है कि प्रस्तुत के मेल में जो अप्रस्तुत रखा जाय—चाहे वह वस्तु, गुण या क्रिया हो अथवा व्यापार-समष्टि—वह प्राकृतिक और चित्ताकर्षक हो तथा उसी प्रकार का भाव जगानेवाली हो जिस प्रकार का प्रस्तुत। व्यापारसमष्टि के समन्वय में कवि की सहृदयता का जिस पूर्णता के साथ हमें दर्शन होता है उस पूर्णता के साथ वस्तु क्रिया आदि के पृथक्-पृथक् समन्वय में नहीं। इसी से सुंदर अन्योक्तियाँ इतनी मर्मस्पर्शिणी होती हैं। चुना हुआ अप्रस्तुत व्यापार जितना ही प्राकृतिक होगा—जितना ही अधिक मनुष्यजाति के आदिम जीवन में सुलभ दृश्यों में अंतर्गत होगा—उतना ही रमणीय और अनुरंजनकारी होगा। सूरदासजी ने कई स्थलों पर अपनी कल्पना के बल से प्रस्तुत प्रसंग के मेल में अत्यंत मनोरम व्यापारसमष्टि की योजना की है। कोई गोपिका या राधा स्वप्न में श्रीकृष्ण के दर्शनों का सुख प्राप्त कर रही थी कि उसकी नींद उचट गई। इस व्यापार के मेल में कैसा प्रकृतिव्यापी और गूढ़ व्यापार सूर ने रखा है, देखिए—

हमको सपनेहू में सोच।
जा दिन ते बिछुरे नँदनंदन ता दिन ते यह पोच।।
मनौ गोपाल आए मेरे घर, हँसि कर भुजा गही।
कहा करौं बैरिनि भइ निंदिया, निमिष न और रही।।
ज्यों चकई प्रतिबिंब देखि कै आनंदी पिय जानि।
सूर पवन मिलि निठुर विधाता चपल कियो जल आनि।।

स्वप्न में अपने ही मानस में किसी का रूप देखने और जल में अपना ही प्रतिबिंब देखने का कैसा गूढ़ और सुंदर साम्य है। इसके उपरांत पवन द्वारा प्रशांत जल के हिल जाने से छाया का मिट जाना कैसा भूतव्यापी व्यापार स्वप्नभंग के मेल में लाया गया है!

इसी प्रकार प्राकृतिक चित्रों द्वारा सूर ने कई जगह पूरे प्रसंग की व्यंजना की है। जैसे, गोपियाँ मथुरा से कुछ ही दूर पर पड़ी विरह से तड़फड़ा रही हैं; पर कृष्ण राजसुख के आनंद में फूले नहीं समा रहे हैं। यह बात वे इस चित्र द्वारा कहते हैं—

सागर कूल मीन तरफत है, हुलसि होत जल पीन।

जैसा ऊपर कहा गया है, जिसे निर्माण करनेवाली—सृष्टि खड़ी करनेवाली—कल्पना कहते हैं, उसकी पूर्णता किसी एक प्रस्तुत वस्तु के लिए कोई दूसरी अप्रस्तुत वस्तु—जो कि प्रायः कविपरंपरा में प्रसिद्ध हुआ करती है—रख देने में उतनी नहीं

दिखाई पड़ती जितनी किसी एक पूर्ण प्रसंग के मेल का कोई दूसरा प्रसंग—जिसमें अनेक प्राकृतिक वस्तुओं और व्यापारों की नवीन योजना रहती है—रखने में देखी जाती है। सूरदासजी ने कल्पना की इस पूर्णता का परिचय जगह-जगह दिया है, इसका अनुमान ऊपर उद्धृत पदों से हो सकता है। कबीर, जायसी आदि कुछ रहस्यवादी कवियों ने इस जीवन का मार्मिक स्वरूप तथा परोक्ष जगत् की कुछ धुँधली-सी झलक दिखाने के लिए इसी अन्योक्ति की पद्धति का अवलंबन किया है; जैसे—

हंसा प्यारे! सरवर तजि कहँ जाय?
जेहि सरवर बिच मोती चुनते, बहुबिधि केलि कराय।।
सूर ताल, पुरइन जल छोड़े, कमल गयो कुँभिलाय।
कह कबीर जो अब की बिछुरै, बहुरि मिलैं कब आय।।

रहस्यवादी कवियों के समान सूर की कल्पना भी कभी-कभी इस लोक का अतिक्रमण करके आदर्श लोक की ओर संकेत करने लगती है; जैसे—

चकई री! चलि चरन सरोवर जहाँ न प्रेम वियोग।
निसि दिन राम राम की वर्षा, भय रुज नहिं दुख सोग।।
जहाँ सनक से मीन, हंस शिव, मुनिजन नख रवि प्रभा प्रकास।
प्रफुलित कमल निमिष नहि ससि डर, गुंजत निगम सुवास।।
जेहि सर सुभग मुक्ति मुक्ता फल, सुकृत अमृत रस पीजै।
सो सर छाँड़ि कुबुद्धि विहंगम! इहाँ कहा रहि कीजै?।।

पर एक व्यक्तवादी सगुणोपासक कवि की उक्ति होने के कारण इस चित्र में वह रहस्यमयी अव्यक्तता या धुँधलापन नहीं है। कवि अपनी भावना को स्पष्ट और अधिक व्यक्त करने के लिए जगह-जगह आकुल दिखाई पड़ता है। इसी से अन्योक्ति का मार्ग छोड़ जगह-जगह उसने रूपक का आश्रय लिया है। इस अन्योक्ति का दीनदयाल गिरिजी ने अच्छा निर्वाह किया है—

चल चकई! वा सर विषय जहँ नहि रैनि बिछोह।
रहत एकरस दिवस ही सुहृद हंस संदोह।।
सुहृद हंस संदोह कोह अरु द्रोह न जाके।
भोगत सुख अंबोह, मोह दुख होय न ताके।।
बरनै दीनदयाल भाग्य बिनु जाय न सकई।
पिय मिलाप नित रहै ताहि सर चल तू चकई।।

इसी अन्योक्ति पद्धति को कवींद्र रवींद्र ने आजकल अपने विस्तृत प्रकृति-निरीक्षण के बल से और अधिक पल्लवित करके जो पूर्ण और भव्य स्वरूप प्रदान किया है, वह हमारे नवीन हिंदी साहित्य क्षेत्र में 'गाँव में नया-नया आया ऊँट' हो रहा है। बहुत-से नवयुवकों को अपना एक नया ऊँट छोड़ने का हौसला हो गया है। जैसे भावों या तथ्यों की व्यंजना के लिए श्रीयुत रवींद्र प्रकृति के क्रीड़ास्थल से लेकर नाना मूर्त स्वरूप खड़ा करते हैं, वैसे भावों को ग्रहण करने के तक की क्षमता न रखनेवाले बहुतेरे ऊटपटाँग चित्र खड़ा करने और कुछ असंबद्ध प्रलाप करने को ही 'छायावाद' की कविता समझ अपनी भी कुछ करामात दिखाने के फेर में पड़ गए हैं। चित्रों के द्वारा बात कहना बहुत ठीक है, पर कहने के लिए कोई बात भी तो हो। कुछ तो काव्यरीति से सर्वथा अनभिज्ञ, छंद, अलंकार आदि के ज्ञान से बिल्कुल कोरे देखे जाते हैं। बड़ी भारी बुराई यह है कि अपने को एक 'नए संप्रदाय' में समझ अहंकारवश वे कुछ सीखने का कभी नाम भी नहीं लेना चाहते और अपनी अनभिज्ञता को एक चलते नाम की ओट में छिपाना चाहते हैं। मैंने कई एक से उन्हीं की रचना लेकर कुछ प्रश्न किए, पर उनका मानसिक विकास बहुत साधारण कोटि का—कोई गंभीर तत्त्व ग्रहण करने के अनुपयुक्त—पाया। ऐसों के द्वारा काव्यक्षेत्र में भी, राजनीतिक क्षेत्र के समान, पाखंड के प्रचार की आशंका है। अतः आवश्यकता इस बात की है कि रहस्यवाद का प्रकृत स्वरूप और उसका इतिहास आदि साहित्य-सेवियों के सामने रखा जाय तथा पुराने और नए रहस्यवादी कवियों की रचनाओं की सूक्ष्म परीक्षा द्वारा रहस्यवाद की कविता के साहित्यिक स्वरूप की मीमांसा की जाय। इस विषय पर अपने विचार मैं किसी दूसरे समय प्रकट करूँगा। इस समय जो इतना कह गया, उसी के लिए क्षमा चाहता हूँ।

यहाँ तक तो सूर की सहृदयता की बात हुई। अब उनकी साहित्यिक निपुणता के संबंध में चार बातें कहना आवश्यक है। किसी कवि की रचना के विचार के सुबीते के लिए हम दो पक्ष कर सकते हैं—हृदयपक्ष और कलापक्ष। हृदयपक्ष का कुछ दिग्दर्शन हो चुका। अब सूर की कलानिपुणता के, काव्य के बाह्यंग के संबंध में यह समझ रखना चाहिए कि वह भी उनमें पूर्ण रूप से वर्तमान है। यद्यपि काव्य में हृदयपक्ष ही प्रधान है, पर बहिरंग भी कम आवश्यक नहीं है। रीति, अलंकार, छंद ये सब बहिरंगविधान के अंतर्गत हैं, जिनके द्वारा काव्यात्मा की अभिव्यक्ति होती है। सूर, तुलसी, बिहारी आदि कवियों में दोनों पक्ष प्रायः सम हैं। जायसी में हृदयपक्ष की प्रधानता है, कलापक्ष में (अलंकारों का बहुत कुछ व्यवहार होते हुए भी) त्रुटि और न्यूनता है। केशव में कलापक्ष ही

प्रधान है, हृदयपक्ष न्यून है।

यह तो प्रारंभ में ही कहा जा चुका है कि सूर की रचना जयदेव और विद्यापति के गीतकाव्यों की शैली पर है, जिसमें सुर और लय के सौंदर्य या माधुर्य का भी रसपरिपाक में बहुत कुछ योग रहता है। सूरसागर में कोई राग या रागिनी छूटी न होगी, इससे वह संगीतप्रेमियों के लिए भी बड़ा भारी खजाना है। नादसौंदर्य के साधनों में अनुप्रास आदि शब्दालंकार भी हैं। संस्कृत के गीतगोविंद में कोमलकांत पदावली और अनुप्रास की ओर बहुत कुछ ध्यान है। विद्यापति की रचना में कोमल पदावली का आग्रह तो है, पर अनुप्रास का उतना नहीं। सूर में चलती भाषा की कोमलता है, वृत्तविधान और अनुप्रास की ओर झुकाव कम है। इससे भाषा की स्वाभाविकता में बाधा नहीं पड़ने पाई है। भावुक सूर ने अपना 'शब्द शोधन' दूसरी ओर दिखाया है। उन्होंने चलते हुए वाक्यों, मुहावरों और कहीं-कहीं कहावतों का बहुत अच्छा प्रयोग किया है। कहने का तात्पर्य यह कि सूर की भाषा बहुत चलती हुई और स्वाभाविक है। काव्यभाषा होने से यद्यपि उसमें कहीं-कहीं संस्कृत के पद, कवि के समय से पूर्व के परंपरागत प्रयोग तथा ब्रज से दूर-दूर के प्रदेशों के शब्द भी आ मिले हैं, पर उनकी मात्रा इतनी नहीं है कि भाषा के स्वरूप में कुछ अंतर पड़े या कृत्रिमता आवे। श्लेष और यमक कूट पदों में ही अधिकतर पाए जाते हैं।

अर्थालंकारों की अलबत पूर्ण प्रचुरता है, विशेषतः उपमा, रूपक, उत्प्रेक्षा आदि सादृश्यमूलक अलंकारों की। यद्यपि उपमान अधिकतर साहित्य-प्रसिद्ध और परंपरागत ही हैं, पर स्वकल्पित नए-नए उपमानों की भी कमी नहीं है। कहीं-कहीं तो जो प्रसिद्ध उपमान भी लिए गए हैं, वे प्रसंग के बीच बड़ी ही अनूठी उद्भावना के साथ बैठाए गए हैं। स्फटिक के आँगन में बालक कृष्ण घुटनों के बल चल रहे हैं और उनके हाथ-पैर का प्रतिबिंब पड़ता चलता है। इस पर कवि की उत्प्रेक्षा देखिए—

फटिक भूमि पर कर पग छाया यह शोभा अति राजति।
करि करि प्रति पद प्रति मनो बसुधा कमल बैठकी साजति।।

रूप या अंगों की शोभा के वर्णन में उपमा, उत्प्रेक्षा की भरमार बराबर मिलेगी। इनमें बहुत-सी तो पुरानी और बँधी हुई हैं और कुछ नवीन भी हैं। उपमा, उत्प्रेक्षा की सबसे अधिकता 'हरि जू की बाल छबि' के वर्णन में पाई जाती है। यों तो जहाँ-जहाँ रूपवर्णन है सर्वत्र ये अलंकार भरे पड़े हैं। उपमान सब तरह के हैं, पृथ्वी पर के भी और पृथ्वी के बाहर के भी—सामान्य प्राकृतिक व्यापार भी और

पौराणिक प्रसंग भी। पिछले प्रकार के उपमानों के उदाहरण इस प्रकार के हैं—

(क) नील स्वेत पर पीत लाल मनि लटकन माल रुराई।
सनि, गुरु, असुर, देवगुरु मिलि मनो भौम सहित समुदाई।।

(ख) हरि कर राजत माखन रोटी।
मनौ बराह भूधर सह पृथिवी धरी दसनन की कोटी।

अंगशोभा और वेशभूषा आदि के वर्णन में सूर को उपमा देने की झक-सी चढ़ जाती है और वे उपमा पर उपमा, उत्प्रेक्षा पर उत्प्रेक्षा कहते चले जाते हैं। इस झक में कभी-कभी परिमिति या मर्यादा का विचार (सेंस आव प्रपोर्शन) नहीं रह जाता; जैसे ऊपर के उदाहरण (ख) में कहाँ मक्खन लगी हुई छोटी-सी रोटी और कहाँ गोल पृथ्वी! हाँ, जहाँ ईश्वरत्व या देवत्व की भावना से किसी छोटे व्यापार द्वारा अत्यंत बृहद् व्यापार की ओर संकेत मात्र किया है, वहाँ ऐसी बात नहीं खटकती; जैसे इस पद में—

मथत दधि मथनी टेकि रह्यो।
आरि करत मटकी गहि मोहन वासुकि संभु डर्‌यो।।
मंदर डरत, सिंधु पुनि काँपत फिरि जनि मथन करै।
प्रलय होय जनि गहे मथानी, प्रभु मर्याद टरै।।

पर उक्त दोनों उदाहरणों के संबंध में तो इतना बिना कहे नहीं रहा जाता कि ऐसे उपमान बहुत काव्योपयोगी नहीं जँचते। काव्य में ऐसे ही उपमान अच्छी सहायता पहुँचाते हैं जो सामान्यतः प्रत्यक्ष रूप में परिचित होते हैं और जिनकी भव्यता, विशालता या रमणीयता आदि का संस्कार जनसाधारण के हृदय पर पहले से जमा चला जाता है। न शनि का कोयले-सा कालापन ही किसी ने आँखों देखा है न वराह भगवान् का दाँत की नोक पर पृथ्वी उठाना। यह बात दूसरी है कि केशव ऐसे कुछ प्रसिद्ध कवियों ने भी 'भानु मनो शनि अंक लिए' ऐसी उत्प्रेक्षा की ओर रुचि दिखाई है।

हमारे कहने का यह तात्पर्य नहीं कि ज्ञान-विज्ञान के प्रसार से जो सूक्ष्म से सूक्ष्म और बृहत् से बृहत् क्षेत्र मनुष्य के लिए खुलते जाते हैं उनके भीतर के नाना रमणीय और अद्‌भुत रूपों और व्यापारों का—जो सर्वसाधारण को प्रत्यक्ष नहीं हैं—काव्य में उपयोग करके उसके क्षेत्र का विस्तार न किया जाय। उनका प्रयोग किया जाय, कवि की प्रतिभा द्वारा वे गोचर रूप में सामने लाए जायँ, पर दूसरे प्रकार की रचनाओं में लाए जाएँ; केवल अंग, आभूषण आदि की उपमा के लिए नहीं।

ज्योतिर्विज्ञान द्वारा खगोल के बीच न जाने कितने चक्कर खाते, बनते-बिगड़ते, रंग-बिरंग के पिंडों, अपार ज्योतिसमूहों आदि का पता लगा है जिनके सामने पृथ्वी किसी गिनती में नहीं। कोई विश्वव्यापिनी ज्ञानदृष्टिवाला कवि यदि विश्व की कोई गंभीर समस्या लेकर उसे काव्यरूप में रखना चाहता है तो वह इन सबको हस्तामलक बनाकर सामने ला सकता है।

सूरदासजी में जितनी सहृदयता और भावुकता है, प्रायः उतनी ही चतुरता और वाग्विदग्धता (विट्) भी है। किसी बात को कहने के न जाने कितने टेढ़े-सीधे ढंग उन्हें मालूम थे। गोपियों के वचन में कितनी विदग्धता और वक्रता भरी है। वचनरचना की उस वक्रता के संबंध में आगे विचार किया जाएगा। यहाँ पर हम वैदग्ध्य के उस उपयोग का उल्लेख करना चाहते हैं जो आलंकारिक कुतूहल उत्पन्न करने के लिए किया गया है। साहित्यप्रसिद्ध उपमानों को लेकर सूर ने बड़ी-बड़ी क्रीड़ाएँ की हैं। कहीं उनको लेकर रूपकातिशयोक्ति द्वारा 'अद्भुत एक अनूपम बाग' लगाया है, कहीं, जब जैसा जी चाहा है, उन्हें संगत सिद्ध करके दिखा दिया है, कहीं असंगत। गोपियाँ वियोग में कुढ़कर एक स्थान पर कृष्ण के अंगों के उपमानों को लेकर उपमा को इस प्रकार न्यायसंगत ठहराती हैं—

ऊधो! अब यह समुझि भई।
नंदनँदन के अंग अंग प्रति उपमा न्याय दई।।
कुंतल कुटिल भँवर भरि भाँवरि मालति भुरै लई।
तजत न गहरु किया कपटी जब जानी निरस गई।।
आनन इंदुबरन सन्मुख तजि करखे तें न नई।
निरमोही नहिं नेह, कुमुदिनी अंतहि हेम हई।।
तन घनश्याम सेइ निसिबासर, रटि रसना छिजई।
सूर विवेकहीन चातकमुख बूँदौ तौ न सई।।

इसी प्रकार दूसरे स्थान पर वे अपने नेत्रों के उपमानों को अनुपयुक्त ठहराती है—

उपमा एक न नैन गही।
कविजन कहत कहत चलि आए, सुधि करि करि काहू न कही।।
कहे चकोर, मुखबिधु बिनु जीवन भँवर न तहँ उड़ि जात।
हरिमुख कमलकोस बिछुरे तें ठाले क्यों ठहरात।।
खंजन मनरंजन जन जौ पै कबहु नाहिं सतरात।
पंख पसारि न उड़त, मंद ह्वै समर समीप बिकात।।
आए बधन व्याध ह्वै ऊधो, जा मृग क्यों न पलाय।

देखत भागि बसै घन बन में जहँ कोउ सँग न पलाय।।
ब्रजलोचन बिनु लोचन कैसे? प्रति छिन अति दुख बाढ़त।
सूरदास मीनता कछू इक, जल भरि सँग न छाँड़त।।

दोनों उदाहरणों में उपमानों की उपयुक्तता और अनुपयुक्तता का जो आरोप किया गया है, वह हृदय के क्षोभ से उत्पन्न है। इसी से उसमें सरसता है, काव्य की योग्यता है। यदि कोई कठहुज्जती इन्हीं उपमानों को लेकर कहने लगे–'वाह! नेत्र भ्रमर कैसे हो सकते हैं? भ्रमर होते तो उड़ न जाते। मृग कैसे हो सकते हैं? मृग होते तो जमीन पर चौकड़ी न भरते।' तो उसके कथन में कुछ भी काव्यत्व न होगा।

उपमानों की आनंददशा का वर्णन करके इसी प्रकार सूर ने 'अप्रस्तुत प्रशंसा' द्वारा राधा के अंगों और चेष्टाओं का विरह से द्युतिहीन और मंद होना व्यंजित किया है–

तब तें इन सबहिन सचु पायो।
जब तें हरि संदेस तिहारो सुनत ताँवरो आयो।।
फूले ब्याल दुरे ते प्रगटे पवन पेट भरि खायो।
ऊँचे बैठि विहंग सभा बिच कोकिल मंगल गायो।।
निकसि कंदरा तें केहरिहू माथे पूँछ हिलायो।
बनगृह तें गजराज निकसि कै अँग अँग गर्व जनायो।।

चेष्टाओं और अंगों का मंद और श्रीहीन होना कारण है और उपमानों का आनंदित होना कार्य है। यहाँ अप्रस्तुत कार्य के वर्णन द्वारा प्रस्तुत कारण की व्यंजना की गई है। गो. तुलसीदासजी ने जानकी के न रहने पर उपमानों का प्रसन्न होना राम के मुख से कहलाया है–

कुंदकली, दाड़िम, दामिनी। कमल सरदससि, अहि भामिनी।।
श्रीफल कनक कदलि हरषाहीं। नेकु न संक सकुच मन माहीं।।
सुनु जानकी! तोहिं बिनु आजू। हरषे सकल पाइ जनु राजू।।

पर यहाँ उपमानों के आनंद से केवल सीता के न रहने की व्यंजना होती है। सूर की 'अप्रस्तुतप्रशंसा' में उक्ति का चमत्कार भी कुछ विशेष है, और रसात्मकता भी।

दूर की सूझ या ऊहावाले चमत्कारप्रधान पद भी सूर ने बहुत-से कहे हैं जैसे–

(क) दूर करहु बीना कर धरिबो।
मोहे मृग नाहीं रथ हाँक्यौ, नाहिंन होत चंद को ढरिबो।।

(ख) मन राखन को बेनु लियो कर, मृग थाके उडुपति न चरै।।
अति आतुर ह्वै सिंह लिख्यो कर जेहि भामिनि को करुन टरै।।

राधा मन बहलाने के लिए, किसी प्रकार रात बिताने के लिए, वीणा लेकर बैठी। उस वीणा या वेणु के स्वर से मोहित होकर चंद्रमा के रथ का हिरन अड़ गया और चंदमा के रुक जाने से रात और भी बढ़ गई। इस पर घबराकर वे सिंह का चित्र बनाने लगीं जिससे मृग डरकर भाग जाय। जायसी की 'पद्मावत' में भी यह उक्ति ज्यों की त्यों आई है–

गहै बीन मकु रैनि बिहाई। ससिबाहन तहँ रहै ओनाई।
पुनि धनि सिंह उरेहै लागै। ऐसेहि बिथा रैनि सब जागै।

जायसी की 'पद्मावत' विक्रम संवत् 1597 में बनी और 'सूरसागर' संवत् 1607 के लगभग बन चुका था। अतः जायसी की रचना कुछ पूर्व की ही मानी जाएगी। पूर्व की न सही, तो भी किसी एक ने दूसरे से यह उक्ति ली हो, इसकी संभावना नहीं। उक्ति सूर और जायसी दोनों से पुरानी है। दोनों ने स्वतंत्र रूप में इसे कविपरंपरा द्वारा प्राप्त किया।

कहीं-कहीं सूर ने कल्पना को अधिक बढ़ाकर या यों कहिए कि ऊहा का सहारा लेकर–जैसा पीछे बिहारी ने बहुत किया–वर्णन कुछ अस्वाभाविक कर दिया है। चंद्र की दाहकता से चिढ़कर एक गोपी राधा से कहती है–

कर धनु लै किन चंदहि मारि?
तू हरुवाय जाय मंदिर चढ़ि ससि सन्मुख दर्पन विस्तारि।
याही भाँति बुलाय, मुकुर महि अति बल खंड खंड करि डारि।।

गोपियों का विरहोन्माद कितना ही बढ़ा हो, पर उनकी बुद्धि बिल्कुल बच्चों की-सी दिखाना स्वाभाविक नहीं जँचता। कविता में दूर की सूझ या चमत्कार ही सब कुछ नहीं है।

पावस के घनगर्जन आदि वियोगिनी को संतापदायक होते हैं, यह तो एक बँधी चली आती हुई बात है। सूर ने एक प्रसंग कल्पित करके इस बात को ऐसी युक्ति से रख दिया है कि इसमें एक अनूठापन आ गया है। कहते हैं कि पावस आने पर सखियाँ राधा को मालूम ही नहीं होने देतीं कि पावस आया है। वे और-और बातें बताकर उन्हें बहकाती रहती हैं–

बातें बूझत यों बहरावति।
सुनहु श्याम! वै सखी सयानी पावस ऋतु राधहि न सुनावति।

घन गरजत तौ कहत कुसलमति गूँजत गुहा सिंह समझावति।।
नहिं दामिनि, द्रुम दवा शैल चढ़ि, फिरि बयारि उलटी झर लावति।
नाहिंन मोर बकत पिक दादुर, ग्वाल मंडली खगन खेलावति।।

सूर को वचन रचना की चतुराई और शब्दों की क्रीड़ा का भी पूरा शौक था। बीच-बीच में आए हुए कूट पद इस बात के प्रमाण हैं, जिनमें या तो अनेकार्थवाची शब्दों को लेकर या किसी एक वस्तु को सूचित करने के लिए अनेक शब्दों की लंबी लड़ी जोड़कर खेलवाड़ किया गया है। सूर की प्रकृति कुछ क्रीड़ाशील थी। उन्हें कुछ खेल-तमाशे का भी शौक था। लीलापुरुषोत्तम के उपासक कवि में यह विशेषता होनी ही चाहिए। तुलसी के गंभीर मानस में इस प्रवृत्ति का आभास नहीं मिलता। अपनी इसी शब्दकौशल की प्रवृत्ति के कारण सूर ने व्यवहार के कुछ पारिभाषिक शब्दों को लेकर भी एक-आध जगह उक्तियाँ बाँधी हैं; जैसे—

साँचो सो लिखवार कहावै।
काया ग्राम मसाहत करि कैं, जमा बाँधि ठहरावै।
मन्मथ करै कैद अपनी में, जान जहतिया लावै।।

काव्य में इस प्रकार की उक्तियाँ ठीक नहीं होतीं। आचार्यों ने 'अप्रतीतत्व' दोष के अंतर्गत इस बात का संकेत किया है। सूर भी एक ही आध जगह ऐसी उक्तियाँ लाए हैं; पर वे 'प्रेम फौजदारी' ऐसी पुस्तकों के लिए नमूने का काम दे गई हैं।

यहाँ तक तो सूरदासजी की कुछ विशेषताओं का अनुसंधान हुआ। अब उनकी संपूर्ण रचना के संबंध में कुछ सामान्य मत स्थिर करना चाहिए। पहले तो यह समझ रखना चाहिए कि कि सूरसागर वास्तव में एक महासागर है, जिसमें हर एक प्रकार का जल आकर मिलता है। जिस प्रकार उसमें मधुर अमृत है उसी प्रकार कुछ खारा, फीका और साधारण जल भी। खारे, फीके और साधारण जल से अमृत को अलग करने में विवेचकों को प्रवृत्त रहना चाहिए। सूरसागर में बहुत-से पद बिल्कुल साधारण श्रेणी के मिलेंगे। एक ही पद में भी कुछ चरण तो अनूठे और अद्वितीय मिलेंगे और कुछ साधारण, और कभी-कभी तो भरती के। कई जगह वाक्यरचना अव्यवस्थित मिलेगी और छंद या तुकांत में खपाने के लिए शब्द भी कुछ विकृत किए हुए, तोड़े मरोड़े हुए, पाए जाएँगे, जैसे 'रहत' के लिए 'राहत', 'जितेक' के लिए 'जितेत', 'पानी' के लिए 'पान्यो' इत्यादि। व्याकरण के लिंग आदि का विपर्यय या अनियम भी कहीं-कहीं मिल जाता है। जैसे, 'सूल' शब्द कहीं पुल्लिंग आया है, कहीं स्त्रीलिंग। सारांश यह कि यदि हम भाषा पर सामान्यतः विचार

करते हैं तो वह सर्वत्र तुलसी की-सी गठी हुई, सुव्यवस्थित और अपरिवर्तनीय न मिलेगी। कहीं-कहीं किसी वाक्य क्या, किसी चरण तक को हम बदल दें तो कोई हानि न होगी। किसी-किसी पद में कुछ वाक्य कुछ विशेष अर्थशक्ति नहीं रखते, चरण की पूर्ति करने का ही काम देते जान पड़ते हैं। बात यह है कि नित्य कुछ न कुछ पद बनाना उनका नियम था। उन्होंने बहुत अधिक पद कहे हैं। फुटकल पद कहते चले गए हैं; इससे एक ही भाववाले बहुत-से पद भी आ गए हैं और कहीं-कहीं भाषा भी शिथिल हो गई है। अंधे होने के कारण लिखे पदों को सामने रखकर काटने-छाँटने या हरताल लगाने का उन्हें वैसा मौका न था, जैसा तुलसीदास को।

उपासनापद्धति के भेद के कारण सूर और तुलसी की रचना में जो भेद कहा जाता है, उस पर भी थोड़ा ध्यान देना चाहिए। तुलसी की उपासना सेव्यसेवक भाव से कही जाती है और सूर की सख्य भाव से। यहाँ तक कि भक्तों में सूरदासजी श्रीकृष्ण के सखा उद्धव के अवतार कहे जाते हैं। यहाँ पर हमें केवल यह देखना है कि इस उपासनाभेद का सूर की रचना के स्वरूप पर क्या प्रभाव पड़ा है। यदि विचार करके देखा जाय तो सूर में जो कुछ संकोच का अभाव या प्रगल्भता पाई जाती है वह गृहीत विषय के कारण। इन्होंने वात्सल्य और शृंगार ही वर्णन के लिए चुने हैं। जिसे बालक्रीड़ा और शृंगारक्रीड़ा का अत्यंत विस्तृत वर्णन करना है, वह यदि संकोच भाव छोड़ लड़कों की नटखटी, यौवनसुलभ हास-परिहास आदि का वर्णन न करेगा तो काम कैसे चलेगा? कालिदास ने भी कुमारसंभव में पार्वती के अंग-प्रत्यंग का शृंगारी वर्णन किया है। तो क्या उनकी शंकर की उपासना भी सख्य भाव की हुई और उनका वह वर्णन उसी सख्य भाव के कारण हुआ? थोड़ा-सा ध्यान देने से ही यह जाना जा सकता है कि आरंभ में सूर ने जो बहुत दूर तक विनय के पद कहे हैं, वे दीन सेवक या दास के रूप में ही कहे हैं। मिलान करने पर सूर की विनयावली और तुलसी की विनयपत्रिका में सखा और सेवक का कोई भेद न पाया जाएगा। विनय में सूर भी ऐसा ही कहते पाए जाएँगे—'प्रभु! हौं सब पतितन को टीको।' यों तो तुलसी भी प्रेमभाव में मग्न होकर सामीप्य और घनिष्ठता का अनुभव करते हुए 'पूतरा बाँधने' के लिए तैयार हो गए हैं और शबरी आदि को तारने पर कहते हैं—'तारेहु का रही सगाई?'

इसी सांप्रदायिक प्रवाद से प्रभावित होकर कुछ महानुभावों ने सूर और तुलसी में प्रकृतिभेद बताने का प्रयत्न किया है और सूर को खरा तथा स्पष्टवादी और तुलसी को सिफारशी, खुशामदी या लल्लोचप्पो करनेवाला कहा है। उनकी राय में तुलसी कभी राम की निंदा नहीं करते; पर सूर ने दो-चार स्थानों पर कृष्ण

के कामों की निंदा भी की है, यथा—

(क) तुम जानत राधा है छोटी।
हमसों सदा दुरावति है यह, बात कहै मुख चोटी पोटी।।
नँदनंदन वाही के बस हैं, बिबस देखि बेंदी छबि चोटी।
सूरदास प्रभु वै अति खोटे, यह उनहूँ तें अति ही खोटी।।

(ख) सखी री! श्याम कहा हित जानै।
सूरदास सर्बस जौ दीजै कारो कृतहि न मानै।।

पर यह कथन कहाँ तक ठीक है, इसका निर्णय इस प्रश्न के उत्तर द्वारा झटपट हो सकता है। 'सूरदास प्रभु वै अति खोटे', 'कारो कृतहि न मानै', इन दोनों वाक्यों में वाच्यार्थ के अतिरिक्त संलक्ष्य-असंलक्ष्य किसी प्रकार का व्यंग्यार्थ भी है या नहीं? यदि किसी प्रकार का व्यंग्य नहीं है तो उक्त कथन ठीक हो सकता है। पर किसी प्रकार का व्यंग्यार्थ न होने पर ये दोनों वाक्य रसात्मक न होंगे, इनमें कुछ भी काव्यत्व न होगा। पर हमारे देखने में ये दोनों वाक्य असंलक्ष्यक्रम व्यंग्य के कारण रसात्मक हैं। इन दोनों पदों पर साहित्यिक दृष्टि से जो थोड़ा भी ध्यान देगा वह जान लेगा कि कृष्ण न तो वास्तव में खोटे कहे गए हैं, न कलूटे कृतघ्न। प्रथम पद में जो सखी की उक्ति है वह विनोद या परिहास की उक्ति है, सरासर गाली नहीं है। सखी का यह विनोद हर्ष का ही एक स्वरूप है और संचारी के रूप में प्रिय सखी राधा के प्रति रतिभाव की व्यंजना करती है। इससे सखी के उस आनंद का पता चलता है जो राधा-कृष्ण के परस्पर प्रेम को देख उसे हो रहा है। इसी प्रकार दूसरा पद विरहाकुल गोपी का वचन है जिससे कुछ विनोदमिश्रित अमर्ष भी व्यंजित होता है। यह अमर्ष भी यहाँ रतिभाव का व्यंजक है, इसके कहने की आवश्यकता नहीं। यह आरंभ में ही कहा जा चुका है कि कृष्ण और गोपियों का प्रेम लोकमर्यादा से परे जीवनोत्सव या क्रीड़ा के रूप में सामने रखा गया है। इस संबंध में हमारा केवल यही निवेदन है कि सांप्रदायिक परिभाषाओं के चक्कर में साहित्यिक दृष्टि खो न देना चाहिए।

तुलसी पर दूसरा इलजाम, जिससे सूर बरी किए गए हैं, यह है कि वे रह-रहकर फजूल याद दिलाया करते हैं कि राम परमेश्वर हैं। ठीक है; तुलसी ऐसा जरूर करते हैं। पर कहाँ? रामचरितमानस में। पर रामचरितमानस तुलसीदास का एकमात्र ग्रंथ नहीं है। उसके अतिरिक्त तुलसीदासजी के और भी कई ग्रंथ हैं। क्या सब में यही बात पाई जाती है? यदि नहीं, तो इसका विवेचन करना चाहिए

कि रामचरितमानस में ही यह बात क्यों है। मेरी समझ में इसके कारण ये हैं–

(1) रामचरितमानस की कथा के वक्ता तीन हैं–शिव, याज्ञवल्क्य और काकभुशुंडि। श्रोता हैं पार्वती, भरद्वाज और गरुड़। इन तीनों श्रोताओं ने अपना यह मोह प्रकट किया है कि कहीं राम मनुष्य तो नहीं हैं। तीनों वक्ता जो कथा कह रहे हैं, वह इसी मोह को छुड़ाने के लिए। इसलिए कथा के बीच-बीच में याद दिलाते जाना बहुत उचित है। गोस्वामीजी ने भूमिका में ही इस बात को स्पष्ट करके शंका की जगह नहीं छोड़ी है।

(2) रामचरितमानस एक प्रबंध काव्य है जिसमें कथा का प्रभाव अनेक घटनाओं पर से होता हुआ लगातार चला चलता है। इस दशा में कथाप्रवाह में मग्न पाठक या श्रोता को असल बात की ओर ध्यान दिलाते रहने की आवश्यकता समय-समय पर उस कवि को अवश्य मालूम होगी जो नायक को ईश्वरावतार के रूप में ही दिखाना चाहता है। फुटकल पद्यों में इसकी आवश्यकता न प्रतीत होगी। सूरसागर की शैली पर तुलसी की 'गीतावली' है। उसमें यह बात नहीं पाई जाती। जब कि समान शैली की रचना मिलती है, तब मिलान के लिए उसी को लेना चाहिए।

(3) श्रीकृष्ण के लिए 'हरि', 'जनार्दन' आदि विष्णुवाचक शब्द बराबर लाए जाते हैं, इससे चेतावनी की आवश्यकता नहीं रह जाती। गोपियों ने कृष्ण के लिए बराबर 'हरि' शब्द का व्यवहार किया है।

इस प्रसंग को छोड़ने के पहले इतना और कह देना चाहता हूँ कि जिस प्रकार तुलसी ने राम की सान्निध्यप्राप्ति के कारण दशरथ, कौशल्या, केवट, शबरी, जटायु आदि के भाग्य को शिव, सनकादिक के भाग्य से भी बढ़कर कहा है, उसी प्रकार उन्हीं शब्दों में सूर ने भी जगह-जगह नंद, यशोदा और गोप, गोपियों के भाग्य को सराहा है। यह भी याद ही दिलाना है कि कृष्ण परमेश्वर हैं।

सूरदासजी अपने भाव में मग्न रहनेवाले थे, अपने चारों ओर की परिस्थिति की आलोचना करनेवाले नहीं। संसार में क्या हो रहा है, लोक की प्रवृत्ति क्या है, समाज किस ओर जा रहा है, इन बातों की ओर उन्होंने अधिक ध्यान नहीं दिया है। तुलसीदासजी लोक की गति के सूक्ष्म पर्यालोचक थे। वे उसके बीच पैदा होनेवाली बुराइयों को तीव्र दृष्टि से देखनेवाले थे। जिस प्रकार उन्होंने अपने समय की जनता की दुःख दशा और दुर्वृत्ति तथा मर्यादा के ह्रास पर दृष्टिपात किया है, उसी प्रकार लोकमर्यादा के ह्रास में सहायता पहुँचानेवाली प्रच्छन्न शक्तियों को भी पहचाना है। किस प्रकार उन्होंने कबीर, दादू आदि के लोकविरोधी स्वरूप को पहचानकर उनके उद्धत व्यक्तिवाद के विरुद्ध घोषणा की, यह हम गोस्वामीजी

की आलोचना में दिखा चुके हैं।[1] सूरदासजी अपने भावभजन और मंदिर के नृत्य-गीत में ही लीन रहते थे; इन सब अंदेशों से बहुत दुबले नहीं रहते थे। 'निर्गुन बानी' की जो हवा बन रही थी, उसकी ओर उनके कान अवश्य थे।

तुलसी की आलोचना में हम सूचित कर चुके हैं कि तुलसी का ब्रजभाषा और अवधी दोनों काव्यभाषाओं पर तुल्य अधिकार था और उन्होंने जितनी शैलियों की काव्यरचना प्रचलित थी, उन सब पर बहुत उत्कृष्ट रचना की है। यह बात सूर में नहीं है। 'सूरसागर' की पद्धति पर वैसी ही मनहारिणी और सरस रचना तुलसी की 'गीतावली' मौजूद है; पर 'रामचरितमानस' और 'कवितावली' की शैली की सूर की कोई कृति नहीं है। इसके अतिरिक्त मनुष्य जीवन की जितनी अधिक दशाएँ, जितनी अधिक वृत्तियाँ तुलसी ने दिखाई हैं, उतनी सूर ने नहीं। तुलसी ने अपने चरित्रचित्रण द्वारा जैसे विविध प्रकार के ऊँचे आदर्श खड़े किए हैं वैसे सूर ने नहीं। तुलसी की प्रतिभा सर्वतोमुखी है और सूर की एकमुखी। पर एकमुखी होकर उसने अपनी दिशा में जितनी दूर तक की दौड़ लगाई है उतनी दूर तक की तुलसी ने भी नहीं, और किसी कवि की तो बात ही क्या है। जिस क्षेत्र को सूर ने चुना है, उस पर उनका अधिकार अपरिमित है, उसके वे सम्राट हैं।

सूर की विशेषताओं के इस संक्षिप्त दिग्दर्शन को समाप्त करने के पहले इतना और कह देने को जी चाहता है कि सूर में सांप्रदायिकता की छाप तुलसी की अपेक्षा अधिक है। अष्टछाप में वे थे ही। उन्होंने अपनी अनन्य उपासना के अनुसार कृष्ण या हरि को छोड़ और देवताओं की स्तुति नहीं की है। ग्रंथारंभ में भी प्रथानुसार गणेश या सरस्वती को याद नहीं किया है। पर तुलसीदासजी की वंदना कितनी विस्तृत है, यह 'रामचरितमानस' और 'विनयपत्रिका' के पढ़नेवाले मात्र जानते हैं। उनमें लोकसंग्रह का भाव पूरा-पूरा था। उनकी दृष्टि लोकविस्तृत थी। जनसमाज के बीच–या कम से कम हिंदूसमाज के बीच–परस्पर सहानुभूति और सम्मान का भाव तथा सुखद व्यवस्था स्थापित देखने का अभिलाष भी उनमें बहुत कुछ था। शिव और राम को एक-दूसरे का उपासक बनाकर उन्होंने शैवों और वैष्णवों में भेदबुद्धि रोकने का प्रयत्न किया था। पर सूरदासजी का इन सब बातों की ओर ध्यान नहीं था।

जो तुलसीदासजी के ग्रंथों को पढ़ता है वह उन्हें देवताओं से उदासीन भी नहीं समझता, उनका शत्रु और द्रोही समझना तो दूर रहा। इतने पर भी कुछ लोगों ने बनवास के कारण प्रसंग के भीतर अथवा राम के महत्व आदि की भावना में लीन

1. देखिए, काशी नागरीप्रचारिणी सभा द्वारा प्रकाशित 'गोस्वामी तुलसीदासजी' नामक ग्रंथ।

करनेवाले किसी पद में 'सुर स्वारथी' आदि शब्द देखकर यह कहना बहुत जरूरी समझा है कि 'सूर ने तुलसी के समान देवताओं को गालियाँ नहीं दी हैं'। इस पर यही समझकर रह जाना पड़ता है कि यह मत वैलक्षण्य के प्रदर्शन का युग है।

सूर की विशेषताओं पर स्थूल रूप से इतना विचार करने के उपरांत अब हम उनकी उस संगीतभूमि में थोड़ा प्रवेश करते हैं जो 'भ्रमरगीत' के नाम से प्रसिद्ध है और जिसमें वचन की भावप्रेरित वक्रता द्वारा प्रेमप्रसूत न जाने कितनी अंतर्वृत्तियों का उद्‍घाटन परम मनोहर है। 'भ्रमरगीत' का प्रसंग इस प्रकार आया है। श्रीकृष्ण अक्रूर के साथ कंस के निमंत्रण पर मथुरा गए और वहाँ कंस को मारकर अपने पिता वसुदेव का उद्धार किया। इसी बीच में कुब्जा नाम की कंस की एक दासी को उसकी सेवा से प्रसन्न होकर उन्होंने अपने प्रेम की अधिकारिणी बनाया। जब अवधि बीत जाने पर भी वे लौटकर गोकुल न आए तब नंद, यशोदा तथा सारे ब्रजवासी बड़े दुःखी हुए। उन गोपियों के विरह का क्या कहना है, जिनके साथ उन्होंने इतनी क्रीड़ाएँ की थीं। बहुत दिनों पीछे श्रीकृष्ण ने ज्ञानोपदेश द्वारा गोपियों को समझाने-बुझाने के लिए अपने सखा उद्धव को ब्रज में भेजा। उद्धव ही को क्यों भेजा? कारण यह था कि उद्धव को अपने ज्ञान का बड़ा गर्व था, प्रेम या भक्तिमार्ग की वे उपेक्षा करते थे। कृष्ण का उन्हें गोपियों के पास भेजने में यह अभिप्राय था कि वे उनकी प्रीति की गूढ़ता और तन्मयता देखकर शिक्षा ग्रहण करें और सगुण भक्तिमार्ग की सरसता और सुगमता के सामने उनका ज्ञान गर्व दूर हो—

जदुपति जानि उद्धव रीति।
जेहि प्रगट निज सखा कहियत करत भाव अनीति।।
बिरह दुख जहँ नाहि जामत, नाहिं उपजत प्रेम।
रेखा, रूप न बरन जाके यह धर्‌यो वह नेम।।
त्रिगुण तन करि लखत हमकों, ब्रह्म मानत और।
बिना गुण क्यों पुहुमि उधरै, यह करत मन डौर।।
बिरह रस के मंत्र कहिए क्यों चलै संसार।
कछु कहत यह एक प्रगटत, अति भर्‌यौ हंकार।।
प्रेम भजन न नेकु याके, आय क्यों समझाय?
सूर प्रभु मन यहै आनी, ब्रजहि देहुँ पठाय।।

'त्रिगुण तन करि लखत हमकों, ब्रह्म मानत और', इसी भ्रम का निवारण कृष्ण चाहते थे। जगत् से ब्रह्म को सदा अलग मानना। जगत् की नाना विभूतियों में उसे न स्वीकार करना भक्तिमार्गियों के निकट बड़ी भारी भ्रांति है। 'अहमात्मा गुडाकेश सर्वभूताशयस्थितः', भगवद्वाक्य को मन में बैठाए हुए भक्तजन गीता के

इस उपदेश के अनुसार भगवान् के व्यक्त स्वरूप की ओर आकर्षित रहते हैं—

> क्लेशोऽधिकतरस्तेषामव्यक्तासक्तचेतसाम्।
> अव्यक्ता हि गतिर्दुःखं देहवद्भिरवाप्यते।।

उद्धव बात-बात में 'एक प्रगटत'—अद्वैतवाद का राग अलापते थे। पर 'विरह रस के मंत्र कहिए क्यों चले संसार?'—रसविहीन उपदेश से लोकव्यवहार कैसे चल सकता है? रसविहीन उपेदश किस प्रकार असर नहीं करते, यही दिखाने को भ्रमरगीत की रचना हुई।

उद्धव के ब्रज में दिखाई पड़ते ही सारे ब्रजवासी उन्हें घेर लेते हैं। वे नंद-यशोदा से सँदेसा कह चुकने के उपरांत गोपियों की ओर फिरकर कृष्ण के संदेश के रूप में ज्ञानचर्चा छेड़ते हैं। इसी बीच में एक भौंरा उड़ता-उड़ता गोपियों के पास आकर गुनगुनाने लगता है—

> यहि अंतर मधुकर इक आयो।
> निज सुभाव अनुसार निकट होइ सुंदर शब्द सुनायो।
> पूछन लागीं ताहि गोपिका 'कुबजा तोंहिं पठायो।।
> कैधौं सूर श्यामसुंदर को हमैं सँदेसो लायो?'

फिर तो गोपियाँ मानो उसी भ्रमर को संबोधन करके जो-जो जी में आता है, खरी-खोटी, उलटी-सीधी सब सुना चलती हैं। इसी से इस प्रसंग का नाम 'भ्रमरगीत' पड़ा है। कभी गोपियाँ उद्धव का नाम लेकर कहती हैं, कभी उसी भ्रमर का संबोधन करके कहती हैं—विशेषतः जब परुष और कठोर वचन मुँह से निकालना होता है। श्रृंगार रस का ऐसा सुंदर 'उपालंभ काव्य' दूसरा नहीं है।

उद्धव को देखते ही गोपियों को संबंधभावना के कारण कृष्ण के मिलने का-सा सुख हुआ—

> ऊधौ! पा लागौं भले आए।
> तुम देखे जनु माधव देखे, तुम त्रय ताप नसाए।।

प्रिय के संबंध से बहुत-सी वस्तुएँ प्रिय लगने लगती हैं। यही बात यहाँ अपने स्वाभाविक रूप में दिखाई गई है। इसको बढ़ाकर बिहारी कुछ और दूर तक ले गए हैं। उनकी नायिका को नायक के भेजे हुए पंखे की हवा लगने से उलटा और पसीना होता है। यह एक तमाशे की बात जरूर हो गई है—

> हित करि तुम पठयो, लगे वा बिजना की बाय।
> टरी तपनि तन की तऊ चली पसीने न्हाय।।

सूर ने भी प्रिय वस्तु पाकर 'सात्विक' होना दिखाया है, पर तमाशे के रूप में नहीं, अत्यंत स्वाभाविक और मर्मस्पर्शी रूप में तथा अत्यंत अर्थप्राचुर्य के साथ। उद्धव के हाथ से श्याम की पत्री राधा अपने हाथ में लेती हैं, और—

निरखत अंक श्यामसुंदर के बार बार लावति छाती।
लोचन जल कागद मसि मिलि कै ह्वै गइ श्याम श्याम की पाती।।

आँसुओं से भीगकर स्याही फैलने से सारी चिट्ठी काली हो गई, इससे कृष्ण संबंध की भावना के कारण प्रबल प्रेमोद्रेक सूचित हुआ। आगे देखिए तो इस प्रेमोद्रेक की तीव्रता व्यंजित करने के लिए 'अंक' और 'श्याम' शब्दों में श्लेष कैसा काम कर रहा है। पत्री पाकर वैसा ही प्रेम उमड़ा जैसा कृष्ण को पाकर उमड़ता। कृष्ण की पत्री ही उनके लिए कृष्ण हो गई। जैसा वे कृष्ण के अंक (गोद अर्थात् शरीर) को पाकर आलिंगन करतीं वैसे ही कृष्ण के लिखे अंक (अक्षर) देखकर वे पत्री को बार-बार हृदय से लगाती हैं। यहाँ भावाधिपति सूर ने भाव का और आधिक्य व्यंजित करने के लिए शब्दसाम्य की सहायता ऐसे कौशल से ली है कि एक बार शब्दों का साधारण अर्थ (अक्षर और कला) लेने से जिस भांव की अधिकता सूचित हुई फिर आगे उनका श्लिष्ट अर्थ (गोद और श्रीकृष्ण) लेने से उसी भाव की और अधिकता व्यंजित हुई। इससे जो लाघव हुआ है—मजमून में जो चुस्ती आई है—वह तो है ही, साथ ही प्रेम के अंतर्भूत एक मानसिक दशा के चित्र का रंग कैसा चटकीला हो गया! शब्दसाम्य को उपयोग में लानेवाला सच्चा कवि-कौशल यही है।

यदि केशवदास के ढंग पर सूर भी यहाँ उक्त शब्दसाम्य को लेकर 'कृष्ण' और 'पत्री' की तुलना पर जोर देने लगते—कहते कि पत्री मानो कृष्ण ही है, क्योंकि वह भी श्याम है और उसके भी अंक (वक्षस्थल) है—तो काव्य की रमणीयता कुछ भी न आती। राधा को वह पत्री जो कृष्ण के समान लग रही है, वह सादृश्य या साधर्म्य के कारण नहीं, बल्कि संबंधभावना के कारण, कृष्ण के हाथ की लिखी होने के कारण। केवल शब्दात्मक साम्य को लेकर यदि हम किसी पहाड़ को कहें कि यह बैल है क्योंकि इसे भी 'श्रृंग' है, तो यह काव्यकला तो न होगी, और कोई कला हो तो हो। क्या जरूरत है कि शब्दों की जितनी कलाबाजियाँ हों, सब काव्य ही कहलाएँ?

गोपियाँ कहती हैं कि हमने इतने सँदेसे भेजे हैं कि शायद उनसे मथुरा के कुएँ भी भर गए होंगे, पर जो सँदेसा लेकर जाता है वह लौटता नहीं—

सँदेसनि मधुबन कूप भरे।
जो कोउ गए हैं ह्याँ तें फिरि नहिं गवन करे।

कै वै श्याम सिखाय समोधे, कै वै बीच मरे?
अपने नहिं पठवत नँदनंदन हमरेउ फेरि धरे।
मसि खूँटी, कागद जल भीजे, शर दव लागि जरे।।

प्रिय से संबंध रखनेवाले व्यक्तियों या वस्तुओं का प्रिय लगना ऊपर दिखा आए हैं। इस पद में प्रेमाभिलाष की पूर्ति में जो वस्तुएँ बाधक होती हैं, सहायक नहीं होतीं या उपयोग में नहीं आतीं, उनके ऊपर बड़ी सुंदर झल्लाहट स्त्रियों की स्वाभाविक बोली में प्रकट की गई है। पथिक सँदेसा लेकर गए, पर न लौटे, न जाने कहाँ मर गए! कोई चिट्ठी भी नहीं आती है। मथुरा-भर में स्याही ही चुक गई, या कागज भींगकर गल गए अथवा सरकंडों में (जिनकी कलम बनती है) आग लग गई, वे जल गए?

जो कोई पथिक उधर से होकर निकलता है उसे रोककर गोपियाँ अपना सँदेसा कहने लगती हैं। अब तो यह दशा है कि इसी डर से पथिकों ने उधर से होकर जाना ही छोड़ दिया है—

सूरदास संदेसन के डर पथिक न वा मग जात।

ज्यों ही उद्धव अपना ज्ञानसंदेश सुनाना आरंभ करते हैं, त्यों ही गोपियाँ चकपकाकर पूछने लगती हैं—

हमसों कहत कौन की बातें?
सुनि, ऊधो! हम समझति नाहीं, फिरि बूझति हैं तातें।।
को नृप भयो, कंस किन मार्‌यो, को बसुद्यो सुत आहि?
यहाँ हमारे परम मनोहर जीजत मुख हैं चाहि।।

गोपियों को यह 'चकपकाहट' उद्धव की बात की असंगति पर होती है। जिसने ऐसा सँदेसा भेजा है वह न जाने कौन है। परम प्रेमी कृष्ण तो हो नहीं सकते। इसका तात्पर्य यह नहीं कि वे सचमुच उद्धव को कृष्ण का दूत नहीं समझ रही हैं। वे केवल विश्वास करने की अपनी अतत्परता और आश्चर्य मात्र व्यंजित कर रही हैं। कृष्ण के संबंध से उद्धव भी गोपियों को प्रिय और अनोखे लग रहे हैं। इसी से बीच-बीच में वे उन्हें बनाने और उनसे परिहास करने लगती हैं। वे कृष्ण पर भी फबती छोड़ती हैं और उद्धव को भी बनाती हैं—

ऊधो! जान्यो ज्ञान तिहारो।
जानैं कहा राजगति लीला अंत अहीर बेचारो।।
आवत नाहि लाज के मारे, मानहु कान्ह खिसान्यो।

हम सबै अयानी, एक सयानी कुबजा सों मन मान्यो।।
ऊधो जाहु बाँह धरि ल्याओ सुंदर श्याम पियारो।
ब्याहौ लाख, धरौ दस कुबरी, अंतहि कान्ह हमारो।।

परिहास के अतिरिक्त अंतिम चरण में प्रेम की उच्च दशा के 'औदार्य' की कैसी साफ झलक है।

उद्धव कहते जाते हैं, पर गोपियों के मन में यह बात समाती नहीं कि यह कृष्ण का सँदेसा है। कभी वे कहती हैं–'ऊधो! जाय बहुरि सुनि आवहु कहा कह्यो है नंदकुमार'; कभी कहती हैं–'श्याम तुम्हें ह्याँ नाहिं पठाए; तुम हौ बीच भुलाने'। जब उद्धव बकते ही जाते हैं तब वे और भी बनाती हैं; कहती हैं कि अपने होश की दवा करो–

ऊधो! तुम अपनो जतन करौ।
हित की कहत कुहित की लागै, किन बेकाज ररौ?
जाय करो उपचार आपनो, हम जो कहत हैं जी की।
कछू कहत कछुवै कहि डारत, धुन देखियत नहिं नीकी।।

बीच-बीच में वे खिझला भी उठती हैं और कहती हैं कि तुम्हारे मुँह कौन लगे, तुम तो सनक गए हो। वहाँ सिर खाने लगे थे, तभी तुम्हें यहाँ भेजकर श्रीकृष्ण ने अपना पल्ला छुड़ाया–

साधु होय तेहि उत्तर दीजै तुमसों मानी हारि।
याही तें तुम्हैं नँदनंदन जू यहाँ पठाए टारि।।

फिर चित्त में कुछ विनोद वृत्ति के आ जाने पर वे कहती हैं–'भाई खूब आए! इस दुःखदशा में भी अपनी बेढब बातों से एक बार लोगों को हँसा दिया'–

'ऊधो! भली करी तुम आए।
ये बातें कहि कहि या दुख में ब्रज के लोग हँसाए।।

प्रेम के जिस हास क्रीड़ामय स्वरूप को सूर ने लिया है, विप्रलंभ दशा के अश्रु और दीर्घ निःश्वास के बीच-बीच में भी बराबर उसकी क्षणिक और क्षीण रेखा झलक जाती है। श्याम गोपियों के पास नहीं हैं, उनके सखा ही संयोग से उनके बीच आ फँसे हैं जो सदा उनके पास रहते हैं। बस यही संबंध भावना कृष्ण के संदेश की विलक्षणता की भावना के साथ मिलते ही रह-रहकर थोड़ी देर के लिए वृत्ति को विनोदमय कर देती है–

ऊधो हम आज भईं बड़भागी।
बिसरे सब दुख देखत तुमकों, श्यामसुँदर हम लागीं।।
ज्यों दर्पन मधि दृग निरखत जहँ हाथ तहाँ नहिं जाई।
त्यों ही सूर हम मिली साँवरे बिरह बिथा बिसहाई।।

मध्यस्थ द्वारा संयोगसूत्र का कैसा सुंदर स्पष्टीकरण सूर ने किया है! जो संबंधभावना बीच-बीच में गोपियों की वृत्ति विनोदमयी कर देती है, वह कभी-कभी स्पष्ट शब्दों में निर्दिष्ट होकर सामने आ जाती है और पाठक उसे पहचान सकते हैं; जैसे—

मधुकर! जानत है सब कोऊ।
जैसे तुम औ मीत तुम्हारे, गुननि निपुन हौ दोऊ।
पाके चोर, हृदय के कपटी, तुम कारे औ वोऊ।।

उद्धव को जो 'पक्के चोर और कपटी' प्रेम के ये संबोधन मिल रहे हैं, वह कृष्ण के संसर्ग के प्रसाद से।

ऐसेई जन दूत कहावत।
ऐसी परकृति परति छाहँ की जुवतिन जोग बुझावत।।

गोपियाँ कहती हैं कि बैठे-बैठे योग और ज्ञान का सँदेसा भेजनेवाले कैसे हैं, यह हम अच्छी तरह जानती हैं—

हम तौ निपट अहीरि बावरी जोग दीजिए ज्ञानिन।
कहा कथत मामी के आगे जानत नानी नानन।।

कृष्ण की संबंधभावना स्थान को भी कुछ अनुरंजक रूप प्रदान करती है—

बिलग जनि मानहु, ऊधो प्यारे!
वह मथुरा काजर की कोठरि जे आवहि ते कारे।
तुम कारे, सुफलक सुत कारे, कारे मधुप भँवारे।।

गोपियाँ कहती हैं—'तुम्हारा दोष नहीं। वह स्थान ही ऐसा हो रहा है जहाँ से तुम आ रहे हो। एक कृष्ण से वहाँ ऐसी कृष्णता छा रही है कि तुम काले हो; अक्रूर जो आए थे वे भी ऐसे ही काले थे; और यह घूमता हुआ भौंरा भी (जो बहुत दिन वहाँ न रहा होगा, घूमता फिरता जा पड़ा होगा) वैसा ही काला है।'

उद्धव अपने ज्ञानोपदेश की भूमिका ही बाँध रहे थे कि गोपियों के मन में कुछ 'शंका' होने लगी—

मधुकर! देखि श्याम तन तेरो।
हरिमुख की सुनि मीठी बातें डरपत है मन मेरो।।
अब लौं कौन हेतु गावत है हम्ह आगे यह गीत।
सूर इते सों गारि कहा है जो पै त्रिगुन अतीत।।

'त्रिगुणातीत' होंगे, हमें इससे क्या? तू क्या बार-बार यह कहता है? कुछ भेद जान नहीं पड़ता।

उद्धव को कभी एक भोला-भाला आदमी ठहराकर गोपियाँ अनुमान करती हैं कि कहीं श्रीकृष्ण ने यह सँदेसा इनके हाथ भेजकर हँसी न की हो और ये इसे ठीक मानकर बक-बक कर रहे हों। यही पता लगाने के लिए वे उद्धव से पूछती हैं—'अच्छा यह तो बताओ कि जब वे तुम्हें संदेश कहकर भेजने लगे थे, तब कुछ मुस्कराए भी थे?'

ऊधो! जाहु तुम्हैं हम जाने।
साँच कहो तुमको अपनी सौं, बूझत बात निदाने।
सूर श्याम जब तुम्हैं पठाए तब नेकहु मुसकाने?

यह अनुमान या 'वितर्क' रागात्मिका वृत्ति से सर्वथा निर्लिप्त शुद्ध बुद्धि की क्रिया नहीं है। संचारी 'मति' के समान यह भी भावप्रेरित है; हृदय की रागद्वेष वृत्ति से संबंध रखता है। किसी बात को मानने न मानने की भी रुचि हुआ करती है। कृष्ण के प्रेम को गोपियाँ छोड़ना नहीं चाहतीं; अतः यह बात मानने को उनका जी नहीं करता कि कृष्ण ने ऐसा अप्रिय संदेश भेजा होगा। जिस बात को कोई मानना नहीं चाहता उसको न मानने के वह अनेक रास्ते ढूँढ़ता है। बस, गोपियों के अंतःकरण की यही स्थिति ऊपर के पद में दिखाई गई है।

उद्धव के ज्ञानयोग की गोपियाँ कितनी कद्र करती हैं, अब थोड़ा यह भी देखिए। जो ऐसी चीज ढोए फिरता है जिसे बहुत-से लोग बिल्कुल निकम्मी समझ रहे हैं, उसे वे बेवकूफ समझकर ही नहीं रह जाते, बल्कि उसे बनाने में कभी-कभी पूरी कल्पना खर्च करते हैं। बेवकूफी पर हँसने का रवाज बहुत पुराना है। लोग बना-बनाया बेवकूफ पाकर हँसते भी हैं और हँसने के लिए बेवकूफ बनाते भी हैं। हास की प्रेरणा ही कल्पना को मूर्ख का स्वरूप जोड़ने और वाणी को कुछ शब्दरचना करने में तत्पर करती है। गोपियाँ कुछ-कुछ इसी प्रेरणावश उद्धव से नीचे लिखी बात उस समय कहती हैं जब वे घबराकर उठने को तैयार होते हैं—

उद्धव! जोग बिसरि जनि जाहु।
बाँधहु गाँठ, कहूँ जनि टूटै, फिर पाछे पछिताहु।।

ऐसी वस्तु अनूपम, मधुकर! मरम न जानै और।
ब्रजबासिन के नाहि काम की, तुम्हरे ही है ठौर।।

'देखना, अपना योग कहीं भूल न जाना। गाँठ में बाँध रखो; कहीं छूट जाय तो फिर पीछे पछताओगे। ऐसी वस्तु जिसका मर्म सिवा तुम्हारे या तुम्हारे ऐसे दो-चार फालतू दिमागवालों के और कोई जान नहीं सकता। वह ब्रजवासियों के किसी काम की नहीं। ऐसी फालतू चीज के लिए तुम्हारे ही यहाँ जगह होगी, यहाँ नहीं।' जिसके सखा के दर्शन से विरह से मुरझाई हुई गोपियों में इतनी चपलता आ गई कि वे लड़कों की तरह चिढ़ाने को तैयार हो गईं उसके दर्शन से उनमें कितनी सजीवता आती, यह समझने की बात है। ज्ञानयोग पर भी कैसी मीठी चुटकी है। जिसे केवल एक-आध आदमी समझते हैं वह वस्तु सबके काम की नहीं हो सकती। उद्धव जब उसे गले लगाते हैं तब गोपियों का भाव बदलता है और वे उन्हें सीधे-सादे बेवकूफ नहीं लगते, बल्कि एक ठग या धूर्त के रूप में दिखाई पड़ते हैं। यह भावांतर उनकी कल्पना का कैसा चित्र खड़ा करने लगता है, देखिए–

(क) आयो घोष बड़ा व्यापारी।
लादि खेप यह ज्ञान जोग की ब्रज में आय उतारी।
फाटक दै कर हाटक माँगत भोरी निपट सु धारी।।
(ख) ऊधो! ब्रज में पैंठ करी।
यह निर्गुन निर्मूल गाठरी अब किन करहु खरी।
नफा जानिकै ह्याँ लै आए सबै वस्तु अकरी।।

उदाहरण (ख) में 'निर्मूल' शब्द कितना अर्थगर्भित है। साधारण दृष्टि से तो यही अर्थ दिखाई पड़ता है कि 'बिना जड़-पत्ते की वस्तुवाली' अर्थात् जिसमें कुछ भी नहीं है, शून्य है। पर साथ ही इस अर्थ का भी पूरा संकेत मिलता है–'जिसमें मूलधन या पास की पूँजी नहीं लगी है' अर्थात् वह (ज्ञान गठरी) केवल किसी के मुँह से सुनकर इकट्ठी कर ली गई है, उसमें हृदय नहीं लग रहा है–लग ही नहीं सकता–जो मनुष्य की असल पूँजी है। सूर ने यहाँ जिस बात को इस मार्मिक ढंग से कहा है, उसी को गोस्वामी तुलसीदासजी ने दार्शनिक निरूपण के ढंग पर 'स्वानुभूति' और 'वाक्यज्ञान' का भेद बताकर कहा है–

वाक्य ज्ञान अत्यंत निपुन भव पार न पावै कोई।
जिमि गृह मध्य दीप की बातन तम निवृत्त नहिं होई।।

पूर्ण तत्वाभास केवल कोरी बुद्धि की क्रिया में नहीं हो सकता, यह बात शंकराचार्य ऐसे बुद्धि के दार्शनिक को भी माननी पड़ी थी। पारमार्थिक सत्ता के बोध की संभावना उन्होंने बहुत कुछ स्वानुभूति द्वारा कही है, केवल शब्दबोध या तर्क द्वारा नहीं। वर्तमान समय का सबसे आगे बढ़ा हुआ दार्शनिक बर्गसन भी कोरी बुद्धिक्रिया को एकांगी, भ्रांतिजनक और असमर्थ बताकर स्वानुभूति (इंट्यूशन) की ओर संकेत कर रहा है। एडवर्ड कार्पेंटर ने भी अपनी प्रसिद्ध अँगरेजी पुस्तक (सिविलाइजेशन इट्स काजेज ऐंड क्योर) में वर्तमान समय की उस वैज्ञानिक प्रवृत्ति का विरोध किया है जिसमें बुद्धिक्रिया ही सब कुछ मानी गई है, मनुष्य के हृदयपक्ष तथा स्वानुभूति पक्ष का एकदम तिरस्कार कर दिया गया है। उसने 'शब्दबोध की प्रणाली' को 'अज्ञान प्रणाली' कहा है। वर्तमान काल के प्रसिद्ध उर्दू शायर अकबर ने भी 'बुद्धि रोग' से छुटकारा पाने पर खुशी जाहिर की है–'मैं मरीजे होश था, मस्ती ने अच्छा कर दिया'। यही पक्ष तुलसी, सूर आदि भक्तों का भी रहा है। गोस्वामी तुलसीदासजी ने स्पष्ट कह दिया है कि अज्ञान ही के द्वारा–शब्दबोध के सहारे–तो ज्ञान की बात कही जाती है। वे ललकारकर कहते हैं–'ज्ञान कहै अज्ञान बिनु, सो गुरु तुलसीदास।'

जब उद्धव की बकवाद बंद नहीं होती, वे ऐसी बातें बकते ही जाते हैं जो गोपियों को सिर पर की लगती हैं, जिनका कुछ स्पष्ट अर्थ नहीं जान पड़ता तब वे ऊबकर झुँझला उठती हैं। कहती हैं–तुमसे कौन सिरपच्ची करे–'ऐसी को ठाली बैठी है तोसों मूड खपावै'। कह दिया कि तेरा सिर पटकना व्यर्थ है।

'कत श्रम करत, सुनत को ह्याँ है? होत ज्यों बन को रोयो।
सूर इते पै समझत नाहीं निपट दई को खोयो।।'

'निपट दई को खोयो'–स्त्रियों की झुँझलाहट के कैसे स्वाभाविक वचन हैं! अंत में उद्धव पर इस प्रकार झल्ला उठती हैं–

(क) ऊधो! राखति हौं पति तेरी।
ह्याँ ते जाहु, दुरहु आगे तें, देखति आँखि बरति हैं मेरी।
ते तौ पैसेइ दोउ बने हैं, वै अहीर, वह कंस की चेरी।।

(ख) रहु रे मधुकर मधु मतवारे।
कहा करौं निर्गुन लैके हौं? जीवहु कान्ह हमारे।

क्या कहने की आवश्यकता है कि इस सारी 'झुँझलाहट' और 'झल्लाहट' (उग्रता) की तह में प्रेम की एक अखंड धारा बह रही है?

यह झल्लाहट बराबर नहीं रहती। थोड़ी देर में शांत भाव आ जाता है और

'मति' का उदय दिखाई पड़ता है–

(क) ऊधो! जो तुम हमहिं सुनायो।
सो हम निपट कठिनई करिकै या मन को समझायो।।
जुगुति जतन करि हमहु ताहि गहि सुपथ पंथ लौं लायौ।
भटकि फिर्‌यो बोहित के खग ज्यों, पुनि फिरि हरि पै आयो।।

(ख) मधुकर! हम जो कहो करैं।
पठयो है गोपाल कृपा कैं, आयसु ते न टरैं।।
रसना वारि फेरि नवखंड कै दै निर्गुन के साथ।
इतनी तनक बिलग जनि मानहु, अँखिया नाहीं हाथ।।

ध्यान रखना चाहिए कि यह 'मति' संचारी भाव है, बुद्धि की स्वतंत्र निर्लिप्त क्रिया नहीं है। यह कृष्ण के प्रेम का आधार लिए हुए है। उद्धव का उपदेश गोपियों के मन में बैठा हो, यह बात नहीं है। वे बड़ी मुश्किल से उसे मनाने का जो प्रयत्न कर रही हैं, वह केवल इस खयाल से कि कृष्ण ने कहलाया है और उनके खास दोस्त कह रहे हैं। यह खयाल आते ही फिर तो वे अपनी विवशता का अनुभव मात्र सामने रखती हैं। वे कहती हैं कि जबान तो कहो हम अभी 'निर्गुण' के हवाले कर दें; तुम्हारी तरह मुँह से 'निर्गुण निर्गुण' बका करें, या जबान ही कटा डालें–सब दिन के लिए मौन हो जायँ; पर आँखों से हम लाचार हैं, वे दर्शन की लालसा नहीं छोड़ सकतीं।

कभी-कभी उनकी वृत्ति अत्यंत दीन और नर्म हो जाती है और उनके मुँह से ऐसे वचन निकलते हैं–

(क) ऊधो! हम हैं तुम्हारी दासी।
काहे को कटु बचन कहत हौ, करत आपनी हाँसी।।

(ख) अपने मन सुरति करत रहिबी।
ऊधो! इतनी बात श्याम सों समय पाय कहिबी।
घोष बसत की चूक हमारी कछू न जिय गहिबी।।

कहाँ वह 'उग्रता' और कहाँ यह अदब से भरी 'दीनता'!

ऐसी ही दशा के बीच राधा अपनी सखी से अपनी इस विह्वलता या 'मोह' की बात कहती हैं जिसके कारण उद्धव के आगे कुछ कहते नहीं बनता–

सँदेसो कैसे कै अब कहौं?
इन नैनन्ह या तन को पहरो कब लौं देति रहौं?

जो कछु विचार होय उर अंतर रचि पचि सोचि गहौं।
मुख आनत ऊधो तन चितवन न सो विचार न हौं।।

इस प्रकार वे अपनी दुःखदशा कहते-कहते थक जाती हैं। फिर वे सोचती हैं कि हमारी दशा पर कृष्ण कदाचित् उतना ध्यान न दें; इससे वे नंद और यशोदा की व्याकुलता का वर्णन करती हैं, गायों का दुःख सुनाती हैं कि कदाचित् उन्हीं का खयाल करके वे एक बार आ जायँ–

ऊधो! इतनी कहियो जाय।
अति कृशगात भई हैं तुम बिन बहुत दुखारौ गाय।।
जल समूह बरसत अँखियन तें, हूँकत लीन्हें नावँ।
जहाँ जहाँ गोदोहन करते ढूँढ़ति सोइ सोइ ठावँ।।

कृष्ण किसी प्रकार आवें, बस यही अभिलाषा सबके ऊपर है। वे किसी खयाल से आवें, आवें तो सही। बदले में कृष्ण भी वैसा ही प्रेम रखें, इतनी बड़ी बात की आशा गोपियों से अब नहीं करते बनती। अब तो वे बहुत थोड़े में संतुष्ट होने को तैयार हैं। केवल उनका दर्शन पा जायँ, बस। यह तोष वृत्ति नैराश्यजन्य है। नीचे के पद में जो 'क्षमा' या 'उदारता' है, वह भी अभाव के दुःख की ही ओर से आती हुई जान पड़ती है–

ऊधो! कहियो यह संदेश।
योग कहत कुब्जारस माते, तातें तुम सकुचौ जनि लेस।।

जिसके न रहने से जीवन की धारा ही खंडित जान पड़ती है, उसके दोषों का ध्यान कैसा? वह आवे, चाहे दो-चार और दोष भी साथ लगाता आवे। यह चीज की वह कदर है जो उसके न रहने पर मालूम होती है। वियोग के अंतर्गत यह हृदय की बड़ी ही उदार दशा है। इसमें दृष्टि दोषों की ओर जाती ही नहीं। यह दशा दूसरे के दोषों को ही आँख के सामने से हटाती, बल्कि स्वयं अपने में भी दोष सुझाने लगती है। प्रेम द्वारा आत्मशुद्धि का यह विधान कैसा अचूक है! राधा अपनी एक-एक त्रुटि का स्मरण या कल्पना करती हैं, और व्याकुल होती हैं–

मेरे मन इतनी सूल रही।
वै बतियाँ छतियाँ लिखि राखीं जे नँदलाल कहीं।।
एक दिवस मेरे गृह आए, मैं हो मथति दही।
देखि तिन्हें हौं मान कियो, सों हरि गुसा गही।।

कभी-कभी उन्हें अपने प्रेम की ही कमी पर पछतावा होता है–

कहाँ लगि मानिए अपनी चूक।
बिनु गोपाल, ऊधो! मेरी छाती ह्वै न गई द्वै टूक।।

वियोग गोपियों के हृदय को कभी-कभी ऐसा कोमल, उदार और सहिष्णु कर देता है, इसकी कैसी अनुतापमिश्रित सूचना इस पद में है—

फिर ब्रज बसहु, गोकुलनाथ!
बहुरि तुमहि न जगाय पठवौं गोधनन के साथ।।
बरजौं न माखन खात कबहूँ, देहुँ देन लुटाय।
कबहूँ न दैहौं उराहनो जसुमति के आगे जाय।।
दौरि दाम न देहुँगी, लकुटी न जसुमति पानि।
चोरी न देहु उघारि, किए अवगुन न कहिहौं आनि।।
करिहौं न तुमसों मान हठ, हठिहौं न माँगत दान।
कहिहौं न मृदु मुरली बजावन, करन तुमसों गान।।
कहिौं न चरनन देन जावक, गुहन बेनी फूल।
कहिहौं न करन सिंगार बट तर वसन जमुना कूल।।
भुज भूषनन जुत कंध धरि कै रास नाहि कराउँ।
हौं सँकेत निकुंज बसि कै दूति मुख न बुलाउँ।।
एक बार जो देहु दरसन प्रीति पंथ बसाय।
करौं चौंर चढ़ाय आसन नैन अँग अँग लाय।।
देहु दरसन, नंदनंदन! मिलन ही की आस।
सूर प्रभु की कुँवर छवि को मरत लोचन प्यास।।

इन मर्मभरी भोली-भाली प्रतिज्ञाओं में जो अनुताप, अधीनता और त्याग के उद्‌गार हैं, उनका यह प्रेमगर्वसूचक वाक्य 'कहिहौं न चरनन देन जावक' स्मर्थमाण विषय होने के कारण विरोधी नहीं होता। उक्त पद में ध्यान देने की सबसे बड़ी बात यह है कि प्रेम अब किस प्रकार चपल क्रीड़ावृत्ति छोड़ शांत आराधना के रूप में परिणत होने को तैयार हो गया है। वह प्रेम का भक्ति में पर्यवसान है। सुखक्रीड़ा त्यागरूप विरति पक्ष दिखाकर माना सूर ने भक्तिमार्ग के शांत रस का स्वरूप दिखाया है।

आत्मोत्सर्ग की पराकाष्ठा वहाँ समझनी चाहिए जहाँ प्रेमी निराश होकर प्रिय के दर्शन का आग्रह भी छोड़ देता है। इस अवस्था में वह अपने लिए प्रिय से कुछ चाहना छोड़ देता है और उसका प्रेम इस अविचल कामना के रूप में आ जाता है कि पिय चाहे जहाँ रहे, सुख से रहे; उसका बाल भी बाँका न हो—

जहँ जहँ रहौ राज करौ तहँ तहँ लेहु कोटि सिर भार।
यह असीस हम देति सूर सुनु 'न्हात खसै जनि बार'।।

विरहोन्माद की गहरी व्याकुलता के बीच में भी यह कामना बराबर बनी रहती है। गोपियों के वियोग में चंद्रमा तपते सूर्य, गाय-बछड़े बाघ और भेड़िये जान पड़ रहे हैं। वे उद्धव से कहती हैं—'तुम तो यहाँ की दशा देख ही रहे हो, कह देना कि जब तक ये सब आफतें यहाँ से टल न जायँ तब तक वहीं रहें, ऐसी हालत में यहाँ न आवें'—

ऊधो! इतनी जाय कहौ।
सब बल्लभी कहति हरि सों 'ये दिन मधुपुरी रहौ।।
आज कालि तुमहू देखत हौ तपत तरनि सम चंद।
सुंदर श्याम परम कोमल तनु, क्यों सहिहैं नँदनंद।।
मधुर मोर पिक परुष प्रबल अति बन उपबन चढ़ि बोलत।
सिंह बृकन सम गाय बच्छ ब्रज बीथिन बीथिन डोलत।।
तुम तौ परम साधु कोमलचित जानत हौ सब रीति।
सूर स्याम को क्यों बोलैं ब्रज दिन टारे यह ईति।।

विरह घोर दुःख सहता हुआ भी यह कभी मन में नहीं लाता कि यह प्रेम दूर हो जाता तो अच्छा था। कोई मंत्रशास्त्री आकर कहे—'अच्छा, हम वह प्रेम ही मंत्रबल से उड़ाए देते हैं जो सारे बखेड़े की जड़ है' तो कोई वियोगी शायद ही तैयार होगा—चाहे वह दुनिया-भर से कहता फिरे कि 'प्रीति करि काहू सुख न लह्यो।' और दुःखों से वियोग दुःख में यही विशेषता है। वियोगी रस्सी तुड़ाकर प्रेम के बाड़े के बाहर नहीं भागना चाहता। गोपियाँ प्रेमक्षेत्र के बाहर की किसी वस्तु के प्रति कैसी उपेक्षा या लापरवाही प्रकट करती हैं—

मधुकर! कौन मनायो मानै?
सिखवहु तिनहि समाधि की बातें जे हैं लोग सयाने।
हम अपने ब्रज ऐसेइ बसिहैं बिरह बाय बौराने।।

वे उद्धव को उलटा समझाती हैं कि विरह से भी प्रेम की पुष्टि होती है, वह पक्का होता है—

ऊधो! बिरहौ प्रेम करै।
ज्यों बिन पुट पट गहै न रंगहि, पुट गहे रसहि परै।
ज्यों आवौं घट दहत अनल तनु तौ पुनि अमिय भरै।।

इसे प्रेम सिद्धांत या उपदेश मात्र समझकर न छोड़िए, भाव के स्वरूप पर भी ध्यान दीजिए। यह प्रतिकूल स्थिति की अनिवार्यता से उत्पन्न 'आत्मसमाधन' की स्वाभाविक वृत्ति है। एक अफीमची घोड़ी पर सवार कहीं जा रहे थे। जिधर उन्हें जाना था उधर का रास्ता छोड़ घोड़ी दूसरी ओर चलने लगी। जब बहुत मोड़ने पर भी वह न मुड़ी तब उन्होंने बाग ढीली करके कहा–'अच्छा चल! इधर भी मेरा काम है।' इसी प्रकार की अंतर्वृत्ति इस वाक्य से झलकती है–

हम तौ दुहूँ भाँति फल पायौ।
जो ब्रजनाथ मिलैं तौ नीको, नातरु जग जस गायौ।।

यह दो 'आत्मसमाधान' हुआ। दूसरे की कोई बात न मानने पर मन में कुछ खटक-सी रहती है कि इसे दुःख पहुँचा होगा। अपनी इस खटक को मिटाने के लिए दूसरे के समाधान की प्रवृत्ति होती है; जैसे–

ऊधो! मन माने की बात।
जरत पतंग दीप में जैसे औ फिर फिरि लपटात।
रहत चकोर पुहुमि पर, मधुकर! ससि अकास भरमात।।

इस समाधान के अतिरिक्त 'धृति' की भी व्यंजना देखिए–

अब हमरे जिय बैठ्यो यह पद 'होनी होउ सो होऊ'।
मिटि गयो मान परेखो, ऊधो! हिरदय हतो सो होऊ।।

'भ्रमरगीत' में कुब्जा का नाम भी बार-बार आया है। इसके कारण 'असूया' की बड़ी वक्रतापूर्ण व्यंजनाएँ मिलती हैं। जब उद्धव कृष्ण का संदेश कहकर अपनी ज्ञानचर्चा छेड़ते हैं तभी गोपियाँ कहती हैं कि यह कृष्ण का संदेश नहीं जान पड़ता; यह तो उसी कुबड़ी पीठवाली की कारस्तानी मालूम पड़ती है–

मधुकर! कान्ह कही नहिं होहीं।
यह तौ नई सखी सिखई है निज अनुराग बरोहीं।
सचि राखी कूबरी पीठ पै ये बातै चकचोहीं।।

फिर वे 'असूया' का भाव इन साफ शब्दों में प्रकट करती हैं कि इस समय कृष्ण की चहेती कुब्जा का ही जीवन सफल है–

जीवन मुहँचाही को नीको।
दरस परस दिन राति करति है कान्ह पियारे पी को।।

वे उद्धव से कहती हैं कि तुम अपनी ज्ञानकथा वहीं रखो जहाँ इस समय

खूब आनंदमंगल हो रहा है; यहाँ जगह नहीं है—

या कहँ यहाँ ठौर नाहीं, लै राखो जहाँ सुचैन।
हम सब सखि गोपाल उपासिनि हमसों बातैं छाँड़ि।
सूर, मधुप! लै राखु मधुपुरी कुबजा के घर गाड़ि।।

'वहीं कुब्जा के घर गाड़ रखो' स्त्रियों के कैसे जलेकटे स्वाभाविक शब्द हैं! संदेश का उत्तर थोड़े ही में वे यह देती हैं कि यदि यह ज्ञानयोग ऐसी उत्तम वस्तु है तो इसे उस कुबड़ी को दो; हमारे सामने वह (कृष्ण का) रूप ही कर दो, हम अपना उसी को देखा करें—

पर लागौं कहियो मोहन सों जोग कूबरी दीजै।
सूरदास प्रभु रूप निहारैं, हमरे सम्मुख कीजै।।

वे कृष्ण जिन्होंने इतनी गोपियों का मन चुराया, एक साधारण कुबड़ी दासी के प्रेमजाल में फँस गए, इस पर देखिए कैसे मीठी चुटकी और कैसा कुतूहलपूर्ण कृत्रिम संतोष प्रकाशित किया गया है—

बरु वै कुबजा भलो कियो।
सुनि सुनि समाचार, ऊधो! मो कछुक सिरात हियो।
जाको गुन, गति, नाम, रूप हरि हार्‍यो फिरि न दियो।
तिन अपनो मन हरत न जान्यो, हँसि हँसि लोग जियो।।

क्षुब्ध हृदय की कैसी भावप्रेरित वचनरचना है। इसी प्रकार की वाग्विदग्धता और वक्रता (बाँकपन) उद्धव के 'निराकार' शब्द पर गोपियों की विलक्षण उक्ति में दिखाई पड़ती है। वे राधा को संबोधन करके कहती हैं—

मोहन माँग्यो अपनो रूप।
या ब्रज बसत अँचै तुम बैठी, ता बिनु तहाँ निरूप।।

'कृष्ण का रूप तो तुम पी गई हो', वह तुम्हारे हृदय में रह गया है (तुम निरंतर उनके रूप का ध्यान करती रहती हो) इससे वे वहाँ 'निरूप'—बिना आकार के हो रहे हैं। उद्धव के द्वारा उन्होंने अपना वही रूप माँग भेजा है कि निराकारता मिटे। तुम जो रात-दिन उनके रूप का ध्यान करती रहती हो उसे भी उद्धव छुड़ाने आए हैं, यह बात कितने टेढ़े ढंग से, किस वक्रता के साथ, प्रकट की गई है। वाणी ने यह वक्रता हृदय की प्रेरणा से, उठते हुए भावों की लपेट में, ग्रहण की है। इसकी तह में भावस्रोत छिपा हुआ है।

ऐसे ही बाँकपन के साथ वे कृष्ण के रूप का ध्यान हृदय से न निकलने

का कारण बताती हैं—

उर में माखनचोर गड़े।
अब कैसहु निकसत नहिं, ऊधो! तिरछे है जो अड़े।।

जो लंबी चीज किसी बरतन में जाकर तिरछी हो जाएगी, वह बड़ी मुश्किल से निकलेगी। कृष्ण की मूर्ति का राधा जब ध्यान करने लगती हैं तब उनकी त्रिभंगी मूर्ति ही ध्यान में आती है, इसी से वह मन में अटक-सी गई है, निकलती नहीं है।

वचन को जो वक्रता भावप्रेरित होती है, वही काव्य होती है, 'वक्रोक्तिः काव्यजीवितम्' से यही वक्रता अभिप्रेत है, वक्रोक्ति अलंकार नहीं। भावोद्रेक से उक्ति में जो एक प्रकार का बाँकपन आ जाता है, तात्पर्यकथन के सीधे मार्ग को छोड़कर वचन जो एक भिन्न प्रणाली ग्रहण करते हैं, उसी की रमणीयता काव्य की रमणीयता के भीतर आ सकती है। भावप्रसूत वचनरचना में ही भाव या भावना तीव्र करने की क्षमता पाई जाती है। कोई मनुष्य किसी को बड़ा बहादुर कह रहा है। दूसरे से सुनकर रहा नहीं जाता—वह कहता—'हाँ! तभी न बिल्ली देखकर गिर पड़े थे।' कहनेवाला सीधी तरह से कह सकता था—'वह बहादुर नहीं, भारी डरपोक है; बिल्ली देखकर डर जाता है।' पर इस सीधे वाक्य से उसका संतोष नहीं हो सकता था। भीरु को वीर सुनकर जो उपहास की उमंग उसके हृदय में उठी, उसने श्रोताओं को भी उपहासोन्मुख करने के लिए बिल्ली से डरने को बहादुरी के सबूत में पेश करा दिया। काव्य की उक्ति का लक्ष्य किसी वस्तु या विषय का बोध कराना नहीं, बल्कि उस वस्तु या विषय के संबंध में कोई भाव या रागात्मक स्थिति उत्पन्न करना होता है। तार्किक जिस प्रकार श्रोता को अपनी विचारपद्धति पर लाना चाहता है, उसी प्रकार कवि अपनी भावपद्धति पर।

उपर्युक्त विवेचन से यह स्पष्ट है कि 'विदग्धता' वहीं तक काव्योपयोगी हो सकती है, जहाँ तक वह भाव प्रेरित हो, जहाँ तक उसका कारण कोई भाव या कम से कम कोई रागात्मक दशा हो। 'विदग्धा नायिका' की वचनविदग्धता या क्रिया विदग्धता में काव्य की रमणीयता इसीलिए होती है कि उसकी तह में रतिभाव वर्तमान रहता है। किसी पुराने चोर या चाईं की विदग्धता का ब्योरेवार वर्णन काव्य के अंतर्गत नहीं आ सकता; क्योंकि उसमें रसात्मकता नहीं। सूर ने कई स्थलों पर बालक कृष्ण की वचन-विदग्धता दिखाई है; जैसे—

मैं अपने मंदिर के कोने माखन राख्यो जानि।
सोई जाय तुम्हारे ढोटा लीनो है पहिचानि।
बूझी ग्वालिन घर में आयो, नेकु न संका मानी।
सूर श्याम यह उतर बनायो चींटी काढ़त पानी।

इस विदग्धता में जो रमणीयता है, वह इसी कारण कि इससे बालप्रकृति का चित्रण होता है और यह भयप्रेरित है।

अब सूर ने अपने सिद्धांत पक्ष का जो काव्यात्मक निरूपण किया है, थोड़ा उसे भी दिखाकर इस प्रबंध को समाप्त करते हैं। उद्धव के ज्ञानयोग का पूरा लेक्चर सुनकर और उसे अपने सीधे-सादे प्रेममार्ग की अपेक्षा कहीं दुर्गम और दुर्बोध देखकर गोपियाँ कहती हैं—

काहे को रोकत मारग सूधो?
सुनहु, मधुप! निर्गुन कंटक ते राजपंथ क्यों रूँधो?
ताको कहा परेखो कीजै जानत छाँछ न दूधो।
सूर मूर अक्रूर गए लै ब्याज निबेरत ऊधो।।

हम अपने प्रेम या भक्ति के सीधे और चौड़े राजमार्ग पर जा रही हैं। उस मार्ग में तुम ये निर्गुण रूपी काँटे क्यों बिछाते हो? हमारा रास्ता क्यों रोकते हो? जैसे तुम्हारे लिए रास्ता है वैसे ही हमारे लिए भी है। तुम अपने रास्ते चलो, हम अपने रास्ते। एक दूसरे का रास्ता रोकने क्यों जायँ? भक्ति और ज्ञान के संबंध में सूर का यही मत समझिए। वे ज्ञान के विरोधी नहीं, भक्तिविरोधी ज्ञान के विरोधी हैं। गोपियों से वे उद्धव की बातों के अंतिम उत्तर के रूप में कहलाते हैं—

बार बार ये वचन निवारो।
भक्ति बिरोधी ज्ञान तिहारो।।

मनुष्यत्व की पूर्ण अभिव्यक्ति रागात्मिका वृत्ति और बोधवृत्ति दोनों के मेल में है। अतः इनमें किसी का निषेध उचित नहीं। कोई एक की ओर मुख्यतः प्रवृत्त रहता है, कोई दूसरे की ओर। कुछ ऐसे पूर्णप्रज्ञ भी होते हैं जिनमें हृदय पक्ष और बुद्धि पक्ष दोनों की पूर्णता रहती है। वल्लभाचार्यजी ऐसे ही थे।

सूरदासजी वल्लभाचार्यजी के शिष्यों में से थे। वल्लभाचार्यजी ज्ञानमार्ग की ओर तो वेदांत की एक शखा के प्रवर्त्तक थे और भक्तिमार्ग की ओर एक अत्यंत प्रेमोपासक संप्रदाय के। वल्लभाचार्यजी का अद्वैतवाद 'शुद्धाद्वैत' कहलाता है। रामानुजाचार्यजी ने अद्वैत को दो पक्षों (चित् और अचित्) से युक्त या विशिष्ट दिखाया था। वल्लभ ने यह विशिष्टता हटाकर ब्रह्म को फिर शुद्ध किया। उन्होंने निरूपित किया कि सत्, चित् और आनंदस्वरूप ब्रह्म अपने इच्छानुसार इन तीनों स्वरूपों को आविर्भाव (विकास) और तिरोभाव करता रहता है। जड़ जगत् भी ब्रह्म ही है, पर अपने चित् और आनंद स्वरूपों का पूर्ण तिरोभाव किए हुए तथा सत् स्वरूप का कुछ अंशतः आविर्भाव लिए हुए। चेतन जगत् भी ब्रह्म ही है

जिसमें सत्, चित् और आनंद इन तीनों स्वरूपों का कुछ आविर्भाव और कुछ तिरोभाव रहता है। इस सिद्धांत में मायात्मक जगत् मिथ्या नहीं माना गया है। माया ब्रह्म ही की शक्ति मानी गई है जो उसी की इच्छा से विभक्त होती है। जीवन अपने शुद्ध ब्रह्म स्वरूप को तभी प्राप्त करता है जब आविर्भाव और तिरोभाव दोनों मिट जाते हैं; और यह बात केवल ईश्वर के अनुग्रह से ही, जिसे 'पुष्टि' या 'पोषण' कहते हैं, हो सकती है। इस अनुग्रह की प्राप्ति के लिए वल्लभाचार्य ने एक विस्तृत उपासनापद्धति भी चलाई, जिसे 'पुष्टिमार्ग' कहते हैं। रामानुज और वल्लभ दोनों का मोक्ष कैवल्य से भिन्न है। रामानुज की मुक्ति सारूप्य या सालोक्य मुक्ति है, वल्लभ की सायुज्य। जिस प्रकार वल्लभ की मुक्ति प्रेम के चरमानंद की दशा है, उसी प्रकार उनके उपास्य भी प्रेममूर्ति कृष्ण हैं।

जगत् के नाना रूपों में ब्रह्म की जो प्रत्यक्ष सत्ता दिखाई पड़ रही है, उसका जो सगुण स्वरूप चारों ओर भासित हो रहा है, उसका बार-बार निषेध और निर्गुण ब्रह्म का अत्यंत सूक्ष्म निरूपण सुनकर गोपियाँ उद्धव से कहती हैं कि तुम क्यों व्यर्थ तिनके की ओट में इतना भारी दमकता हुआ सुमेरु छिपाने का उद्योग कर रहे हो–

सुनिहै कथा कौन निर्गुन को, रचि पचि बात बनावत।
सगुन सुमेरु प्रगट देखियत, तुम तृन की ओट दुरावत।।

उद्धव के ब्रह्मनिरूपण का कुछ भी आशय गोपियों की समझ में नहीं आता। वे पूछती हैं कि वह बिना रूप-रेखावाला तुम्हें कभी प्रत्यक्ष भी होता है, तुम्हें आकर्षित और मोहित भी करता है–

रेख न रूप, बरन जाके नहिं ताको हमैं बतावत।
अपनी कहौ दरस वैसे को तुम कबहूँ हौ पावत।
मुरली अधर धरत है सो, पुनि गोधन बन बन चारत?
नैन बिसाल, भौंह बंकट करि देख्यो कबहूँ निहारत?
तन त्रिभंग करि, नटबर बपु धरि पीतांबर तेहि सोहत?
सूरस्याम ज्यों देत हमैं सुख त्यों तुमको सोउ मोहत?

'बतावत' पद से असंगतता किस प्रकार व्यंग है! जिसकी न कोई 'रूपरेखा', न वर्ण उसे बनाना या बताने का प्रयत्न करना असंगत ही है। बताई वह वस्तु जाती है जिसका कुछ विशिष्ट स्वरूप होता है। पूर्णतया स्पष्ट और निर्दिष्ट अर्थ व्यक्त न होने पर भी कुछ शब्दों और वाक्यों को बार-बार दुहराना ही तो किसी वस्तु का सम्यक् साक्षात्कार नहीं है। यदि किसी प्रकार मान भी लें कि तुमने

उस निर्गुण ब्रह्म के स्वरूप को समझा है तो यह बताओ कि वह स्वरूप तुम्हारे मन को मोहता भी है, तुम्हें कुछ आकर्षित भी करता है? यदि नहीं तो वह व्यवहार या उपासना के योग्य नहीं, केवल तर्कवितर्क के लिए ही है।

गोपियाँ आग्रह के साथ कहती हैं कि जिसमें तुम मन लगाने को कहते हो, उसकी कोई ऐसी बात या ऐसा लक्षण तो बताओ, जिस पर मन ठहराया जा सके। पहले तो देश और काल के बीच उसका कोई स्थान हमारे लिए निर्दिष्ट कर दो–

निर्गुन कौन देस को बासी?
मधुकर! हँसि समझाय, सौंह दै बूझति साँच न हाँसी।।

स्त्रियों के कैसे स्वाभाविक हाव-भाव-भरे ये वचन हैं–'कसम है, हम ठीक-ठीक पूछती हैं, हँसी नहीं, कि तुम्हारा निर्गुण कहाँ का रहनेवाला है।' कुछ विनोद, कुछ चपलता, कुछ भोलापन, कुछ घनिष्टता–कितनी बातें इस छोटे-से वाक्य से टपकती हैं।

ज्ञानमार्गी वेदांतियों और दार्शनिकों के सिद्धांतों की लोक में अव्यवहार्यता तथा उनके बेडौल और भड़कीले शब्दों के अर्थों की अस्पष्टता और दुर्बोधता आदि की ओर गोपियों की यह झुँझलाहट कैसा संकेत कर रही है–

याकी सीख सुनै ब्रज को, रे!
जाकी रहनि कहनि अनमिल अति, कहत समुझि अति थोरे।।

'इसकी बात कौन सुने जो कहता कुछ है और करता कुछ है, तथा जो ऐसी बात मुँह से निकालता है जिसको खुद बहुत ही कम समझता है।' पिछले कथन से सब के नहीं तो अधिकांश ब्रह्मज्ञान छाँटनेवालों के स्वरूप का चित्रण हो जाता है। वे बहुत-से ऐसे बँधे हुए वाक्यों और शब्दों की झड़ी बाँधा करते हैं जिनके अर्थ की अस्पष्ट धारणा उन्हें कुछ भी नहीं रहती। बिना समझी हुई बातें बककर वे लोगों के बीच बड़े समझदार बना करते हैं।

निर्गुण की नीरसता और सगुण की सरसता किस प्रकार अपने हृदय के सच्चे अनुभव के रूप में गोपियाँ उद्धव के सामने क्या, जगत् के सामने रखती हैं–

ऊनो कर्म कियो मातुल बधि मदिरा मत्त प्रमाद।
सूरस्याम एते अवगुन में निर्गुन तें अति स्वाद।।

ज्ञानमार्ग का गोपियों ने तिरस्कार तो किया; पर यह सोचकर कि कहीं 'उद्धव का जी न दुखा हो', वे उनका समाधान भी करती हैं, वे समझाती हैं–कि

ज्ञानमार्ग को हम बुरा नहीं कहती हैं; वह अत्यंत श्रेष्ठ मार्ग है; पर अपनी रुचि को हम क्या करें? वह हमारे अनुकूल नहीं पड़ता। रुचिभिन्नता दो समान वस्तुओं में भी भेद करके एक की ओर आकर्षित करती है और दूसरी से दूर रखती है–

ऊधो! तुम अति चतुर सुजान।
द्वै लोचन जो विरद किए श्रुति गावत एक समान।
भेद चकोर कियो तिनहू में बिध प्रीतम, रिपु भान।।

उद्धव अपनी-सी कहते जा रहे हैं कि बीच में कोयल बोल उठती है। गोपियाँ चट उद्धव का ध्यान उधर ले जाती हैं–

ऊधो! कोकिल कूजत कानन।
तुम हमको उपदेस करत हौ भस्म लगावन आनन।।

वह सुनो! कोयल कूक रही है। तुम तो हमें राख मलने को कह रहे हो; उधर प्रकृति क्या कह रही है, वह भी सुनो।

परिशिष्ट

प्वाइंट्स फार डिस्कशन

1. डिडैक्टिक एलिमेंट इन तुलसी, नाट इन सूरदास।

2. टू डिफरेंट व्यू प्वाइंट्स अव पोएट्री—(1) लव ऐंड ब्यूटी पोएट्री। (2) ब्रदरहुड अव मैन। लव, द ओन्ली पोएटिक सेंटिमेंट। आल अदर फीलिंग्ज ऐंड इमोशंस, सच ऐज करुणा हैव देयर सोर्स इन लव।

3. एपिक्यूरिऐनिज्म अव द कल्ट।

4. सूर ने कृष्णलीला के कीर्तन में केवल सौंदर्य विभूति ली है, विनय में अपने व्यवहार के लिए 'शील' विभूति ली है। 'शक्ति' का उद्घाटन नहीं किया है।

5. पेटिंग ऐस्पेक्ट ऐंड म्यूजिक ऐस्पेक्ट. नादपक्ष और रूपपक्ष इन गीत काव्य द लैटर प्रिडामिनेट्स।

6. कोई प्रबंधकाव्य पढ़ने पर पाठकों की कुछ पात्रों के साथ सहानुभूति हो जाती है और कुछ के प्रति द्वेष। प्रथम प्रकार के पात्रों द्वारा भावों की अनुभूति होती है। पाठकों को भी होती है, पर द्वितीय प्रकार के भावों को वह केवल द्रष्टा के रूप में देखता है। जिन पात्रों के साथ पाठकों की सहानुभूति हो जाती है उनकी गतिविधि धर्म या मंगल की गतिविधि समझनी चाहिए। मंगल और अमंगल की गतिविधि की सीधी पहचान यही है।

7. प्रयत्नपक्ष और उपभोगपक्ष अथवा स्थिर सौंदर्य और गत्यात्मक सौंदर्य।

8. शक्ति के साथ भलाई-बुराई का नित्य संबंध नहीं। दोनों का संबंध आगंतुक होता है। वैटस डंटन ने...

दीप्ति, माधुर्य और कोमलता? वेरिअस कंबिनेशंस अव दीज। दीप्ति स्प्लडर, सब्लिमिटी, फ्लैश अपीलिंग टु सेंस अव वंडर। माधुर्य स्वीट ऐग्रीएबलनेस नाट कन्फाइंड टु अनकामन, बट एंब्रेसिग सिंपुल ऐंड कामनप्लेस ऐंड टचिंग डीपर इमोशंस।

9. सूर ने वृंदावन विहार वर्णन में कृष्ण के जरा-सा छिप जाने पर राधिका के विरह का गहरा वर्णन किया है, उससे वियोग की दुःखदशा की अस्थिरता

और आनंद की स्थिरता साफ झलकती है।

10. श्रवण और कीर्तन—भक्ति के इन दो अंगों द्वारा भक्तिकाव्य का प्रवर्तन। (वल्लभाचार्य के वृत्त के उपरांत इसका निर्देश करके तब सूरदास का आरंभ हो।) (टि०—सूरदास ने सगुण-निर्गुण वाद का प्रसंग अपनी ओर से लगाया है। उस समय के निर्गुणपंथियों की ओर उनका ध्यान। भागवत में यह नहीं है। भागवत में तो केवल मनोनिग्रह और मन से चिंतन (सगुण स्वरूप) का संदेशा कृष्ण ने कहलाया है। इसी प्रकार योगमार्ग का जो विरोध और सुखोपभोग का पक्षमंडन गोपियों की ओर है, वह भी वल्लभ संप्रदाय का पक्ष है, भागवत में यह एपिक्यूरिऐनिज्म नहीं है।)

टिप्पणियाँ

भागवत

पूर्वार्ध

(1)

असौ गुणमयै र्भावैर्भूतसूक्ष्मेन्द्रियात्मभिः।
स्वनिर्मितेषु निर्विष्टो भुंक्ते भूतेषु तद्गुणान्।।

1-2-33

(2)

द्वितीय स्कंध में योग की क्रिया के अनुसार प्राणत्याग करने का उपदेश है जिसमें चक्र, मणिपूर, ब्रह्मरंध्र इत्यादि का उल्लेख है। शरीर छोड़ने पर योगी क्रमशः पृथ्वी आदि होता हुआ संज्ञभूतं आकाश हो जाता है और फिर अव्यक्त प्रकृति, और उससे फिर ब्रह्मरूप हो जाता है।

x x x

यस्मादंडं विराड् जज्ञे भूतेन्द्रियगुणात्मकः।
तद्द्रव्यमत्यगाद्विश्वं गोभिः सूर्य इवातपन्।।

2-6-21

(जिससे ब्रह्मांड भूतइंद्रियगुणयुक्त विराट् उत्पन्न हुआ है, वह विराट् देह या ब्रह्मांड गोलक के परे—उनके बाहर भी—रहता है) विराट् पुरुष आदि अवतार (?)

सर्ग-विसर्ग आदि जो भागवत पुराण के 10 विषय कहे गए हैं, उनमें दसवाँ आश्रय है।

आभासश्च निरोधश्च यतश्चाध्यवसीयते।
स आश्रयः परं ब्रह्म परमात्मेति शब्यते।।

2-10-7

(3)

(1) सा श्रद्दधानस्य विबर्धमाना
विरक्तमन्यत्र करोति पुंसः।

3-5-13

तस्मै नमो भगवते भुवनद्रुमाय।

(1) भगवान् पहले चतुर्भज विष्णु रूप में ही प्रकट हुए, फिर प्राकृत बालक का रूप धारण किया।

(2) शृंगार या प्रेमवर्णन का सूत्रपात 21 अध्याय से—कामोद्दीपक वेणुनाद को सुन गोपिकाएँ मन ही मन कृष्ण का आलिंगन करने लगीं। वंशी के प्रेम-प्रभाव का अद्भुत वर्णन। देवांगनाओं, पशुपक्षियों तक का मोहित होना, घास का मुँह में ही रह जाना। नदियाँ तक तरंग द्वारा प्रेम प्रकट करती हैं।

गोपियाँ नित्य देवी से मनाया करतीं कि कृष्ण पति मिलें। इसके उपरांत वस्त्रहरण लीला। वरदान कि तुम्हारी कामना पूर्ण होगी।

x x x

रासलीला

शंका—गोपियाँ केवल जार जानती थीं, उनका मोक्ष कैसे हुआ?

उत्तर—भगवान् में किसी तरह आसक्ति करो, मोक्ष होगा।

गोपियों को भगवान् ने पातिव्रत आदि धर्म पहले समझाया। उन्होंने कहा, सब धर्मों का फल तुम्हारी सेवा है। गोपियों में कृष्ण के प्रति ईश्वरबुद्धि का वर्णन कर दिया गया है।

कृष्ण का समागम के उपरांत अंतर्द्धान होना। गोपियों का विरह।

श्रीकृष्ण एक गोपी को ले कहीं जा छिपे, शेष गोपियाँ ढूँढ़ने लगीं। उस गोपी को अभिमान हुआ कि मुझे ही प्रिय सबसे अधिक चाहते हैं। उसने कहा मैं नहीं चल सकती, मुझे ले चलो। ज्यों ही वह कंधे पर चढ़ने को तैयार हुई तब कृष्ण अंतर्द्धान हो गए और गोपी विलाप करने लगी।

रास में योगेश्वर कृष्ण प्रति दो-दो गोपियों के बीच उनके गले में हाथ डाले प्रकट हुए। देवताओं की आकाश में भीड़ लगी।

राजा परीक्षित की शंका—धर्म की स्थापना के अर्थ अवतार ने यह अधर्म कैसे किया?

शुक समाधान—

धर्मव्यतिक्रमो दृष्टः ईश्वराणां च साहसम्।
तेजीयसां न दोषाय वह्नेः सर्वभुजो यथा।।
नैतत्समाचरेज्जातु मनसाऽपि ह्यनीश्वरः।
विनश्यत्याचरन्मौढ्याद्यथा रुद्रोऽब्धिजं विषम्।। 10-33-30-31

जब महात्मा लोग पुण्य-पाप के संपर्क से परे हो जाते हैं तब भगवान् को पुण्य-पाप का स्पर्श कैसे हो सकता है? भगवान् के लिए तो कोई परे है ही नहीं। वे तो गोपियों, उनके पतियों सबके अंतःकरण में संचार करनेवाले हैं। पतियों ने तो गोपियों को अपने पास ही समझा, ऐसी भगवान् की माया थी।

x x x

भौरे को देख एक गोपी उसे प्रिय का भेजा दूत मानकर भौरे के मिस उद्धव से कहने लगी—हे भ्रमर, हे कपटी के मित्र!

उद्धव ने गोपियों को देखते ही उनके भाग्य को सराहा और कहा—तुम्हें विरह द्वारा उनकी एकांत भक्ति प्राप्त हुई जो मुनियों और योगियों को भी दुर्लभ है।

श्रीकृष्ण ने उद्धव द्वारा केवल यही संदेश भेजा था कि 'यह जो वियोग है वह वास्तविक नहीं; मैं मन, प्राण, भूत, इंद्रिय सब गुणों का अधिष्ठान रूप होकर व्याप्त हूँ। आत्मा ज्ञानस्वरूप और गुणों से अलग है। मन को विषयों की ओर जाने से रोकना चाहिए। मनोनिग्रह ही वेद, योग, सांख्य सबका फल है। जो मैं तुमसे दूर रहता हूँ वह तुम्हारे चिंतन के लिए—अनुध्यान की पुष्टि के लिए। जिनके पतियों ने रासक्रीड़ा के समय रोक रखा था, उन्होंने चिंतन द्वारा तत्काल मुझको प्राप्त कर लिया।' गोपियाँ इससे संतुष्ट होकर भगवान् के ध्यान में सुखपूर्वक रहने लगीं। उद्धव भी महीनों रहकर प्रेम का आनंद लेते रहे।

उत्तरार्ध

इसमें जरासंघ वध, मुचकुंद राजा की कथा, रुक्मिणी, सत्यभामा आदि के अनेक विवाह, सोलह सहस्र रानियों के साथ द्वारका की क्रीड़ा आदि का वर्णन है। (यह सूरसागर में नहीं—वल्लभ संप्रदाय के उपयोग की नहीं)।

(4)

ज्ञानकांड का उपदेश है।

चतुर्व्यूह

कुछ लोग भागवत धर्म में सृष्टि की उत्पत्ति का यह क्रम बतलाते हैं—वासुदेव (परमेश्वर) से संकर्षण (जीव); संकर्षण (जीव) से प्रद्युम्न (मन) और प्रद्युम्न (मन) से अनिरुद्ध (अहंकार)। पर यह सब सांप्रदायिक कल्पना ऊटपटाँग है। उपनिषदों के आधार पर वेदांत सूत्र (2.3.17 और 2.2.42,45) में जीव सनातन परमेश्वर का सनातन अंश कहा गया है। अतः गीता में यह चतुर्व्यूह कल्पना छोड़ दी गई है और उपनिषद् और वेदांत का ही जीवसंबंधी सिद्धांत ग्रहण किया गया है।

वर्णाश्रम धर्म का जितना महत्व स्मार्त धर्म में है उतना भागवत धर्म में नहीं। जिसमें जितनी ही भक्ति हो वह उतना ही श्रेष्ठ—चाहे वह गृहस्थ हो चाहे संन्यासी। (—भागवत)। संन्यास आश्रम स्मार्त धर्म का एक आवश्यक अंग है, पर भागवत धर्म का नहीं। पर भागवत धर्म में रहकर विरक्त या संन्यासी भी मनुष्य हो सकता है। यद्यपि गीता के अनुसार गृहस्थ और संन्यासी दोनों की मोक्ष के लिए समान योग्यता है, इधर धीरे-धीरे वैष्णवों में भी विरक्त होना पूरे भक्त का लक्षण-सा माना जाने लगा है।

गीतारहस्य

जब भक्तों के सगुण भगवान् स्वयं संसार के कर्ताधर्ता हैं और लोक के पालन और रक्षा में तत्पर रहते हैं, तब भक्त को भी उसी स्वरूप का अनुकरण करना चाहिए। यह अनुकरण निष्काम कर्म में है। (निष्काम का अर्थ यह होना चाहिए कि ऐसे कर्म किए जायँ जिनका लक्ष्य लोक की रक्षा, पालन और कल्याण हो, अपने शरीर का ही भला नहीं।)

जो कर्म या ज्ञान के अधिकारी नहीं वे भी परमात्मा के अनुग्रह से अर्थात् भक्ति की साधना से मुक्त होते हैं। विशेषानुग्रहश्च (वेदांतसूत्र 3.4.38)

सत्—साधिनी
चित्—संवित् } शक्तियाँ
आनंद—ह्लादिनी

पुरुषोत्तम में तीनों अनावृत।

जीव-ह्लदिनी आवृत, शेष अनावृत।

मैटर—जड़—ह्लादिनी संवित् दो आवृत। आवरणकारी माया है। ब्रह्ममाया का तादात्म्य।

उपासना

भक्ति—साधनरूपा, फलरूपा।

साधन द्वारा प्रेमलक्षणा भक्ति की प्राप्ति।

शांत, दास्य, सख्य, वात्सल्य, माधुर्य वा शृंगार—ये 5 मुख्य रस।

'भक्ति' में शेष रौद्र, भयानक आदि गौण हैं।

वात्सल्य की प्रधानता।

'सख्य' इज यूज्ड इन द संस अव द ट्रैडिशन दैट द अष्टछाप पोएट्स वेयर द... अव सखाज ऐंड डू नाट डिनोट हिज उपासना।

माधुर्य में शेष तीनों भाव का सहायक होना। वात्सल्य में दास्य सख्य भी मिला रहता है। सख्य में दास्य भी।

x x x

तद्दर्शनाह्लादविधूतहृद्रुजो मनोरथान्तं श्रुतयो यथा ययुः।
स्वैरुत्तरीयैः कुचकुंकुमांकितैरचीक्लृपन्नसनामात्मबंधवे।।

10-32-13

x x x

नन अव अवर ग्रेट मिस्टिक्स एंजाए ए नार्मल सेक्स लाइफ; आइदर दे लिव्ड अनमैरीड ऐंड अंडर ऐन एक्साइटिंग लव इन्फलुएंस—द विमेन इन कंटेंप्लेशन अव द हेवेन्ली ब्राइडग्रुम; द मेन अव द होली वर्जिन; आर दे वेयर मैरीड विदाउट फाइंडिंग इन दैट रिलेशन द फिजियोलाजिकल ऐंड द मारल सैटिस्फैक्शन ह्विच इट शुड गिव।

इन ट्रैंस द इंप्रेशन अव एग्जैक्टनेस ऐंड फुलनेस अव पर्सेप्शन आर अंडरस्टैंडिंग इज यूजुअली ऐन इल्यूजन। इट मस्ट बी एंफैसाइज्ड दैट हाउएवर कनविंसिंग द एक्स्पीरिएंस, द नेचर अव द प्रेजेंस रिमेंड एक्ट्रीम्ली वेग।

x x x

महिमानं यदुत्कीर्त्य तव संह्रियते वचः।
श्रमेण तदशक्त्या वा न गुणानामियत्तया।।

—रघुवंश, 10

अनुक्रमणिका

(भक्त, आचार्य, संप्रदाय, वाद, ग्रंथ, ग्रंथकार)

□□